100세 클럽
가입을 위하여 Ⅲ

For Joining the 100-Year-Olds' Club Ⅲ

100세 클럽 가입을 위하여 Ⅲ

For Joining the 100-Year-Olds' Club Ⅲ

초판 1쇄 인쇄일 2019년 11월 28일
초판 1쇄 발행일 2019년 12월 5일

지은이 김종박
펴낸이 양옥매
디자인 정해원
교 정 조준경

펴낸곳 도서출판 책과나무
출판등록 제2012-000376
주소 서울특별시 마포구 방울내로 79 이노빌딩 302호
대표전화 02.372.1537 **팩스** 02.372.1538
이메일 booknamu2007@naver.com
홈페이지 www.booknamu.com
ISBN 979-11-5776-809-7(03810)

이 도서의 국립중앙도서관 출판시도서목록(CIP)은 서지정보유통지원 시스템 홈페이지(http://seoji.nl.go.kr)와 국가자료공동목록시스템(http://www.nl.go.kr/kolisnet)에서 이용하실 수 있습니다.
(CIP제어번호: CIP2019048037)

100세 클럽 가입을 위하여

Ⅲ

책과나무

책머리에

살다 보니 바야흐로 '인생칠십 고래희'(人生七十古來稀)라는 칠순을 제가 실제로 맞는 해가 됐습니다.

금년은 기해년, 누구에게나 복을 갖다준다는 황금돼지의 해이기도 해서 저에게 스스로 복을 만들어 주는 차원에서 칠순 자축기념의 수필집을 내기로 몇 년 전부터 결심하고, 저의 나이테에 새겨졌거나 새겨질 살아온 날을 회고하고 남은 날을 전망해 보고자 세 번째 수필집인 『100세 클럽 가입을 위하여』(2016)의 연장선으로 4번째와 5번째의 졸수필집을 동시에 출간하게 됐습니다.

저는 젊은 시절 수필가가 됐을 때, 생애 총 10권의 수필집 발간의 야심찬 목표를 세웠으나 본디 문재(文才)가 없고 또한 게을러서 허송세월만 보내 버린 이 시점에 이르게 되다 보니 불가피하게 5권으로 그 목표를 줄였습니다.

어느덧 나이가 들어 칠순이 되니 바삐 흘러가는 세월 속에서 정보의 홍수를 감당하기에 실로 버거워 글을 쓰는 과정에서 어쩔 수 없이 지식 많은 분들이나 인터넷으로부터 자료를 원용하거나 인용하였음을 겸허히 밝혀 두는 바입니다.

끝으로, 나이가 들어 시니어 그룹에 드신 분들은 건강관리를 잘하시고 즐거운 하루하루를 보내시어 100세 클럽에 가입하시는 삶을 사시기를 참마음으로 기원하면서 다섯 번째 수필집의 펜을 놓습니다.

감사합니다.

2019년 11월 가평군 설악면 어비산록 한불재(齋)에서

김종박 씀

목차

책머리에 • 04

첫째 마당
나의 삶과 죽음

사모곡(思母曲) • 10
텃밭 가꾸기 • 20
내 눈 지킴이, 안경 • 29
도시락 이야기 • 37
빚보증 • 46
잔디 깎기 • 57
칠순 선물 • 66
나의 삶과 죽음 • 72

둘째 마당
희망은 힘이다

희망은 힘이다 • 84
두릅 순 따기 • 94
또 우산을 놓고 왔네 • 102
모기장 • 110
시산제 • 119
엄나무와 자작나무 • 128
요즘의 도서관 풍경 • 137
파크골프 • 146

셋째 마당
카르페 디엠

2050년 • 158
나의 조상 탁영공 김일손 • 168
로제타석과 샹폴리옹 • 178
무궁화 유감 • 186
카르페 디엠 • 196
스페인어 공부 • 204
에스페란토語 • 212

넷째 마당
돈으로 살 수 없는 것들

노년문화(老年文化) • 222
돈으로 살 수 없는 것들 • 232
나의 도라지 타령 • 241
주기도문과 태을주 • 251
파이어族 • 260
잔도의 나라, 중국 • 268
허구의 마술 • 281
청소하기 • 289
태극기 • 298

첫째 마당

나의 삶과 죽음

살다 보니 나는 금년에 '인생칠십 고래희'라는
칠순을 맞았고 오늘로 여덟 달째가 되고 있다.
촌음이 쏜살과 같다는 옛말이 실감나는 나이가 된 이 시점에
나의 나이테에 새겨신 기억 속의 흔적들을 더듬어 보고
살아온 날보다 짧게 남은 앞날의 황혼도 내다보려고 한다.

사모곡(思母曲)

어머님,
이승을 떠나신 지 5년이 지나고 있습니다.

살면서
어머님 생각을 하면 언제나
향기 그윽한 한 포기 난이, 한 송이 난 꽃이 떠오릅니다.

못난 저를 낳으시고
평생을 홀로 오롯이 사시면서
배달겨레의 난과 같은 고매한 한 여인이 되셨습니다.

그러기에, 어머님은 저에게 항시
숭고하고 아름다우신 대한민국의 난 여인으로 계십니다.

어머니가 이승을 떠나 소천하신 지 거의 5년이 다 돼 가고 있습니다. 고아가 되어 살면서 문득문득 어머님 생각이 나곤 합니다. 살아계셨으면 금년에 90세가 되셨을 것입니다. 당신의 생전에 보셨던 첫 증손자 송민이 외에도 귀여운 증손자 강민이와 해솔이도 보시며 함박 얼굴이 되시어 '아이고 요놈들. 귀여운 내 새끼 증손자들이구나!' 하셨을 것이라는 생각이 듭니다.

집에서 식탁에 앉아 점심을 들게 될 때 부쩍 생전의 어머님 생각이 나곤 합니다. 특히, 아내가 친구들 만나는 모임 등으로 외출이라도 하게 돼, 나 혼자서 호젓이 점심을 먹게 될 때면 불현듯 더욱 어머님 생각이 난답니다. 이명박 시장의 서울시에서 강제 명퇴당해 집에서 어머님과 함께 단둘이 점심 먹던 서글픈 그 모습이 떠오르고 늙으신 어머님의 실루엣, 생전의 얼굴 모습이 선히 눈앞에 아롱 그려져 나타난다는 말입니다. 그럴 땐 나도 몰래 갑자기 눈물이 왈칵 솟아 한동안 멍해지고 먹는 밥순가락이 멈춰지기도 하니 칠순인 내가 철딱서니 없는 어린애가 된 기분이 들곤 합니다.

어머님께서 사회복지관 등에 가실 때 자주 이용하셨던 지하철을 어머님의 자식으로서 어머님을 닮아서인지 지공거사(地空居士)가 된 뒤부터는 저도 자주 이용합니다. 그리고 핸들을 놓은 지 오래된 저로서는 그게 편하기도 합니다. 머리가 허예지다 보니 저도 어느덧 경로석 애호자의 한 사람이 됐고 이용할 때마다, 경로석에 앉으신 하얀 머리의 여성 어르신을 볼 때면 문득 어머님 생각이 납니다만, 목적지에 도착해서 하차하여 계단을 오르시는 나이 든 모습들을 보게 되면, 특히 구부정한 몸으로 가장자리 버팀대를 잡고서 하나둘 힘들게 쉬엄쉬엄 계단을 오르시는 나이 든 모습이 눈에 띄면 어머님 생각이 납니다.

그러한 속에서 생전 어머님 모습이 오버랩 되기도 했었기 때문입니다. 가끔 실버타운에 계시는 장인장모님을 뵐 때, 늙으신 장모님을 뵐 때 생전에 그분들과 같이 계셨던 모습들이 아른거려, 병골이신 장모님보다 더 건강하신 어머님이 먼저 가셔서 서럽도록 어머님 생각이 납니다.

어머님을 그리다가 보면 저의 초등 2학년 말 무렵이 생각납니다. 어머님이 그해 추운 1월 달에 서울로 홀연히 올라가셨지요. 언젠가 장성해서 생각해 보니 어머님 연세 서른이 되면 살던 집을 등지고 떠나기로 전부터 독하게 마음먹었던 것이 아닌가 싶습니다. 아들인 저 혼자만 남겨 두고 갑자기 어려운 상경을 결심하기엔 여느 사람들에게는 잘 이해가 가질 않아서입니다.

아마도 그 결심은 아들인 제가 초등 1학년을 마친 후 생각지도 못한 우등상을 받아 오니 깜짝 놀라시고 어떻게든 자식을 크게 가르치시겠다고 굳게 마음먹으셨고 여자의 몸으로서 이렇게 이곳 시골에서 농사만을 계속 지어서는 자식 가르치길 어렵겠다고, 아니 도저히 불가능하겠다고 스스로 생각하시고 당시로서는 여느 사람으로선 생각지도 못한 어떻게든 서울로 돈벌이 갈 비밀스런 결심을 혼자 굳혀 가고 계시다가 때가 임계점에 다가오니 집안 어른들께 단호하고 분명하게 어머님의 뜻을 천명하신 것이라고 생각합니다.

물론 제가 우등상을 받지 못했어도 젊은 어머님은 돈을 벌어서 자식을 가르쳐야겠다고 결심하실 수도 있었겠지만, 제가 우등상을 받음으로써 그것이 촉발적인 한 계기가 되어 그 결심을 더욱 확고히 굳히시게 하는 데에, 불을 붙인 것은 사실이라고 생각됩니다. 그때 저는 어머님 등 어른들은 물론이고 주위에 사촌형이나 누나 등이 있었지만 공부를 잘하면 우등상을 받는다는 것을 일찍이 귀띔해 주는 사람이 없었기에 영광스런 우등상제도가 있다는 것을 전연 몰랐었고 그 상을 받고 나서야 겨우 알았을 정도로 그 방면엔 숙맥이었으니….

당시 제가 아주 어렸지만 지금도 그날 밤이 생각납니다. 당시는 밤에 호롱불을 켜는 시대인데 모자(母子)가 사는 우리 방에 집안 어르신들이 모여 오셔서 어머님을 사이에 두고 심각한 얘기가 밤늦도록 오간 회의를 하면서 몇 어르신은 울고도 있었던 심상치 않던 상황을 어린 난 먼발치에서 그저 지켜만 보았었던 것입니다.

나중에 커서 생존하신 어르신께 여쭤보니, 아들을 가르치기 위해 서울로 돈벌이를 꼭 가야만 한다면 집안 어르신들이 그 돈을 만들어 줄 터이니 어머니에게 상경은 하지 말아 달라는 권위적인 집안 어르신들의 끈질기고 집요한 집단 설득이었다고 합니다. 결국 어머님도 설득당해 그렇게 한다고 하시고 다만 이 사실만은 알려야 하니 친정에는 다녀와야 한다고 하시기에 그것은 어르신들이 동의하셨는데, 친정에 가신 후 바로 상경을 감행하셨다고, 이미 상경 결심은 오래전에 굳어졌기에 친정에 가서 알린다는 말은 끈질긴 어르신들의 설득을 모면하기 위한 말씀에 불과했다고 전해 주셨습니다.

그때 집안 어르신들이 어머님의 상경을 한사코 반대하신 속내는 돈 벌러 서울 간다는 것은 젊은 아낙네의 속임수고 재가(再嫁)할 것이 분명하니 재가란 당시로선 가문의 큰 수치라는 꽉 막힌 세상이어서 어머님의 재가를 가장 염려했기 때문이었다고…. 그래서 저는 숙부모님께 맡겨져 초등을 마쳤고 그 후로도 친척 집을 전전했지만 어머님의 희생적인 뒷바라지로 지속된 학업을 마쳤으니, 그날의 집안 어르신들의 염려는 한낱 기우에 그쳤음을 그 후 계속된 서울의 어려운 직업전선을 줄곧 버텨 냄에서 잘 보여 주셨습니다.

결과적으로 누구나 할 수 없는 그날의 젊은 30세 어머님의 결심이 어머님을 보통의 시골 아낙네가 아닌 줏대 있는 강한 의지의 한국 여성이요 장한 어머니로 만들었고 비록 소성(小成)에 머물고 말았었지만 그 후의 저도 만들어 내셨습니다. 옛말에 '맹모삼천지교(孟母三遷之敎)'라 해서 맹자의 모친은 세 번이나 이사하면서까지 아들을 잘 가르치셔서 불세출의 성현이신 맹자를 길러 냈다면, 저의 어머니는 당신 나름의 '아모상경지교(我母上京之敎)'를 하신 것입니다. 그래서 세월이 흐른 훗날 답례로 우리 고향의 김해김씨 삼현파죽사공후손종친회에서는 어머님의 숭고한 노고를 높게 기려서 값진 장한 어머니상을 어머님께 수여하기도 하였던 것입니다.

초등 3학년 되기 직전에 어머님과 떨어져서 지내다가 제가 장가간 후 딸 누리를 낳은 해에 합해서 죽 같이 살다가 2014년 8월말에 소천하셨으니, 어머님과 떨어져 산 세월이 22년이고 어머님과 합해서 같이 산 세월이 33년이라는 계산이 나옵니다. 떨어져 사는 동안, 앞에서 잠깐 언급한 대로 어머님의 헌신적인 뒷바라지 덕에 저는 초등학교를 비롯해 최고학부인 대학까지 졸업하였으니 어찌 보면 어머님의 당초 목표인 상경지교를 달성했다고도 생각됩니다.

잠깐 1년 정도 다른 곳에서 일한 적도 있었지만 21년간을 종로 한일관(韓一館)에서 종업원으로 근속하셨습니다. 그렇게 해서 저를 대학까지 가르치셨고 고향의 원래 토지는 확대 보전하시면서 풍납동의 단독주택도 한 채 사셔서 아들인 저에게 물려주셨습니다. 모두 어머님의 그간 인고의 소중하고 보람된 열매로서 자식으로 감사드릴 따름입니다.

떨어져 있을 때 어머님이 몹시 기뻐하시던 몇 모습이 기억납니다. 전주신흥중에서 서울 경복고 입학시험에 합격하였을 때가 처음이고, 당초의 목표인 서울법대엔 가진 못했지만 3수 후에야 서울대에 합격했을 때가 두 번째이고, 직업으로 법관 대신 공무원을 택해 2차 시험 세 번 만에야 22회(1978년) 행정고등고시에 합격했을 때가 세 번째로서, 앞의 두 번의 경우는 기쁜 얼굴만 보이셨지 말씀이 없으셨지만 행시를 패스한 저를 보시고는 고맙다고 하시며 눈물을 글썽이시던 한일관에서의 벅찬 모습이 지금도 생각이 납니다.

제가 3수니 하는 것 없이 여느 학생들처럼 바로바로 해내어야만 했으나 전 그렇게 우수하지 않은데도 저를 끝까지 믿고 밀어주신 어머님이 계셨기에 공부를 지속할 수 있었고 또한 초등 2년 말의 야심회의(夜深會議)가 항상 제 머리에서 깃을 틀고 있었기에 공부 외엔 차마 곁눈을 팔 수가 없었던 것이기도 했습니다.

전공이 행정학이 아닌 국문학인데도 대학 4학년 말 때 행시 1차 합격한 것을 빌미로 졸업 후 취직하지 않고 2차에 응했으나 실패, 어머님께 미안하여 다음 해 홍릉의 한국과학원(KAIS)에 직원으로 취직해 다니면서 1·2차에 응시해 2차에서 다시 고배를 마신 후 10개월 만에 사직 후 연신내의 선림사에 들어가 6개월 열공한 덕에 그다음 해 2차에 합격함으로 인해 나의 고시 여정에 종지부를 찍었습니다.

그 6개월 동안 어머님이 수시로 오셔서 빨래며 잔일을 챙겨 주셨기에 내가 공부에만 몰두할 수 있었으니 고시 합격도 어머님과 함께 이루어 낸 공동작품이었고 아마도 잘하면 당신의 아들이 장차관도 하리라는 희망이 생겨서 고맙다고 말씀하셨던 것 같은 생각이 이제야 듭니다. 그리고 나의 행시 합격은 재종형님이자 저의 롤 모델로서 존경해 온 김종세 형님께서 나의 초등 시절인 1960년대 초 처음 그 어려운 사법고시(시험)에 합격하셔서 고향의 김씨 가문을 빛낸 후의 두 번째 쾌거라며 그야말로 가문의 영광이라는 이야기가 회자되기도 했었지요.

함께 산 33년을 회고해 봅니다. 제가 신접살림을 차린 망우리 전셋집에서 첫딸 누리가 태어날 즈음에 당신의 평생직장인 한일관의 셰프 일을 최종 마감하시고 들어오셔 넷이서 같이 살게 되었습니다. 실로 나로선 23년 만에 재합(再合)하여 어머님을 모시게 된 것으로 감개무량했습니다. 어머님의 연세 50대 초이시고 저는 30대 초였습니다.

어머님이 청상과부가 되신 원인은 동족상잔의 6·25였습니다.

6·25가 터지기 바로 직전에 태어난 나는 아버지 얼굴을 모른 채 지금까지 살아오고 있는데, 당시의 남겨진 사진이 한 장도 없었기에 그렇게 되고 만 것입니다. 다만 형제인 지금은 고인이 되신 숙부님의 얼굴이 닮았다는 얘기만 많이 들으면서 자랐습니다.

이장(里長)인 선친은 마을 사람들과 함께 가족 단위로 조상대대로 살아온 먹골마을에서 안전한 먼 동네로 피난을 가 몇 개월을 지내시다가 먹골마을의 상황이 궁금해 몇 동네 청년들과 떠나온 마을로 늦가을에 조심스레 함께 둘러보러 갔다가 그만 졸지에 나타난 빨치산에 전부 끌려가신 후 소식이 두절됐다고. 빨치산이 물러간 다음 해 봄 마을 인근 용골산에서 모친이 선친의 시신을 발견했다고 들었습니다.

어릴 제 늦가을 녘에 같은 날밤 우리 먹골마을의 네 집에서 제사 지내던 모습을 볼 수가 있었는데 아버지 기일을 포함한 네 집은 그날 같이 빨치산에 끌려간 날을 생을 마친 날로 보고 그날을 제삿날로 지내고 있었던 것. 어떤 집은 나와 동갑내기가 있었는데 그 어머니가 젊은 나이에 청상과부로 살 수 없다며 재가하는 바람에 큰아버지 집에서 자라고 있는 경우도 있었으니, 앞의 제 모친의 상경지교 이야기가 나왔을 때 집안 어르신들의 격한 염려도 당시로선 가능한 범주에 있었다고 봐야 할 것입니다.

평생소원이었던 같이 사는 것이 다행스러우면서도 한편으론 죄송하기도 했습니다. 여자 홀몸으로서 오로지 저를 가르치시느라 지난 평생 고생만 하셨으니 이제 편히 쉬셔야 했으나 실은 새로운 고생이 시작되었기 때문입니다. 즉, 저희 내외의 자식인 딸 누리와 아들 한해를 당신의 손주들로서 돌보시고 키워 주시는 새로운 수고를 맡아 주셨으니 얼마나 힘이 드셨겠나 하는 죄송스런 생각이 항상 들었습니다.

그래도 당신의 내리핏줄이라고 아주 귀여워하시고 살뜰히 잘 키워 주셨습니다. 그래서 저희 부부는 마음 놓고 직장 일에 전념할 수 있었습니다. 정말 고마운 일이었습니다. 누리와 한해도 우리 내외보다 할머니인 당신을 평소 더 좋아하고 더 따랐었지요. 또한 당신 회갑연 때엔 손녀 어린 누리가 할머니를 위해 지칠 때까지 흥겹게 마구 춤을 췄었지요. 그러한 모습을 흐뭇한 얼굴로 바라보셨던 기억이 많이 납니다.

지극한 정성을 담아 손주들을 애써 키워 주신 덕분으로 잘 커서 어엿한 성인이 됐고 그 손주들이 결혼한 것도 보셨습니다. 증손자 송민이도 귀여워하셨죠. 손주들인 누리와 한해는 어머님 영전에서 서럽도록 오래 울었습니다. 자신들에게 잘해 주신 생전의 할머니의 애틋한 정이 생각나고 너무 그리워서 그랬을 것입니다.

어머님은 난 기르기를 좋아하신 난과 같은 여인이셨습니다. 교원인 며느리가 선물했던 난분 키우시기에 재미를 느끼시고 잘 키운 수십 그루의 난분으로 행당동 대림아파트 베란다를 생전에 가득 채우셔 가족과 방문객들에게 난향을 선물하시곤 했고 당산의 몸에선 항시 난향이 묻어나는 재주꾼 애란가(愛蘭家)이셨습니다. 그러기에 일정시 초등학교도 다 못 다니신 학력으로도 외아들을 최고학부인 대학까지 보내신 큰 한국 여인이셨습니다.

어머님은 여느 어머님들처럼 원래 정이 많으신 분이셨습니다. 저의 외가인 친정집과 이모네를 많이 걱정하고 조용히 살피셨고, 저의 친가인 큰집 · 작은집도 많이 챙기셔서 뒤에서 애쓰시는 어머님을 모두들 이해하는 모습을 곁에서 많이 보아 왔습니다. 그런가 하면, 재경 고향의 동네 모임에도 나중에 잘 나가시어 여러 사람들과 잘 어울리며 흥겹게 소일하시는 노후도 보내셨습니다. 다들 매사에 적극 관심을 기울여 주시는 어머님을 좋아하셨죠.

하지만 어머님이 말씀은 없었지만 이심전심으로 알게 된 당신의 속마음에 있었던 자리를 공무원으로서 저는 오르질 못하고 청와대 행정관(국장) 이상의 고좌(高座) 앉음에는 실패하고 말았습니다. 그래도 어머님은 저에게 아무런 질책을 하시지 않고 담담하시기만 했었죠. 저는 한때 대기만성이라며 주위의 위로를 받았을 때 좀 창피했었지만, 시간이 지나서 죽림칠현의 참뜻을 깨닫고 저 자신도 그분들께 가까이 갈 수나 있었으면 참으로 영광이겠구나 하는 생각이 든 후 어머님께 죄송스러웠던 한때의 마음이 어디론가 사라져 버렸답니다.

어머님은 1930년 경오생으로 말띠십니다. 말띠 생은 밝고 개방적이며 떠들썩한 것을 좋아하며 유머가 있고, 태양처럼 매력적이며, 어떤 생각이 결정되면 목표가 관철될 때까지 한눈파는 일 없이 계속 나아가므로 성공률이 높은 편이고, 또한 자신의 가정과 환경이 자신을 중심으로 움직이기를 바란다고 합니다. 어머님은 정말 그러하신 분이셨습니다.

텃밭 가꾸기

"이 식빵 안에 들어 있는 상추, 쑥갓, 치커리랑 부추냉이는 오늘 아침 우리 텃밭에서 뜯어 온 거지?"

"물론이야. 요즘은 아침마다 그렇게 하고 있는 줄 잘 알면서 뭘 새삼스럽게 물어보오? 당신은, 참…."

"아니, 어제 아침처럼 오늘도 싱싱하고 맛있는 채소를 계속 먹으니까 그렇지."

금년 6월 초순경의 여느 날 아침 식사 중에 이루어진 아내와 나의 통상적인 대화의 한 대목이다. 이러한 대화는 작년 하반기에도 있었지만 금년의 봄철부터는 식단도 밥에서 신선한 채소를 곁들인 빵과 우유로 바뀌어 거의 매일의 일상적인 아침 대화가 됐다. 이러한 대화의 싹은 우리 집터 한 모퉁이에 자리한 작은 텃밭에서 비롯한 것이다.

50여 년의 서울살이를 고심 끝에 뒤로하고 아내의 병 케어차, 이곳 가평으로 내려온 지 3년째의 가평살이의 삶이 저만치 흘러가고 있다. 낯선 타지에서의 삶의 적응 훈련을 그런 대로 성공적으로 마쳤다는 생각이 이제 우리 내외에게 들기도 한다. 첨엔 어떻게 하루하루를 보낼까 하는 납덩이같은 걱정이 가슴속에 짓눌려 있었던 게 사실이었으나, 어떻게든 버텨 내야 한다는 연속전인 다짐을 동반한 인내심과 나름의 집념 어린 노력 덕분에 그간의 세월 흐름에 별 탈 없이 순응했었다고 봐야 할 것이다. 이에는 여러 요인들이 기저에서 플러스로 작용했으리라 짐작되지만 그중 가장 큰 요인의 하나로서 우리 내외에게 텃밭이, 텃밭 가꾸기가 있었다는 점이다.

맑은 공기가 항시 숨 쉬는 곳에 아내의 암 케어 터전을 마련하고자 시도한 준비 단계로 살악면의 C빌리지에 넉 달간 임시 체류하면서 우리 내외의 관심 사항은 힌트를 얻을 수 있는 적지 물색에 있었다. 지병가료나 힐링 차원 등으로 최근 몇 년 사이에 이주해 온 집들에 포커스를 맞추어서 설악면 관내를 찾아가 탐색해 보니 산 구릉지를 깎거나 천변(川邊) 가까운 곳에 터전한 주택이나 별장들이 많았다.

그러한 대부분의 집들은 약속이나 한 듯이 한결같이 집터 내나 인근에 약간의 텃밭을 갖추고 있는 모습들이 특히 나의 눈에 들어왔다. 살짝 물어보니, 전업 농사보다는 살면서 소일거리용으로 텃밭을 마련해 두었다는 얘기들이었다. 그리고 설악IC가 생긴 이후로는 설악면은 가평군의 오지에서 가평군의 새로이 떠오르는 1급호지(好地)로 탈바꿈됐다고들 자못 고무되어 있는 집단 분위기도 읽을 수 있었다.

작은 부락을 이루거나 외지게 살면서 인근이나 떨어진 곳에 조상대대로 내려오는 농사용의 상당한 전답을 소유해 온 원주민들은 시간이 흐르면서 서울서 한 시간이면 닿을 수 있는 교통 요충지로 변한 은총의 수혜자들로 변신하게 되었다는 것이다. 가만히 살다 보니 제대로 살맛나는 얼마나 행운스런 총생(叢生)들인가. 땅값 상승으로 단숨에 졸부들로 변신한 사람들도 상당수라니.

그들은 외지인들이 현지인들의 땅을 사 펜션이나 캠핑장 등을 지어 돈벌이하는 것을 옆에서 보고 눈을 떠 자신들의 일부 땅을 팔아 모은 종잣돈으로 자신들의 땅에 그러한 사업을 해서 성공한 사람들도 꽤 있단다. 그러한 소수의 사람들은 인건비 상승으로 가평 특산 잣 농사의 호시절이 가 버린 것을 재빨리 알아차린 것이리라. 왕년에 머리 쓴답시고, 자식들 공부시키려고 논밭 팔아 고향을 뜬 과거의 사람들보다 아둔하게 묵묵히 고향을 지켜 온 사람들에게 하늘이 큰 복을 내려 주었다고나 할까. 집터를 물색하다 보니 설악면의 이러한 한 단면들을 덤으로 생생히 들을 수 있게 된 것.

아내와 함께 물색하면서 의견 일치를 보아, 어비천이 흐르는 어비산 밑자락에 집터를 잡게 되었고 넉 달여에 걸쳐 아담한 새집을 지어 임시 숙소인 C빌리지에서 그해 7월 초 이곳 가일2리 행복마을로 이사를 오게 됐고, 집터 부지에 딸린 텃밭 가꾸기에 돌입하게 되었던 것이다.

서울살이 시 나는 청계산 밑자락의 주말농장 중 몇 뙈기를 오랫동안 사거나 임차해 텃밭 가꾸는 해마다의 재미를 보여 주는 어떤 친구나 건물 옥상에 정원을 겸한 텃밭을 가꾸는 사례들을 보면서 부러워했던 적이 있었을 뿐인데, 서울 중랑구 용마산자락의 면목초에서 교장으로 정년퇴임한 아내는 학교 내의 화단과 정원, 텃밭을 가꾸어 본 경험이 좀 있기에, 집터 물색 시 사전 답사한 영향도 있었지만 새 집터에 작은 텃밭을 만들어 보자는 아이디어도 원래 아내가 주장한 것임은 불문가지이다.

첫해의 성과는 벅찬 기대와는 달리, 모종한 배추와 무가 잘 자라지도 않았는데 좀 자라자 벌레만 무성하고 먹을 수가 없어서 뽑거나 그냥 제거해 버리는 등 초라한 수준에 머무르고 말았다. 이사 온 시기가 파종이나 모종의 시기가 지난 한여름인 데다 땅도 척박했고 텃밭 가꾸는 데 초보일꾼 부부로서 채소를 기르는 방법이나 기술 등도 어설퍼서 시행착오를 많이 했던 첫해였기 때문이었다.

둘째 연도인 작년부터는 첫해와는 달랐다. 시중에 나와 있는 무공해 채소가 사실은 그렇지 않을 수 있다며 작년에 실제 채소를 가꿔 보니 벌레 때문에 망쳤지 않았었냐는 어떤 사람의 말짓이 무색하리만큼 먹음직하게 잘 자라난 채소의 텃밭이 되었기 때문이다.

첫해의 실패를 거울삼고 현지인들의 조언도 귀담아들어, 봄부터 기존의 토지를 몽땅 파 버리고 집 뒤의 산이나 주변의 부엽토로 대체하고 친환경 거름도 섞어서 우선적으로 토질을 높였기 때문이다. 즉, 진흙과 모래 성분이 적당히 섞여 있는 참흙 및 모래가 있어야 하고, 참흙 땅 부식질 함량이 많고 양분과 수분을 잘 간직할 수 있는 곳으로서, 햇볕이 잘 들며 매연이나 먼지로부터 영향을 받지 않는 곳이라야 텃밭 가꾸기에 좋은 땅이라는 현지인들의 귀한 조언을 경청한 결과로서 말이다.

그리고, 설악면의 한 종자상에서 상추, 쑥갓, 고추, 오이, 가지, 방울토마토 등의 모종을 비 오는 날을 택해 사다가 정성스레 심고서 해 질 녘 하루에 한 번씩은 빠뜨리지 않고 물 주기를 계속했더니, 역시 자라나는 자태가 작년과는 다름을 느낄 수 있었다. 작년만큼의 벌레도 없었고 고추 · 오이 · 가지 · 방울토마토엔 지지대를 세워 주었는데, 자고 나면 새록새록 지지대를 타고 자라나는 모습들에 신이 절로 나 우리 내외는 텃밭 가꾸는 잔재미를 실제로 맛보게 되었던 것.

아침에 텃밭에서 따낸 싱그러운 상추나 오이로 식빵에 넣어 먹는 아침마다의 별미를 즐기는 새로운 식사를 하게도 됐다. 나이는 드는데에도 저절로 부부일체의 행복한 기분이 들었다. 때론, 우리 내외는 우리 스스로 재배한 채소로 아침 식사를 거듭하게 되니 정말 행복이 배가되는 마음으로 온종일을 보내기도 했던 것, 그러니 농부들이 그 어려운 밭 · 논농사를 힘들이지 않고도, 어쩌면 즐거움이 몸에 배어 매년 일을 지속하나 보다는 엉뚱한 생각도 들었다.

마침, 인터넷을 검색하니 '텃밭의 7가지 즐거움'이 눈에 띄었다. 첫째, 텃밭의 녹색은 마음을 안정시키는 작용을 한다. 둘째, 자연의 소중함, 농부의 고마움, 나누는 기쁨을 알 수 있다. 셋째, 무공해 농산물로 가족 건강을 지키고 운동 효과까지 볼 수 있다. 넷째, 자녀들에게 살아 있는 자연학습을 시킬 수 있다. 다섯째, 자녀의 학습능력을 향상시킬 수 있다. 여섯째, 가족의 마음을 하나로 모으는 구심점이 된다. 일곱째, 집 안에 식물을 두면 쾌적한 온도 · 습도 관리에 도움이 된다.

그렇다! 자녀들에게 살아 있는 자연학습을 시킬 수 있다고 하지 않은가. 우리 내외의 경우 서울서 딸 아들 내외가 자신들의 자녀인 손자들과 함께 놀러 오는 수가 있다. 손자들을 텃밭으로 데려가서 상추나 고추 등이 자라나는 것을 보여 주고 빨갛게 익은 방울토마토를 따먹으라고 했더니 종알거리며 따 먹는 모습이 보기에 좋았다.

손자들은 놀이용 책에서만 본 배추, 고추, 상추, 당근과 토마토를 실제 자연물로 눈앞에서 보고는 신기해서 깜짝 즐거워하는 천진난만한 귀여움을 보여 줬던 것이다. 어린 그들에겐 어디에서도 접할 수 없는 텃밭에서의 활동이 큰 재미를 동반한 자연 산교육이 되기도 한 것으로 그 의미가 크다는 생각이 들어 할머니 · 할아버지로서 실로 귀중한 선물을 주었구나 하는, 흐뭇한….

그러면서 반면, 일반농법이 단위 면적당 상품이 있는 농작물을 저비용으로 많이 생산하여 높은 가격으로 판매하여 소득을 올리는 것이 목적이라면, 텃밭 가꾸기나 주말농장은 사랑하는 가족과 함께 파종하고 가꾸고 수확하는 즐거움과 안전하고 맛있는 웰빙 밥상을 책임지며, 나아가 이웃과 더불어 나눠 먹는 즐거움을 더하는 것이라는 오롯한 생각이 지펴 왔었다.

3차년인 금년에는 서두의 대화에서 밝힌 식의 텃밭이 됐다. 좀 일찍 시작하려고 서둘렀다. 약 4평 정도의 3칸으로 구성된 집터의 텃밭에 작물 배치를 작년과는 달리했다. 작년엔 가까운 칸에 토마토 · 오이 · 가지 · 고추를 심으니 2, 3칸의 상추 · 쑥갓 등의 낮은 키의 채소에 그늘을 주기도 하는 것을 피하게 함과 동시에 매일아침 따 먹기에 가깝도록, 상추 · 쑥갓 · 고추냉이 · 치커리 등 키 작은 채소들을 앞의 1칸에 심고 토마토 등의 넝쿨성의 큰 키는 2, 3칸으로 배치하여 햇볕 받는 양도 적당히 조절할 수 있게 하였다.

그리고 매일 물 주기를 생활화하였다. 집터의 텃밭은 주로 아내가, 더덕과 도라지와 들깨의 아래 큰 텃밭은 내가 물 주기로 정하고 거의 매일 그대로 해 오고 있다. 오후 다섯 시만 되면 근 한 시간 정도 흡

족하게 물을 준다. 사정이 있어 물 주기를 빠뜨리면 작물의 색깔이 달라짐도 이젠 느껴지기에 이르렀다.

4월 말에서 5월 초 6박9일 일정으로 외손자 송민이를 데리고 아내와 함께 이집트로 나의 칠순 여행을 다녀왔는데, 아무래도 그때 텃밭 물 주기가 걱정됐다. 출발하기 며칠 전 모종한 가지 등이 특히 걱정됐던 것. 귀국해 보니 나의 기우대로 열흘 가까이 물을 못 먹은 가지 모종들이 노랗게 말라 죽기 일보 직전까지 가 있었다.

우리 내외는 서둘러 애정을 가지고 지극 정성으로 물을 줬더니 닷새 정도 지나면서 파릇한 살아난 모습을 보고 우리 내외는 쾌재를 불렀다. 죽어 가는 가지 작물 여섯 포기를 그대로 살려 낸 것이다. 텃밭 가꾸기 3년차가 되니 죽어 가는 작물도 살려 낼 수 있을 만큼 우리 내외의 텃밭 기르는 노하우도 발전한 것이리라.

5년 전 소천하신 모친이 생전에 난 기르기를 좋아하셨는데, 다 죽어 가는 난에 물을 잘 주셔서 기어코 살려 내는 것을 보고 놀랍도록 감탄한 바가 있었다. 그래서인지, 우리 내외도 어머님에 못지않은 기량을 어머님으로부터 물려받은 묘한 기분이 들었고 눈물이 핑 돌 정도로 어머님 생각이 많이 나기도 했었다.

나는 텃밭이나 앞마당 잔디에 물을 주면서 잡초가 보이면 보이는 족족 솎아 내기도 한다. 아내는 물 주기 전에도 시간이 나면 텃밭이나 앞마당에 나가 잡초를 뽑아 댄다. 안 보이면 대부분 밖에 나가 잡초를 제거하고 있다. 이젠, 텃밭엔 잡초가 거의 보이지 않을 정도가 됐다. 잡초 뽑기와 물 주기는 아내와 나의 매일의 소일거리가 된 것이다. 심심찮은 하루의 소일거리가 됐고 더불어 건강관리에도 모두

약이 됐다는 말이다.

아래 텃밭의 더덕줄기를 위해 달포 전 약 1.5m의 스테인리스 지지대를 여러 개 꽂아 주었듯이, 보름 전엔 집터 텃밭에도 10개 이상의 같은 지지대를 설치해 주었다. 가지와 오이, 고추 그리고 방울토마토의 줄기를 위해서다. 아내는 지지대마다 끈으로 작물 들을 살며시 묶어 줘 지지대를 잘 타고 올라갈 수 있게 해 준다. 나중에 보면 설치된 지지대의 효과가 나타난다. 작물들이 영리해서 잘 타고 오르며 자라는 속도를 내는 모습이 보이기 때문이다. 가평에 와서 처음엔 낯설었던 고추 등 밭마다 높은 지지대를 미리 꽂아 놓는 이유를 이젠 충분히 이해할 수가 있게 됐다. 우리 내외도 이젠 텃밭 가꾸는 초보일꾼에서 탈피했다고나 할까.

한번은 이런 일도 있었다. 오후 다섯 시면 으레 하듯이 아내가 텃밭에 호스로 물 주기를 하는데 2칸 가장자리 테두리에 뭔가 숨어 있어 가 보니 고라니 새끼가 호스 물을 맞고 떨고 있다며 나를 불러 불쌍하니 어디론가 보내 주라는 것. 나도 가여운 생각이 들어 근처 숲 덤불에 살며시 놓아 주었는데, 한 시간쯤 후에 고놈이 그 자리에 다시 와 있질 않은가. 아마도 길 잃은 새끼가 그 자리로 돌아와 엄마를 기다리나 보다고 생각돼 텃밭에서 가까운 좀 높은 뒷산으로 옮겨 주었더니 다음엔 나타나질 않았다.

엄마 고라니가 새끼를 찾아갔다고들 주위 사람들이 말했다. 텃밭을 하다 보면 고라니들이 침입해 채소를 마구 먹어치워 골머리를 앓기도 하는데 우리 텃밭은 상주해서인지 고라니가 오질 않았다. 옆의 은행나무집은 고라니가 채소를 자주 망쳐 놓아 텃밭에 높은 철제그

물막 울타리를 쳐 놓고 있는데….

헌데, 아내는 텃밭의 채소로 매일 아침을 때우는가 하면, 자신의 학창 시절 친구들이나 직장 시절 동료가 방문해 오면 텃밭에서 자란 천금채(千金菜)인 상추나 치커리 등을 뜯어서 같이 식사를 하는 시간을 갖는 외에도 얼마 안 되지만 신선한 채소를 싸 주며 즐거워하곤 한다. 특히 딸 누리네나 아들 한해네가 가평 우리 집에 오면 갈 제는 꼭 텃밭의 채소를 싸 주고 우리 내외가 서울의 아들 집이나 딸네 집을 갈 경우에도 텃밭의 싱싱한 채소 묶음을 만들어 가져다주는 재미를 즐기곤 한다.

아내는 위에서 언급한 텃밭 가꾸는 즐거움을 스스로 만끽하는 것일 게다. 아내의 암 케어에도 한몫 순기능 한다고 여겨지는 그러한 모습을 옆에서 보는 나도 즐겁기는 매한가지라는 생각이 요즘 부쩍 들곤 한다. 나이가 들어가는 즈음에서 이러한 텃밭 가꾸기는 우리 내외의 가평살이에서 일종의 카르페 디엠(carpe diem)이 되기 때문이리라.

내 눈 지킴이, 안경

"내 안경이 어디 있지…?"

아침에 일어나서 어느 땐가 가끔 하는 나의 말이 됐다. 젊었을 때에는 어디에다 뒀더라도 아침에 잠에서 깨어 일어나면 금방금방 쉽게 안경을 찾았었는데, 어느 때부턴가 안경을 어디다 두었는지 전연 생각이 나질 않아 방 안을 한참을 헤매다가 겨우 찾아서 쓰게 되는 경우들이 생겨나기 시작한 것. 결국 찾아내고 보면 잠자리 바로 곁 등 그리 멀지 않은 데에 잘 모셔 두어서 쉽게 못 찾을 곳에 두지 않았는데에도 그러한 짓을 하게 되다니, 아하, 이제 나도 어느새 나이가 들어 버렸나 보구나 하고 아연해지는 생활이 간헐적으로 이어진 것이다,

그러고 나서부터는 잠자리에 들기 전 찾기 쉽게 일정한 곳인 탁자 위에 안경을 두게 되었다. 잠자리에서 좀 떨어진 곳이지만 말이다. 첨엔 탁자 위에 두는 버릇이 잘 되지 않기도 했으나 하다 보니 이젠 습관화가 돼서 아침에 일어나 안경을 찾느라 한참 헤매며 시간을 허비하는 일이 없게 됐다.

그래서 이에 힌트를 얻어서 서울 아들 집에라도 가거나 친구들과 여행이라도 가서 숙박을 하게 되면 잠자리에 들기 전 반드시 안경 두는 곳을 정하고 두세 번 그 장소를 확인, 머리에 반복해서 입력해 두는 것을 직심으로 지속해 보니 신기하게도 아침에 일어나서 실수 없이 쉽게 안경을 찾게끔도 돼서 다행스럽게도 걱정을 덜게도 됐다.

안경 쓰는 사람들이 그렇듯이 나는 하루 중 잠자는 시간을 빼놓고선 안경을 쓰고 산다. 물론 안경을 닦아야 하거나 눈을 잠시 쉬게 할 필요가 있을 땐 잠깐 벗기도 하지만 그 외의 시간엔 늘 안경을 쓰고 지낸다는 말이다. 왜냐고? 그건 안경을 써야만 잘 보이기 때문이다. 안경을 써야만 모든 것이 환하게 또렷이 잘 보여서 매사가 안전하고 만약의 실수도 하지 않기 때문이다. 말하자면, 나의 안경은 못 보는 데에서 오는 답답함과 불안, 실수로 인한 안전사고를 원천적으로 막아 주는 훌륭한 기능을 수행해 주고 있는 내 눈의 변함없는 지킴이자 항상 생활을 같이하는 매우 고마운 존재가 된 지 오래란 말이다.

그러고 보니, 내가 안경을 썼던 첫해가 고교 2년 때이니 51년이 넘었다. 그때부터 안경은 나에겐 없어서는 안 될 소중한 존재가 되어 왔다. 그 전에는 그렇지 않았었는데 안경 없이는 잘 안 보이게 돼서 불편해져 지낼 수가 없게 된 것. 애주가들이 술을 벗이라 하듯 나에겐 자연 안경이 벗이 된 것이다. 안경과 벗해 온 세월 51여 년! 반백 년이 지난 긴 세월이 됐다. 그러니 나의 안경은 친구라야 옳다는 당연한 생각이 든 것.

내가 안경을 쓰게 된 건 이렇다. 고1 때까지만 해도 시력 2.0이었지만 서울로 유학 와서 1년을 지내고 2학년 초 매년 실시하는 학생신

체검사에서 두 눈의 시력이 낮아졌는데 특히 오른쪽 눈의 시력이 뚝 떨어진 사실을 알게 됐다. 그럴 리가…. 나로선 깜짝 놀랐다. 그 후 곰곰 생각해 보니 2학기 시작 후 한두 달 지나서 징조가 있었으나 대수롭지 않게 여기고 보내 버렸으니.

즉, 선생님이 중요하다며 흑판에 쓴 글 밑에 외선을 그었다는데, 나의 눈엔 선 밑에 희미한 선이 하나 더 추가되어 두 줄로 보여 그런 줄로 알았지만 자주 그랬기에 옆 좌석 반우에게 물어보고서 그은 줄이 하나라는 사실을 나중에야 알게 됐고, 그 전에는 안 그랬었는데 책을 읽게 되면 눈이 쉽게 피로해지고 어쩔 땐 머리까지 지끈지끈 아파 왔던 적도 있었다.

그리고 이런 일도 있었다. 즉, 겨울방학이 돼서 고향 순창군 동계에 내려갔었는데 그만 저만치서 걸어오시는 동네 어른을 빨리 몰라보고 아주 가까이 와서야 알아채서 굽신 인사를 드렸더니 늦게 인사한 그것이 그리도 서운하셨던지 나중에 동네 다른 어르신들에게 서울로 올라가더니 건방져져서 어른도 몰라본다는 소문을 내신 바람에 황당해했던 기억이 있다. 난 그 당시 걸어오는 모습은 어렴풋이 보였으나 구체적으로 어느 어른이신지는 구분이 안 돼 좀 머뭇거렸더니 그런 악담으로 이어질 만큼 내 눈의 시력이 나빠졌으나 모르고 있었던 것이다.

추정되는 또 다른 징조로는 한적한 시골이나 지방도시에서의 조용한 삶이 현란한 네온사인이 작열하는 서울의 복잡한 삶의 환경에 잘 적응하지 못해서이거나, 어머님을 졸라대 고1 여름방학을 이용해 고질병인 만성중이염 수술을 했었는데 그 후유증이 귀와 가까이 연결된 눈에 안 좋게 영향을 줘 결국은 눈도 나빠진 것이 아닐까 짐작만 해 보았던 것이다. 왜냐하면 오른쪽 귀를 수술했는데 그 오른쪽 눈의 시력 감퇴가 월등했기 때문이다.

신검 후 나빠진 시력을 알고서 어떻게 해야 하나 고민에 빠졌다. 지금 같아선 눈에 맞는 안경을 쓰면 그만이었지만 당시엔 지금처럼 안경 쓰는 사람들이 많지 않았다. 한 반에 두세 명 정도였고 그러한 대열에 끼고 싶은 맘이 나에겐 없었기 때문이다. 그냥 지내보기로 했다. 좀 먼 곳이 흐릿해 보이고 눈이 쉬 피로해져서 손가락으로 부벼대기 일쑤였고 머리에 통증이 오는 경우가 잦아지는 것 같았다. 안과에 가 봐야 했으나 어린 마음에 가 보고 싶지가 않았다.

그러다 2학기가 되어 더 이상 그대로 방치하는 것은 문제가 있다고 생각되어 결국은 안경을 쓰기로 결심하게 됐다. 종로 2가에 있는 어느 안경점에 들렀다. 당시엔 종로 2가 등에 지금의 종로 3가의 즐비한 귀금속상들처럼 안경점이 많았었고 또한 양복점도 많았었는데…. 시력 측정을 해 보니 안경을 쓰는 것이 좋다고 한다. 교정시력 모두 2.0까지 나올 수 있으나 그 아래로 하는 게 생활하는 데 좋다고 해서 그렇게 안경을 처음 맞추게 되었다.

며칠 후 안경을 찾아서 쓰게 됐다. 안경쟁이 인생이 시작된 것이다. 안경을 쓰고 보니 정말 환하게 잘 보인다. 이렇게 환한 것을, 태어나서 새로운 세상을 맞는 거 같았다. 거리를 거닐어 보니 환하고 또렷하게 잘 보여 좋았지만 첨엔 콧등이 시큰거리는 등 불편한 점도 느껴졌다. 허나, 잘 보여서인지 머리 아픈 증세가 가셨다. 신기했다. 다행이란 생각이 들었음은 물론이다. 학교에 가서 흑판의 판서를 보았더니 한 줄로 확연하게 잘 보이고 반우들 몇은 내가 안경을 썼다고 이상한 듯 반색을 해 왔지만 괘념하지 않기로 했다. 책을 보아도 전에 있었던 머리 아픈 증세가 싹 가셔서 더욱 좋았다.

헌데, 마냥 좋은 것만은 아니었으니. 나의 경우, 왼쪽은 괜찮았으나 수술한 오른쪽 귓바퀴를 누르는 안경테의 하중을 견뎌 내기가 힘들어 아파서 가끔씩은 안경을 벗고 오른쪽 귓바퀴를 쉬도록 해서 아픔이 가신 후 착용해야만 했다. 지금은 안경테 등의 소재가 발전해 좋아져서 가볍고 단단하지만 당시엔 무거운 데다 잘 부러지기도 했었다.

그런가 하면, 겨울에 따뜻한 방에서 차가운 밖에 나가거나 버스를 타게 되면 하얀 김이 서려 한참 동안 앞이 보이질 않는 황당한 상황을 견뎌 내야만 하는 경우도 생기게 되고, 목욕하러 목욕탕에라도 들어가려면 잘 안 보여도 안경을 벗고 들어가야 했다. 한번은 그냥 쓰고 냉·온탕 다니며 목욕을 했더니 온도 차이로 인한 미세한 흠들이 안경알에 생겨나서 마침내는 비싼 안경알을 새로 바꿔야 하는 경우가 있었던 것이다.

또 이런 일도 있었다. 고2 때 겨울방학이 되어 한 달간 지내기 위해 그리운 고향으로 내려갔었다. 지난해 겨울에는 잘 안 보이는 눈으로 인해 한 어르신에 대한 수인사가 늦어져 건방진 놈이라는 된소리를 들었는데, 이번에도 그 비슷한 소리를 또 듣게 된 것이다. 서울에 가더니 공부는 안 하고 겉물만 잔뜩 들어 안경까지 쓰는, 그저 모양만 내는 건방지고 못된 놈이 됐다는 동네 어르신들의 이야기였다. 참 기가 막힐 노릇!

허나 하늘만 보이는 두메벽촌에서 일생을 살아온 당시 어르신들 입장에서 보면 안경이라는 것은 괜히 멋을 부리기 위해서 쓰는 장식용 사치품으로 치부해 버리는 경향이 있었기에 그럴 만도 했었던 것이리라. 그곳 고향 마을에선 안경은 간혹 돋보기안경을 걸친 구부정한 노인 어르신이 있었을지언정 꼿꼿한 젊은이가 안경을 쓰는 사례는 없었고 더군다나 시퍼런 학생인 내가 희한하게도 안경을 쓰고 나타났으니 그분들로서는 그저 매우 해괴한 일로서 속상해 흥분만 될 뿐이지 아무리 생각해도 이해가 가질 않으셨던 것이다.

나는 당시 후견인인 숙부님께 자초지종을 자세히 말씀드렸더니 이해를 하신 숙부님을 통하여 동네 어르신들에게 당신의 조카가 멋 부리기 위해서가 아니라 사실은 나빠진 눈 대신 불가피하게 안경을 쓰게 된 것이라는 걸 어렵게 이해시킬 수가 있었다. 지금도 어떨 땐 안개처럼 50여 년 전의 고향의 안경해프닝이 떠올라 가만히 쓴웃음을 짓기도 한다.

안경을 오래 쓰다 보니 안경 쓰는 게 익숙해졌고 콧등이 시큰거리거나 하는 부담 현상은 없어진 지 오래다. 안경이 없으면 잘 안 보이니 답답해서 이제 못살 것 같은 생각이 들기도 한다. 어느새 안경은 그야말로 나와 같이하는, 같이해야 하는 친구가 돼 버린 것이다. 그렇지만, 익숙해졌다고 해서 같은 안경만을 쓸 수는 없다. 2, 3년마다 안경을 바꾸게 된다. 세월이 흐르니 몸도 늙어지는 것처럼 눈도 늙어가기 때문에 시력의 변화가 오면 시력에 맞는 새 안경으로 교체해 주어야 하기 때문이다. 새 안경을 쓰게 되면 또렷하고 환히 잘 보이는 것처럼 마음도 새로워지는 기분이 드니 좋다. 지금까지 몇 번이나 바꾸었는지 기억이 나지 않을 정도로 헤아릴 수가 없지만.

세월이 흘러 요즘은 안경분야의 기술도 많이 발전되었다. 안경알 색깔도 많아졌고, 다초점 렌즈에다 밖에 나가면 조도에 따라 안경색이 달라지는 선글라스용으로도 겸할 수 있는 가볍고 튼튼한 안경알이 나오고, 안경테도 보다 가볍고 질기며 멋있는 디자인도 많이 나와 자기 기호에 맞는 안경을 선택적으로 고를 수 있는 고급스럽고 품위를 높여 주는 멋진 안경들이 많이 나오는 세상이 됐다.

그래서 나처럼 눈이 나빠서가 아니라 멋과 품격을 한층 돋우기 위해서 패션으로 안경을 쓰는 사람들도 있는 것 같다. 특히 선글라스의 경우는 더욱 그러한 것 같으니…, 내가 안경을 멋으로 썼다고 50여 년 전 야단쳤었던 나의 고향 시골 동네 어르신들이야말로 이 분야에 탁월한 선견지명을 가졌었던 게 아닌가 하는 묘한 상념이 오버랩 되기도 하니.

그런가 하면, 우리 부부는 일찍부터 안경을 써 온 안경부부이기도 하다. 결혼할 땐 몰랐었다. 예쁘고 아름다운 고혹적인 눈매였었다. 여성이어서 어렵지만 미관상 콘택트렌즈를 착용했던 모양이었다. 결혼하고선 안경 쓴 모습으로 달라졌는데 그렇다고 내가 덜 사랑한 것도 아니고, 같은 부류끼리 더 이해한다고 했던가. 오히려 동병상련으로 안경부부가 된 것이 괜찮다는 생각이 들었던 것이다.

어느 때부턴가는 같이 동네 안경점에 같이 가서 안경을 바꾸기도 했다. 서로의 안경 착용 모습을 애써 봐주면서 서로에 맞는 안경을 정성스레 찾아 주기도 하면서 말이다. 다초점 렌즈와 좀 세련된 테의 새 안경으로 바꾸고 보니 서로 간 좀 더 젊어지고 멋있어 보이기도 한다.

어느 면에선 안경을 통한 부부애를 오롯이 확인한다고나 할까.

헌데, 우리 부부가 이순(耳順)을 지나고부터는 아무리 해도 옛날과 같은 교정시력이 나오질 않는다. 노안이 온 지 상당히 돼서 어쩔 수 없다고 한다. 우린 받아들이면서 산다. 그래도 안경을 쓸 수 있다는 것이 얼마나 축복된 일인가. 안경이라는 것이 없었다면 침침해진 눈으로 힘들게 세상을 볼 수밖에 없지 않은가 말이다. 그러면서 소경으로 태어나지 않고 성한 두 눈으로 태어난 것만으로도 축복받은 나라고, 우리 부부라고 참으로 새삼스런 생각을 해 보게 된다. 나빠진 우리의 두 눈을, 노안으로 더욱 나빠지고 있는 우리의 두 눈을 그래도 보이도록 변함없이 지켜 주는 안경의 고마움을 몸으로 느끼기에 더욱 그러한 마음이 드는 것이리라.

어느 때부터던가 공교롭게도 아내도 나처럼 자고 일어나서 자기의 안경 찾는 일에 헤매는 일이 생겼다. 부부는 일심동체라서 그러한가? 그래서 우리 부부는 내가 먼저 해 왔던 것처럼 탁자 위에 각자의 안경을 두게 된 후 아침에 일어나 안경을 찾으려고 헤매곤 하는 일이 없어졌다. 일정한 곳에 우리의 두 눈 지킴이인 안경을 놓아두는 그러한 일은 아마도 우리 부부에게 생이 다하는 날까지 진행될 거란 생각이 요즘 부쩍 들곤 하니 어인 일일까?

도시락 이야기

"○○이는 도시락 먹는 점심시간이면 자리에 없었어. 어느 날 수돗가에서 물로 배를 채우는 ○○이를 보고 생각을 하게 됐지. 엄마한테 자초지종을 얘기하고 같은 걸로 도시락 두 개를 싸 달라고. 그리고 그 후부턴 ○○이도 또래 반 친구들과 같이 도시락을 먹게 됐었지…."

"그래 야아, 친구가 초등학교 시절부터 좋은 일 했네."

"무슨…, 오늘 산정에서 빙 둘러앉아 도시락이랑 김밥 등을 맛있게 먹는 친구들을 보니 옛날의 초등 시절 도시락 먹던 생각이 왈칵 나서 말이야, 허허허."

며칠 전 고교 동기 산행 시 하산 길의 어느 쉼터에서 L산우와 나눈 대화의 한 토막이다. L산우는 자신의 직장(job) 일정 때문에 동기 산우회의 정규산행에 자주 나오는 편은 아니다. 그날은 우리 둘이 후미에서 천천히 걸어 내려오면서 그간의 궁금한 대화를 나누다가 쉬는 곳에 이르러 앉아 쉬는 중에 모두(冒頭)의 이야기까지 이어진 것이다.

나는 호남 지방의 시골 초등학교를 다녔기에 도시락을 지참할 수 없는 학생들이 많았던 것으로 기억하는데, L산우와 같은 여건이 좋은 서울의 학교에서도 비록 소수에 불과했겠지만 그러한 학생들이 있었던 모양이다. 지금은 타구(他區)로 이전하여 그 자리엔 없어진 종로구의 한 유수한 초교로서 L산우처럼 학생 대다수는 유복한 가정 출신이었단다.

주욱 이야기를 들어 보니, 어려운 친구의 처지를 곁에서 헤아려 주는 L산우도 훌륭하지만, 가정 형편이 어려운 아이를 자신의 자식처럼 여기고 자존심 상하지 않게 지혜롭게 배려해 주신 지금은 고인이 되셨다는 L산우의 인정 많으신 어머님이 정말 훌륭하다고 생각됐다. 선의(善意)로 도시락을 내놓았으나 예상한 대로 첨엔 ㅇㅇ이 당황하며 거부했다고 한다. 자존심을 상하게 할 수도 있으니 어머님 말씀대로 조심스럽게 접근해야 했으나 미처 급한 마음에 서둘러 그러지를 못했었다고.

어머님의 자상한 말씀을 새겨듣고 아무도 모르게 ㅇㅇ이의 책상 속에 미리 넣어두는 것을 반복했더니 고마운 마음으로 받아들였다는 것이다. 그리고 졸업이 가까워 오자 행상으로 가계를 꾸려 나가는 ㅇㅇ이의 모친이 L산우의 집을 찾아와 어머니에게 도시락 제공에 대한 그간의 감사함을 표해 두 친구 간뿐만 아니라 두 어머니 사이도 좋은 관계가 형성됐었고 그 후로는 ㅇㅇ이도 집에서 어머니가 챙겨 주시는 도시락을 가져오게 됐다는 가슴 뭉클한 아름다운 이야기였다.

생각해 보면 도시락 먹기는 도시락 내의 음식만 먹는 것에 머물지 않고 나아가서는 도시락을 챙겨 준 어머니의 정(情)을 먹는 모정(母情)의 신성한 확인 작업이라고 봐야 할 것이다. 나는 그 이야기의 여운이 그 이후 가슴에 계속 지펴 와 도시락에 대한 글을 쓰기에 이른 것이다.

지금은 세월이 많이 흐르고 바뀌어서 초 · 중등학교에서는 무료급식제도가 이루어져 도시락이라는 것이 초 · 중등학교에서 자취를 감추어 버렸지만, 우리가 다녔던 지난 세기 50~60년대의 학창 시절엔 모두들 으레 도시락을 지참했었던 추억 어린 아련한 기억들을 갖고 있으리라.

헌데, 나의 초등 시절엔 전기(前記)한 것처럼 도시락을 가져오지 못한 학생들이 지참한 수보다 더 많았었다. 오후 수업이 있는 4학년부터 점심용 도시락을 지참하게 됐다. 그 당시는 내가 다녔던 시골에선 요즘처럼의 책가방 대신 책과 공책 등을 책보에 둘둘 말고 투박한 모양의 도시락도 책보에 말아 어깨에 메고 십 리가 넘는 논두렁길을 검정고무신 신고 다닐 때였으니, 점심은 학교에서 제공하는 위생급식으로 때우고 필요한 경우 책이나 가방 등을 학교에 두고 다니는 지금의 월등히 나아진 초등학생들로서는 상상이 가지 않을 것이다.

허나, 우리 세대의 초등 시절은 그랬었다. 아마도 불혹 이상의 세대들 가운데에도 정도의 차이는 있겠지만 간혹 시골 출신들 중에는 그러한 세대가 있을지도 모르겠다. 지금 생각하면 흰 쌀밥이 아닌 씹히는 보리가 더 많은 밥이고 찬은 허접한 김치 등이었으나 당시의 어머니들로서는 갖은 정성을 다담아 마련한 것으로, 점심시간이 되면 교실에 모여서 맛있게들 먹었었다. 그나마도 도시락을 못 가지고 온 아이들은 그러한 소소한 낙(樂)도 누리지를 못했었으니…. 나도 숙모님이 정성스레 챙겨 준 도시락들을 친구들과 모여서 계속하여 맛있게 먹었음은 물론이다.

한번은 이런 때도 있었다. 겨울엔 교실의 한가운데에 장작땔감의 난방용 무쇠난로가 설치돼, 벌겋게 달아오른 난로 위에다 도시락을 덥히기 위해 겹겹이 쌓아 놓게 된다. 그럼 어쩔 경우엔 맨 아래에 있는 도시락은 그만 까맣게 눌어붙어 버리는 깜밥이 되는 수가 있는데 그 타 버린 깜밥을 맛있다고 웃으면서 훑어 먹었던 추억도 이순 이상의 세대에겐 많이 있었으리라! 나의 60여 년 전의 일로 아스라이 기억되기도….

60년 전으로 거슬러 올라가니, 그 김밥과 계란말이 생각도 난다. 그날은 화창한 가을 운동회 날이었다. 초등학교 최고 학년인 6학년 때라고 기억된다. 운동회는 어린 우리 학생들의 즐거운 날일뿐만 아니라 대부분의 학부모님들도 모처럼 학교에 나와 같이 동심(童心)의 놀이를 하며 즐기는 학교공동체의 축제의 장으로서 기능하는 것이 통례였다. 헌데, 무어니 해도 백미(白眉)는 역시 점심시간. 푸른 가을 하늘 아래의 운동장 한구석에 자리를 잡고는 부모님들이 싸 가지고 온 도시락 점심을 삼삼오오 식구들끼리 먹는 시간인 것이다.

나는 초등 3학년부터 숙부모님 댁에서 기거하게 됐고 그날은, 혼자서 점심을 먹을 수밖에 없었는데 옆의 친구 누나가 부르더니 자기 가족들과 같이 먹잔다. 좀 겸연쩍었지만 동석을 하게 됐다. 부모님, 누나 둘의 전체 다섯 명의 한 가족 속에 내가 더불어 끼게 됐다. 여러 도시락에 담겨진 먹음직한 푸짐한 음식들이 맛있는 내음을 동반하며 내 눈에 들어왔다. 정 많은 예쁜 큰누나가 손으로 주면서 먹어 보라고 권한다.

김밥과 계란말이였다. 김밥은 이미 본 음식이지만 노란 계란말이는 처음 본 음식이었다. 갖은 양념으로 만들어진 김밥을 먹으니 꿀맛으로 정말 황홀했었다. 노오란 계란말이도 마찬가지였다. 맛있게 먹는 나의 만족스런 모습을 보고 그 가족들도 무척이나 기뻐하는 모습들이었다. 그날의 김밥과 계란말이 맛이 평생 내내 나의 추억의 보고에 굳게 저장되어 세월이 흐른 지금도 예쁜 누나의 잔영 속에 때때로 음미되고 있음은 물론이다.

그런가 하면, 중학교와 고등학교 시절엔 점심시간에는 이미 도시락이 거의 비어 있게 되는 경우가 많았다. 요즘의 중 · 고등학교에서도 그런지는 모르겠다. 아마, 그렇지 않으리라고 생각된다. 왜냐고? 점심시간 되기 전인 1, 2, 3교시가 끝난 쉬는 시간을 이용해 모두들 도시락을 몰래몰래 잽싸게 이미 먹어치웠기 때문이다. 아마도 여자 학생들보다 남자 학생들이라서 더 심했고 고등학교보다 중등 시절이 더 심했었던 경우가 아니었나 생각되기도. 즉, 한창 자라나는 청소년 시기라서 그런지 먹어도 모두들 한결같이 배가 고팠었던 것 같다.

또 먹어도 그냥 입맛이 당기니 어디선가 한 친구가 책상 아래로 슬그머니 도시락을 까먹기 시작하면 반원(班員) 거의 모두가 허겁지겁 일제히 행동에 들어가곤 했던 것이다. 순식간에 먹어 댄 우리들은 음식 냄새가 나는지도 몰랐지만, 10분의 휴식시간이 어느덧 지나고 수업시간이 돼 교실에 들어선 선생님들은 교실 내에 진동하는 고약한 음식 냄새에 코를 막을 지경으로 창문을 모두 열어라 험한 얼굴로 커다란 목소리 되어 야단들을 치셨다. 그러면 모든 창문은 열리게 된다. 그제야 우리들도 맡게 된 역한 음식 냄새가 어느 정도 사라진 후 수업이 시작된다.

그렇게 대단한 야단을 맞고서도 다음 날도 별 나아진 것이 없었다.

점심시간 되기 전에 도시락이 깨끗이 비워지는 현상 말이다. 그 당시의 도시락은 질 면에서 지금과는 비교가 되지 않을 정도의 열악한 것이었음에도 점심시간 되기 전에 비워 버릴 정도로 맛이 당겼었다고나 할까. 하여튼 졸업할 때까지 그러한 현상이 거의 바뀌지 않고 그렇게 진행되기에 이르렀었던 것. 그 당시는 그렇게 하는 것이 더불어 참 재미까지 불러일으켰었던 것 같았으니.

이런 에피소드도 있었다. 친구들의 도시락 훔쳐 먹기다. 그냥 놀이 차원에서 시작됐던 것인데, 맛있는 반찬이 든 도시락을 주인 몰래 전부나 일부를 먹어치우거나, 맛있는 반찬만 빼돌린다든지 하는 식이다. 그러한 '꾼'들은 기가 막히게 후각이 비상해서 반찬 종류에 따른 냄새를 식별할 수 있는 별난 능력의 소유자들이었다. 불행히도 나도 한 번 당했다.

1학년 가을이라고 기억된다. 여느 날처럼 하교해서 서울 유학 후 묵게 된 유락동의 높은 루핑집 큰이모 댁으로 돌아왔다. 오늘 점심 맛있게 잘 먹었느냐고 평소 하지 않는 질문을 생뚱맞게 해 오셨다. 좀 의아했지만 맛있게 잘 먹었다고 말했더니 당신이 해 준 쇠고기 장조림이 맛있었다는 말이로구나 하시지 않은가. 사실, 그날 나는 반찬이 없는 놋쇠도시락에 덜렁 물을 말아서 겨우 점심을 때워 기분이 별로였었던 것. 헌데, 좀 지나 장조림 담은 작은 그릇은 어디에 있느냐고 물으셨다. 나한테 건네받은 도시락을 씻으려고 보니 작은 그릇이 보이질 않았던 것이다. 교실에 그만 놓고 왔다고 거짓말로 순간 위기를 넘겼다. 큰이모님도 내 모친처럼 혼자 사신 지가 오래되어서 그런지 칼칼한 성격을 지닌 만만치 않은 센 여인이었으니….

다음 날 역시 작은 반찬그릇을 찾질 못했다. 그리고 과거에 귀한 쇠고기장조림은 나한테 도시락 반찬뿐만 아니라 집에서도 해 준 일이 없었으므로 그날 쇠고기장조림이 반찬으로 담겨 있는 것도 나는 까맣게 몰랐던 것. 허나, '꾼'은 '꾼'답게 냄새를 기가 막히게 맡아 알아차리고 쉬는 시간 내가 화장실을 간 틈을 이용하여 아예 반찬 용기까지 잽싸게 슬쩍해 버렸던 것이다.

'꾼'은 거사 성공의 스릴을 뒤에서 한껏 즐기며 쾌감 속에 쾌식했을 것이다. 그러면 잘 먹었다는 쪽지라도 후에 남겨야 도리일 터인데 전연 무반응이었다. 그리고 못된 짓거리를 한 현장을 목격한 반우들도 있을 터인데도 진짜 목격한 사람이 하나도 없었는지 아무런 얘기도 나오지 않았다. 나만 혼자서 답답할 밖에. 영악한 서울 출신 반원들은 그러한 놀이상의 사건이 많았으므로 미리 대비를 한 모양들이나 그 방면에 문외한인 촌뜨기인 나는 비싼 대가를 치른 셈이었다.

귀가해서 할 수 없이 자초지종을 털어놓을 수밖에…, 그랬더니 "그렇게 내가 애를 써서 만들어 준 걸 한입도 먹어 보지도 못하고 촌놈 병신처럼 도둑이나 맞다니, 참 속상해서 원." 이젠 절대로 반찬다운 반찬은 해 주지 않겠다고 성난 소리로 단호히 말씀하시고선 그 후 말씀대로 그렇게 하셨던 것이다. 이러한 일화는 도시락 이야기라도 나오게 되면 나에게 씁쓸한 추억 가운데 아연(啞然)한 대목의 하나로 기억되게 됐던 것이다.

그리고, 나는 개인적으로 대학에 가서도 점심시간 전 도시락을 까먹는 중·고등 시절의 그러한 관행적 작태가 나타나면 안 될 텐데 하고 걱정을 했었던 적도 있었으나 대학인이 되니 교양인이 되어선지 그러한 일은 일어나지 않았다. 다른 사람들도 마찬가지였다. 강의를 마치고 점심시간이 돼야 가지고 온 도시락을 먹게 된 것이다. 무슨 일이든지 때가 있는 모양이라는 생각이 당시 들었었다.

지금까지 추억보고(追憶寶庫)의 문을 살며시 열어서 내가 겪었던 반세기 전의 도시락에 얽힌 이야기들을 적어 보았다. 헌데, '밥을 담는 작은 그릇'인 도시락(lunchbox) 문화도 시대가 변하는 만큼 21세기엔 많이 달라졌다고 생각된다.

지난 세기까지는 도시락은 집에서 스스로 챙기는 것이 일반적인 현상이었으나 지금은 도시락만을 제작 · 판매하는 업이 등장해서 가정에서도 주문해서 먹는다든지, 점심식사까지 포함된 향우회나 직장소풍 등의 집단행사가 야외나 원거리에서 치러질 경우에는 전문회사에 양질의 도시락을 대량 주문해서 정시에 배달받기도 하는 세상이 됐다. 경우에 따라선 간단한 김밥으로 도시락을 대신하기도 한다. 그만큼 편리한 세상에 현대인들은 살게 되었다는 말이다. 과거엔 제법 무게가 나가는 놋쇠도시락이 대종(大宗)을 이루었는데, 지금은 플라스틱이나 가벼운 나무 등의 재질로 가볍고 식사 후 폐기처분하기에도 용이하게 되어 있음을 본다.

편리함을 추구하는 현대인들의 기호에 맞게 편리해진 도시락 먹기에는 어머니의 손맛이나 가족의 얼이 밴, 더불어서 가족의 정(情)도 먹었던 전통적인 멋은 사라지고 그저 음식 맛으로만 먹는 것에 익숙하게 길들여 가는 것이 21세기에 달라진 것 중에 아마 큰 달라짐이리라. 과거에는 한강변의 유원지나 어린이대공원 등에 가족나들이를 갈 때에는 집에서 마련한 도시락을 챙겨 갔으나 지금은 현장의 식당에서 점심을 해결하는 경우도 많아지게 됐으니 말이다.

그럼에도 불구하고, 공원 등에 가족나들이를 할 때에는 일부러라도 어머니나 아내의 손품이 어린 도시락을 집에서 정성껏 만들어 자식들과 가족에게 안심하고 맛있게 먹게 한다면 가정에서의 어머니의 사랑의 정과 가족애도 함께 향수(享受)하게 되는 오붓한 가족행사가 될 것이라는 생각을 해 본다. 그러한 현상들이 오늘날에도 많이 고수(固守)되기를 나는 기대해 본다.

나는 등산을 하게 되면 아내가 챙겨 주는 도시락을 꼭 지참하게 된다. 깨끗하고 둥그런 파란 통에 몇 가지 찬과 밥, 따끈한 국물까지 담긴 도시락을 파란 하늘이 맞닿은 산정에서 먹다 보면 아내가 만들어 준 도시락에서 산정과 같은 부부애를 듬뿍 느끼게 되는 수가 많기 때문이다.

빚보증

이 세상에 태어난 사람들은 대부분 상궤(常軌)대로 열심히 살아간다. 대부분이라는 말은 자의든 타의든 그렇지를 못한 사람들도 있다는 함의(含意)를 지닌다는 말이다. 자신이 처한 환경의 테두리 내에서 상궤(常軌)를 지키며 가능한 한 열심히 살려고 노력하는 선한 사람들이 많음에도 불구하고 또한 그렇지를 못한 사람들이 있게 된다. 그러할 경우에는 자신들의 주위에 어떻게든 영향을 미치게 마련이고, 그 영향은 부정적인 경우가 많게 된다. 그 미치는 영향이 드물게는 자기 자신에서만 끝나 버리는 정도라면 그래도 괜찮지만….

지나친 빚으로 이 세상을 살아가는 사람들이, 바로 그러한 사람들의 범주에 포함된다고 생각한다. 대저, 그렇게 세상을 살아가는 사람들을 나는 '마이너스(-) 인생의 사람들'이라고 부르고 싶다. 마이너스 인생의 사람들은 과연 어떤 사람들일까? 주로 어떻게 세상을 살아가는 사람들일까?

원래의 자기 자본보다 훨씬 더 많은 빚을 지는 사람들을 말한다. 자기의 기본 자본으로 갚을 수도 없이 큰 빚을 진 사람들로서 화려한 겉보기 자산을 빚으로 불려 댄 속 빈 강정의 사람들이요 빛 좋은 개살구로 속칭 큰 빚쟁이부자를 말하는 것이다. 도를 넘는 의욕만으로 사업을 무리하게 밀어붙이는 사람들이거나 분수를 모르는 끝없는 사치광들, 과대망상으로 살아가는 허황된 과시욕의 사람들 등에서 보이는 슬픈 현상들이다.

그러다 보니 그러한 사람들의 공통점은 첨인데도 지나치게 친절하고, 세련된 몸매로 번지르르하게 말 잘하고, 스스로 누구를 잘 안다는 정보 만능이고 사람과 장소 · 시기에 따라 분위기에 맞게 말을 바꾸는 사기성 기질의 기량도 강하고 때로는 무조건의 후한 선심을 베푸는 고도의 지능 짓에 순간적으로 당하면서도 당하는 것을 느끼지 못하게 만드는 교묘함에 능함 등을 들 수 있을 것이다.

살다 보면 어쩔 수 없이 빚을 질 수도 있다. 그리고 관리 가능한 빚은 시간이 지나고 보면 오히려 자신의 삶에 더욱 풍요로운 부와 의미를 가져다주는 순기능으로 작용한다. 그래서 자기 돈으로 갚을 수 있는 범위 내에서 빚을 내고 그 이상이면 빚을 지지 않고 어렵더라도 긴축하면서 살아가는 것이 대부분의 삶의 패턴으로서 누가 보아도 이는 합리적인 것으로 받아들이기 마련이다. 그러한 경우라면 돈을 빌려주는 측에서도 쾌히 용인될 수 있기 때문이다.

헌데, 마이너스 인생의 사람들이란 관리 가능한 빚이란 개념이 없고 아예 남의 재산이 자기 호주머니에 들어오기만 하면 빚이 아니라 바로 자기 자본의 자기 재산이 되어 버린다는 식의, 말하자면 상궤(常軌)를 벗어난 극히 이례적이고 약탈적이며 몰상식적인 사고의 소유자가 아닌가 의심을 사게 하는 사람들이라는 점을 필히 유의하지 않으면 안 된다.

며칠 전, 장인장모님의 이사가 있었다. 8년 동안 묵고 계시는 서울의 종암동 N실버타운에서 가평 설악면의 C실버타운으로 새롭게 이사를 했었던 것인데, 고령의 부모님의 이삿짐 챙기는 것을 자식들이 모여 이사 전 돕게 됐다. 우리가 보기엔 별거 아닌데도 장인어른은 자신의 분신 같다며 한사코 버리지 말라는 것들을 필요한 짐만으로 간추리기 위해서라도 낡고 헐은 것들은 과감히 버리고 꾸리는 과정에서 장인어른의 오래된 짐 속에서 발견된 한 서류가 나왔는데, 자세히 보니 나의 빚보증 변제서류였다.

중요 서류라고 해서 그 서류를 깊숙이 간직하고 계셨던 모양인데 나는 우리 내외는 장인어른께 그것을 맡겨 놓고는 까맣게 잊은 채로 지내 왔던 것이다. 겉표지에 빨간 글씨로 강조된 것을 보자마자 나의 서류임을 직감했던 것. 1995년에 일어난 일이니 벌써 24년이나 됐구나…. 그 서류를 보자 전(前) 세기 말경에 일어난 아픈 상념들이 기지개를 켜고 되살아난 것이다.

그 당시 난 1년 전 지금의 안전행정부인 내무부에서 서울시로 전출되었는데, 시 전체가 아니, 나라 전체가 비상사태에 빠지게 된 도시가스폭발 대참사가 마포구에서 발생했던 바, 담당 연료과장으로서 그 수습과 대책 마련을 위해 한 달 내내 하루 종일씩 근무하느라 큰 고역을 치르고 있는 중이어서 그날도 파김치처럼 축 처져 지친 몸으로 밤 11시경 귀가하게 됐는데, 집안 분위가 자못 심상치 않았다. 가장을 반기지도 않고 어머님과 아내가 근심 어린 얼굴로 상기된 채 살벌하게 따지는 분위기였었다.

지치고 피곤했지만 잠자코 있었더니 집사람이 뭔가를 내 앞으로 확 던졌다. 슬쩍 보니 겉봉투에 빨간 글씨가 쓰여 있다. 개봉해 보니 내무부 재직 시, 1년여 전에 옆 동료 A사무관에게 연대보증한 2천만 원 중 못 갚은 원금과 연체이자를 연대보증인인 나더러 대신 갚으라는 독촉장이었다. 자세히 보니 첨 몇 달 정도 갚고서 그대로 방치해 버려 미변제액이 원금에 버금가는 금액이었다. 나로서도 기가 찰 노릇인데 집에서는 오죽했으랴…. 우리로서는 그때까지 한 번도 그러한 사례를 겪어 보질 못했으니 말이다. 그날 밤 우리 가족은 깊은 잠을 이루지 못했었다.

다음 날 옛 부처인 내무부에 상황을 급히 수소문해 보니, 연대보증으로 손해를 본 사람들이 10명이 넘는다며 장본인인 A사무관은 그 사실이 들통 나 문책되어 몇 달 전 사직했다는 얘기였다. 지근거리에서 그 사실을 먼저 안 내무부의 연대보증인들 몇은 A사무관의 봉급 등을 압류해서 조금씩이라도 건졌다고 하나 늦게 그 사실을 알게 된 나에게는 그러한 것도 차지하지 못한 것이다. 할 수 없이 일단은 한 달 치를 아내와 나의 봉급에서 변제했던 것. 그리고 그 후 상당 기간 아내와 난 말이 없는 고통스런 냉전 상태가 지속되기도….

사실 말이지 난 그때 보증을 서고 싶지 않았으나 민방위기획과의 주무계장이 옆 동료 계장의 마누라가 사업으로 큰 어려움을 겪고 있다고 해서 자신들은 1천만 원씩 연대보증한 지가 달포가 넘었는데 맏형으로서 의리상 어찌 그럴 수 있느냐고 과원들이 윽박질러 와 지금은 없어진 동화은행에 같이 가서 한 번도 서 보지도 않았던 연대보증을 선 지 얼마 후 난 고시 동기로선 제일 늦깎이로 서기관으로 승진

해 서울시로 전출되고선 연대보증이 문젯거리로 나타나리라고는 전연 생각 못 하고 낯선 서울시의 근무에만 줄곧 매달렸던 것인데….

장인장모의 이번 이사로 인해서 그 당시의 참담했던 기억이 새삼스럽게 되살아났던 것이다. 기억하기 싫지만 나는 아내에게 지금도 고맙게 생각한다. 빚보증 문제를 해결하기 위해 나름 골머리를 썩이고 있을 때였다. 아무리 해도 채무자가 갚아 줄 리가 없으니 기일만 무심코 흘러가면 연체이자만 눈덩이처럼 불어나 결국 우리가 다 갚아야 되고 말 텐데, 그럴 바에야 한 시라도 빨리 갚아 버려야 한다고 하면서 맞벌이로서 못 먹고 못 입은 채 저금한 약간의 돈이 좀 있으니 그것으로 일단 변제하고 보자고 씩씩거리기만 했던 아내가 현명하게도 통 크게 말해 오는 것이 아닌가.

정말 애써서 번 아까운 우리 돈을 나의 실수인 연대보증으로 그냥 날려 버린 것이다. 하도 분해서 눈물이 났었다. 결국은 그런 이에게 보증 서고 생돈 날린 내가 바보로 되다니…. 어찌해서 그러한 사실을 알게 된 장인어른이 우리 내외는 근무를 해야 하니 시간이 안 나지만 당신은 시간이 많으니 채무자를 알아봐서 조금이라도 채근해 볼 터이니 변제한 서류를 달라고 해 장인어른께 줘서 맡겨 두고선 몇 년은 기억했으나 시간이 흘러 까맣게 잊고 있었던 것.

변제서류를 들고 수소문해 A사무관의 거처를 알아낸 장인어른은 우여곡절 끝에 그를 만나게 되었는데, 달변으로 돈이 생길 데가 있으니 곧 갚겠다며 돌아가 집에 계시면 꼭 소식 주겠다고 하는 모습이 꼭 사기꾼 같았다며 사람 볼 줄을 그렇게 모르는가 하시며 나를 질책하시기도. 지금까지 감감무소식이고 그 거처도 옮겨 버린 지 오래됐다는 기억만 있을 뿐이니, 우리 내외로선 받지 못한 것으로 포기한 지 오래된 사건인 것인데 이번 빙부모님의 가평 이사로 하여 그 아픈 상처를 다시 되씹는 계기가 됐으니.

그러고도 나는 속을 차리지 못해서인가? 위 A사무관의 사건이 터지고 1년 정도 지나서였다. 나는 위와 거의 유사한 사건을 또 한 차례 겪게 된 것. 그것도 출발은 내무부 재직 시였다. 나와 같이 서기관 승진 동료로서 서울시로 같이 전출돼 세무1과장을 맡은 K서기관 사건이다.

당시 1급인 민방위본부장 밑에는 민방위국과 소방국이 있었는데, K서기관은 사무관으로서 소방국 주무계장이고 난 주무국인 민방위국 주무계장이라서 각별한 동료애가 생겼던 것 같다. 같은 과의 A사무관에게 연대보증을 서 준 것을 알고서 어느 날인가 꼭 필요하니 1천만 원만 연대보증을 서 달라고 간곡히 얘기를 해 와 각별한 동료애도 있고 해서 주저하지 않고 전처럼 동화은행에 같이 가서 연대보증을 해 주고선 그것도 앞의 경우처럼 까맣게 잊고 있었다.

이번엔 내무부에서 나에게 연락이 왔다. K서기관이 그만뒀다는 소문이 들리니 어떻게 된 것이냐고 물어 온 것이다. 연말 인사에서 마포구 가스폭발대참사로 고생했다며 그 무렵 난 영등포구청 시민국장으로 발령이 나 구청에서 근무 중이었고 K서기관은 시 본청에서 그대로 그 근무를 계속해 내가 연료과장으로 있을 때보다는 그와의 만남이나 관계가 예전만 못 하게 된 것. 시 본청에 알아보니 사실이었다. 한 달 전 본인 의사로 그만뒀다는 것이다. 명문여대를 나온 마누라의 잦은 해외여행과 사치 문제로 가재(家財)가 어려워졌다는 소문이

한때 돌았었는데 그로 인한 것으로 본다는 지인의 말이었다.

앞의 A사무관의 경우보다는 규모는 작았으나 동일한 궤의 그것이었다. 허니 당한 내무부인들 가운데서 어떤 이가 서울시 쪽에 있는 나한테도 물어 왔던 모양이다. 좀 지나자 집에 저번처럼 독촉장이 또 날아왔다. A사무관의 일을 귀한 우리 돈으로 겨우 해결했는데, 이 무슨 연이은 날벼락이란 말인가. 첫째로 난 아내한테 얼굴을 들 수가 없었다. 의심하지 않고 사람을 잘 믿어 버린 나의 크나큰 잘못으로 생긴 나의 대불찰의 사건이었으니.

그러한 사람들의 행태는 거의 비슷했다. 전화를 해도 안 받고 전화번호를 수시로 바꾸고 주소를 옮기고 이사를 다녔다. 내가 아는 K서기관은 그러지 않은 사람으로 보았는데 마찬가지였다. 어느 날 풀이 죽은 모습으로 놀랍게도 영등포구청으로 나를 찾아왔다. 다 아는 저간의 어렵게 된 얘기를 들려주며 모 중소기업 상무이사라는 명함을 내보이고는 오염된 수돗물을 먹어서는 안 된다며 가지고 온 기구로 실험을 해 보이면서 이 정수기 기계를 한 대만 사 주면 연대보증으로 밀린 돈도 갚아 주겠다는 간절한 주장이었다.

옛날 같으면 수락했을 것이다. 전화도 꺼 버리고 주소도 옮길 지경이라면 어려워서일 터이니 도와주어야 그간의 친구지간의 도리(道理)상 온당하겠지만 이제는 믿음이 가질 않으니 두 번 속을 수는 없었다. K서기관의 청을 들어주게 되면 아내가 나에게 화내고 그토록 당하고서도 그렇게 세상을 모르냐고 핀잔받을 게 뻔했다. 완곡하지만 단호히 거절했더니 의외라는 듯 내가 바라지도 않던 밀린 잔금을 조기에 갚겠다는 각서를 써 주는 게 아닌가. 지켜지지 않을 꼼수의 그의 임시지책이란 걸 속으로 알면서도 일단 받아 주었다. 힘없이 축처져 나가는 뒷모습이 너무나 안됐다는 생각이 지펴 왔다.

그 후로 소식이 없었고, 옮겼다는 수원시의 어느 아파트에 찾아가 경비실에 물어보니 아침 일찍 나가면 밤늦게 귀가하더니 밤중에 집을 옮겨서 이곳에서는 며칠 전부터 안 보인다는 것이다. 다음 날 명함에 적힌 회사로 전화를 했더니 며칠 전 그만뒀다는 답변이었다. 왜 그만두었냐고 물으니 짜증스럽게 모르겠다나.

이번에는 독촉장을 들고 발부한 은행지점을 찾아가 담당자를 만나봤다. 나의 사정을 이야기하면 기대는 않지만 혹시라도 무슨 수가 있지나 않을까 해서였다. 그 방면에 관심을 두지 않고 쉽게 생각해서 두 번이나 큰 코를 다쳤으니 조금이라도 노력을 해야 한다고 나를 스스로 옥죈 결과다. 듣고 보니 역시 내가 갚는 것 외에는 방법이 없음을 알게 됐다.

은행의 대출 시 연대 인후보증제도는 일제 강점기의 일인들이 채택해서 지금껏 굴러온 후진국 제도로서 일본이나 선진국엔 없어진 지 오래라고 한다. '연대보증'이라는 용어도 제대로 몰랐으니, 연대라는 말이 누구와 연대해서 갚으라는 말이니 연대해서 갚으면 나의 갚는 액수가 당연히 줄어드는 것이니 괜찮겠구먼 잘못 알기도 했었으니 얼마나 무지했던가 말이다. 그냥 보증이라고 하고 '연대'라는 말은 빼면 더 나은 거 아닌가 하는 소박한 생각이 지금도 들고 있다.

선진국에서는 각종 정밀한 신용평가에 의한 과학적인 보증보험제도를 확립해서 활용하는데 우리나라는 옛날 방식대로 익어서 손쉬우니 아직도 그대로 하고 있으며, 인후보증은 공무원이면 확실한 봉급이 있으니 떼일 염려가 없으므로 1인 연대보증으로도 리스크가 없으니 이의 자체를 달지 않는다는 게 은행의 관행이라는 말도 했다. 그리고 채무자의 연채로 연대보증인에게 채권을 추심하는 자기가 지금 맡고 있는 업무는 은행에서도 가장 기피하는 업무라는 것. 어느 날 갑자기 날아든 대신 변제하라는 독촉장을 은행창구로 들고 와 부당하다며 핏대를 세워 난리를 치는 사람들이 많아 홍역을 치루기 일쑤라는 것이다.

사실 빌릴 때는 갖은 애교를 동원해 간곡히 요청하는 제스처를 써대는 채무자는 빌린 돈으로 떵떵거리며 모든 것을 다하고선 얼굴을 바꿔 갚을 돈이 없으니 연대보증인에게 대신 갚으라 한다면 이를 악용하는 작자가 뻔히 나오기 마련인데 채무자는 그래도 괜찮은 것은 뭔가 문제가 있다고 봐야 할 것이다. 무고한 사람들에게 피해를 주는 마이너스 인생을 사는 사람들은 반드시 엄하게 지탄(指彈)받아야 한다는 말이다.

세상이 변하면 그에 따라 선제적으로 변신해야 하는데, 변하려면 뼈를 깎는 고통의 대가가 따르는 경우가 많으니 우선 먹기는 곶감이 달다고 그냥 옛날처럼 흘러가는 것이로구나. 나도 보증에 대해 좀 더 고민해 보았으면 너무 쉽게 서지는 않았을 텐데, 대가를 톡톡히 치른 뒤 늦은 후회를 많이 하고 나서야 겨우 깨닫게 됐던 것이다.

그 이후 나의 공무원 선배들과의 대화에서 연대보증으로 인해서 나 못지않은 곤욕을 치른 이야기를 많이 듣게 됐다. 이심전심 위안이 되기도 했다. 그러니 너무 상심하지 말라는 선배들의 조언이었다. 이번에는 앞으로 절대로 연대보증은 서지 않겠다는 다짐을 마누라에게

누차 했더니 부부는 일심동체라던가. 아내가 나의 뜻을 받아 줘서 저번처럼 저축한 우리 돈으로 변제했던바 뒷맛은 썼지만 그렇게 일을 마쳤다.

피와 같은 우리 내외의 돈이 얼마 만에 3천만 원 가까이 도둑맞은 거나 진배없는 정말 허무한 짓거리를 당했다. 연대보증을 실제로 아는 데 너무 많은 비용을 치렀고 우리 가족이 받은 보이지 않은 정신적 스트레스까지 감안한다면 실로 엄청난 대가였었던 것이니….

그 후 WTO를 가입한 우리나라 경제는 생각지도 못한 IMF사태를 당하고 말았는데, 연대보증을 통해서 깨닫게 된 무지만큼이나 경제의 문외한인 나에게도 여러 시그널을 통해서 시대에 맞는 제도로 체질 개선 · 변신하라는 사전 경고를 수차례 했음에도 아랑곳하지 않고 전근대적인 금융제도를 써 온 우리나라가 글로벌 시대를 맞아 혹독한 IMF사태를 당하고야만 것은 사필귀정으로서 당연한 것으로 생각되게 되었던 것이다.

그나마, 내가 당한 후진성의 연대보증제도를 좀 알게 되어 우리의 IMF사태를 이해하는 데 시간이 절약된 것으로 지금도 생각하고 있다. 6천 년의 배달겨레의 우수한 저력(底力)이 맥맥히 전수되어서인지 김대중 정부 시절 세계역사상 유례가 없는 최단 기간 내에 성공적으로 IMF사태의 수렁을 벗어난 것은 대한민국의 미래를 위해서 매우 다행스러운 쾌거라고 생각된다.

이 세상에 태어난 사람들은 대부분 상궤(常軌)대로 열심히 살아간다. 또한, 우리가 살아가는 세상에는 여러 부류의 사람들이 살아가게 마련이다. 허지만 서로의 관계를 돈독하게 유지하는 건전하고 살맛나는 세상이 되기 위해선 무엇보다도 지탄받는 마이너스 인생을 사는 사람들이 줄어들거나 없어져야 한다고 생각하는 것은 나만의 단견에서 오는 하나의 견해로 머물러야만 하는가 말이다.

잔디 깎기

오늘은 그동안 미루어 왔던 우리 집 앞마당의 잔디를 깎는 날이다. 금년 들어 두 번째이다. 우리 집 안마당의 잔디밭은 이곳 가평의 여느 전원주택처럼 한 달에 한 번 정도는 잔디를 깎아야 하지만 길일을 택해서 깎자고 차일피일 미루다가, 최근 잔디를 깎으려고 시도했으나 예초기(Grass Mower)가 작동하지 않는 돌발 상황까지 발생해서 훌쩍 두 달 정도가 경과하고 말았다. 지금껏 고장이 없었었는데, 보관을 잘못해서 그런 것 같아 지난주 시간을 내어 기계를 가지고 아내와 함께 상경하여 수리전문점에 보였더니 생각보다 쉽게 고칠 수 있었다.

일기예보에 의하면 내일 비가 온다고 하니 더 이상 늦출 수 없게 돼 잔디 깎기 작업에 나서게 된 것이다. 한 3년 잔디를 이곳에서 실제로 관리하다 보니까 들잔디, 금잔디, 비로드 잔디 등의 난지형 잔디와 켄터키블루그래스 등의 한지형 잔디에 있어서 잔디 깎기는 물 주기, 잡초 제거, 시비, 병충해 방제 등 잔디의 유지 관리 분야에서 의외로 중요한 부문을 차지한다는 사실도 경험을 통해 알게 됐다.

아침 7시부터 작업을 개시했다. 쾌청한 날씨다. 장화를 신고 햇빛

가리개 모자를 쓰고 장갑을 끼었음은 물론이다. 이곳의 현지 사람들을 보니 해 뜨기 전 아침녘과 늦은 오후 서늘해질 무렵에 일들을 한다. 더위를 피해 일하는 생활의 지혜이리라. 가평살이를 하면서 우리 내외도 그러한 그들을 배우고 있다.

앞마루의 한 기둥에 있는 콘센트에 긴 하얀 코드를 꼽고 뒤곁 처마 밑에 보관 중인 예초기를 꺼내 와 모우어의 긴 붉은 줄에 연결했다. 전원 버튼을 살짝 누르니 윙하는 소리가 난다. 아침이라 잔디에 생각보다 투명한 이슬들이 많이 서려 있다. 시퍼렇게 웃자라 있는 하얀 나무 울타리 가까운 곳부터 모우어를 갔다 대니 잘도 깎인다. 작업 중에 모우어의 붉은 줄이 엉키지 않도록 조심하면서 깎아 갔다.

깎인 잔디풀로 모우어의 잔디통이 금세 가득 차 통을 뽑아 외진 곳에 가 잔디풀 비우는 작업을 반복했더니, 아내도 일을 거든다. 울타리 밑이나 건물 구석진 모서리 부분은 덜 깎인 잔디가 남게 돼 아내가 최종 손질을 하는 것이다. 아내는 이번에는 옆집에서 빌린 소형 예초기를 사용했다. 저번까진 코너나 건물 구석진 곳의 남은 잔디를 가위로 일일이 깎았으나 그러면 손가락도 시큰시큰 아프고 힘이 많이 들었는데, 소형기계로 손쉽게 구석진 잔디를 깎는 옆집에서 며칠 전 아내가 빌린 것으로 훨씬 수월하게 요긴히 사용한다. 잔디 깎는 기계들이 용도별로 다양함을 늦게서야 알게 된 것이라고나 할까.

헌데, 웃자라거나 길게 자란 곳을 다 깎은 후 이제, 얕은 잔디들을 깎아 갔더니 통에 깎인 잔디들이 잘 차질 않아 좀 이상하다는 생각이 들었다. 모우어를 엎어 밑을 살펴보니 날 사이에 깎인 잔디가 떡이 되어 덕지덕지 뭉텅이로 붙어 있었다. 아마도 이슬의 물기가 깎여 나간 잔디를 엉켜 붙게 한 현상이 반복되니 날 있는 공간을 가득 메워 버려서 통으로 모이지를 않았던 것으로 보였다. 나는 조심스럽게 장갑 낀 손으로 상당량의 축축이 반죽된 떡들을 긁어냈다.

모아 두는 외진 곳에다 모아진 반죽 떡들을 버리고는 휴식 시간을 가졌다. 두 시간 넘게 일한 것이다. 오늘은 잔디 깎기로 인해 늦은 아침을 아내와 앞마루의 탁자에서 앞마당을 포함한 앞의 풍광을 감상하며 했는데, 잔디 깎기 일을 해서인지 우리 내외는 아침 밥맛이 퍽이나 좋았다. 아침 식사를 마치니 어느덧 피로가 가시고 새로운 에너지가 충전되었다는 감이 살포시 왔다.

식사 시간을 포함해 한 시간 정도 쉬고서 10시부터 우리는 작업을 재개했다. 햇볕이 나니 잔디밭에 이슬이 사라진 것 같았다. 천천히 예초기를 작동시키면서 작업을 지속하니 깎인 잔디들이 통에 차는 정상 작업이 이루어졌다. 잔디에 이슬이 없어졌다는 증거이다. 한 시간 정도 계속하였더니 앞마당의 잔디밭의 잔디가 거의 깎였다. 돌판 징검다리길 쪽의 사잇 잔디만이 남아 있다. 얕은 부분은 깔끔한 푸른색인데 울타리 밑 등 웃자란 부분들은 누런색으로 변해 차이가 난 모습이 눈에 들어왔다.

돌판 징검다리 길의 사잇 잔디를 깎는 시간이 되니 잔디 깎기의 첫해가 생각났다. 돌판 징검다리 길은 아침에 일어나면 푸른 잔디를 보며 내가 맨 먼저 걸어 보는 장소로서 사색을 겸하는 징검다리이기도 하다. 아침의 신선한 공기를 마시며 오가기를 반복하다 보니 어느 때부턴가 저절로 사색의 나래가 펼쳐지곤 하게 돼서 나는 사색의 징검다리라고 즐겨 불러 오고 있는데, 재작년 집을 지어 7월 초에 이곳 어비산 자락의 행복마을로 이사를 왔기에 첫해엔 세 번 정도 잔디를 깎은 것 같다. 그때는 예초기를 처음 구입해서 생소한 조작법을 배우느라 땀을 뻘뻘 흘리며 애를 먹기도 했었다.

다음 해인 작년엔 잔디 깎는 시즌이 되자 매월 한 차례씩은 깎았기에 자주 깎아 본보기가 되고 있는 옆의 은행나무집 잔디와 비교해도 별 손색이 없는 괜찮은 상태를 유지했었으나 금년엔 그렇지를 못한 것이 사실이었다. 그러니 오늘의 잔디 깎기는 나의 게으름의 반성도 한번 해 보는 그러한 날이기도 한 것이다.

나아가, 잔디를 제대로 깎는 요령에 대해서도 곰곰 생각해 보게 됐다. 오늘처럼 잔디 깎는 일은 아름다운 잔디를 유지하는 데 꼭 필요한 작업이다. 잔디를 제때에 깎지 않으면 잔디가 너무 웃자라서 관리가 어려워진다. 우리 앞마당 잔디의 경우도 하얀 나무울타리 밑이나 돌판 징검다리 사이 그리고 부분부분 길게 자란 곳은 웃자란 상태다. 잔디 깎기를 시행하면 잔디의 잎 수를 증가시켜 밀도가 높아지고 잔디의 생장을 조절할 수 있으며 잡초의 침입을 감소시키는 장점도 있다. 잔디가 4~5㎝가 되면 깎기를 시행한다.

한국잔디는 보통 5~6월과 9~10월에는 월 1~2회, 7~8월에는 월 2~4회가 적당하다고 한다. 헌데, 나는 이번엔 이러한 시점을 지키지 못해 상당히 불안한 마음에서 오늘 예초기를 든 것이다. 한지형 잔디인 켄터키블루그래스는 3~11월에 월 4~5회 정도 시행해야 한다고 한다. 깎기 높이는 한국잔디는 2.5~3㎝, 켄터키블루그래스는 3㎝ 정도로 해 주는 것이 이상적이다. 깎는 높이를 너무 낮게 하면 잔디의 생육이 불량해지고 잡초의 발생이 빈번해질 수 있기 때문에 너무 낮게 깎지 않도록 주의를 해야 하는 것은 당연하다.

잔디 깎기 기구는 마당이 20평 이내면 수동도 가능하지만 그 이상일 경우 전기식이나 충전식, 엔진식으로 하는 것이 좋아서 나는 오늘 가지고 있는 충전식 모우어를 쓴 것이다. 칼날은 잘 갈아서 사용하고 풀통을 장착하여 깎은 잔디를 수거해서 다른 곳에 버려야 뗏치의 발생이 적고 잔디가 건강하고 발병률이 적다는 것을 잔디 깎기 작업하는 오늘도 머리에 미리 유념해 뒀음은 불문가지다.

그런데, 첫해엔 앞마당의 푸른 잔디밭만 보면 어릴 제의 고향 생각이 간절했었고 지금도 그러한 마음은 변함이 없는 편이다. 고향하면 푸른 하늘 아래 개구쟁이 또래 친구들과 재미있게 뛰놀던 동구 밖의 푸른 잔디밭(turf)이 생각나곤 했었는데…, 그 푸른 잔디가 바로 눈 코 앞에 있으니 때로는 톰 존스의 팝송 '고향의 푸른 잔디(Green green grass of home)'가 귓가에 그리운 여운을 더해 주곤 했던 고향 들판의 그 푸르고 푸른 잔디로 오버랩 되기도 했었던 것이란 말이다.

말하자면, 나는 50년의 서울 생활을 뒤로하고 경기도 가평으로 아내와 함께 내려와 거주하고 있었던 첫해는 두 해 전인 2017년으로, 그때까지만 해도 전연 예상하지도 못했던 대변화(大變化)를 택했었던 것은 아내의 건강을 챙기기 위해서 비롯되었던 것이었음은 두말하면 잔소리가 될 뿐이다. 40여 년의 교편생활을 정년퇴임한 이순의 아내는 이제 여생을 제대로 한번 향유하는가 했는데 암과의 투병 생활이 기다리고 있었으니….

전년 말 폐암 진단을 받고 2017년 초 수술한 집사람에게 빠른 쾌유를 위해서는 무어니 해도 맑은 공기가 필수적이라는 경험자들의 권고를 받아들이고 아내도 공기 맑은 곳을 원해서 그러한 곳을 물색하다 보니 생각지도 못했던 가평을 찾게 됐고 몇 달을 머물다 앞에서 언급한 것처럼 아예 땅을 사 이곳 어비산자락에 새로운 집을 짓게까지 되었던 것.

푸른 하늘, 푸른 산, 청아한 물소리에 깃을 튼 맑은 공기로 채워진 어비산(魚飛山) 계곡의 한편에 푸른 잔디로 앞마당을 정원화 시킨, 아내와 함께 사는 아담한 현재의 집말이다. 푸른 잔디(green turfgrass)를 깔은 작은 규모의 아담한 이런 집을 아내는 늘그막의 로망이라며 처음부터 줄곧 만족해 오고 있는데, 그래서인지는 모르겠으나 아내의 몸 상태도 많이 호전돼 가고 있는 중이다.

헌데, 건축과는 거리가 먼 우리 내외는 늘그막에 용단을 내려 주택건축사업을 하는 사돈 내외의 도움을 받아 위의 새집을 지으면서 여러 가지를 알게 되었지만 그중의 백미(白眉)는 우리 집 앞마당에 깔은 잔디가 우리의 고향 지역인 호남지방에서 올라온다는 것을 건설 관계자로부터 직접 들은 것이다. 인간 백세(Human Hundred)를 꿈꾸는 요새는 몸과 마음의 힐링을 위해 전원주택을 찾거나 많이 짓는 현상이 일고 있으며 그 전원주택용 잔디의 주산지가 우리 호남지방이라는 사실에 정말 깜짝 놀랐고, 한편 어릴 제 동구 밖에서 뛰놀았던 잔디로만 아련히 기억되고….

그러한 사실을 전연 모른 채 지금껏 지내온 나 자신이 너무 부끄럽고 한심하다는 자괴감이 서슬처럼 지펴 왔었다. 이러한 것이 한 계기가 돼 공직 은퇴 후론 처음인 「잔디의 관리 및 산업화에 관한 연구」라는 소논문을 쓰게 되었고 나의 고향 순창군의 민간연구소인 옥천향

토문화사회연구소의 『옥천문화』 제9집에 기고하기도 했던 즐거운 추억을 갖고 있다.

지나간 해의 이러한 상상의 나래를 펴면서 무거운 검은색의 돌판 징검다리를 하나둘 뒤집어 좀 떨어뜨려서 이미 깎은 잔디 위에 놓는 작업을 지속했다. 무거워 힘이 들고 땀도 났지만 인내심을 가지고 말이다. 꽤 시간이 걸렸다. 크고 작은 돌판이 덮인 자리는 허연 민낯이 드러났고 가장자리엔 잔디가 갈래지어 조금씩 흙에 뿌리를 내리고 있었다.

80여 개 검은 돌판 징검다리를 모두 떨어뜨려 놓으니 작업할 수 있는 기다란 공간이 확보됐다. 예초기로 사잇 잔디들을 조심스럽게 깎아내 버렸다. 웃자란 잔디와 마찬가지로 깎인 부분들이 누런색이다. 작년까진 돌판 징검다리를 그대로 둔 채 사이사이를 가위로만 깎았기에 제대로 깎지도 못하면서 힘깨나 들었었지만 이번엔 돌판들을 들어서 좀 거리를 두어 떨어뜨린 방법을 시도하니 제대로 깎였기에 누런 모습을 보인 것이다.

그러고는 떨어뜨린 돌판들을 원래대로 놓는 복구 작업을 역순으로 했다. 드러낼 때보단 힘이 덜 들었지만 조심조심 원래 상태로 돌판을 되돌려 놓았다. 역시 힘이 들고 땀이 났음은 물론이다. 그러는 동안 아내는 흰 나무 울타리 밑의 세심한 작업을 마쳤다. 우리 내외가 앞마당의 잔디 깎기 작업을 모두 마친 것이다. 두 시간 정도가 소요됐다.

시각은 어느덧 12시가 넘어 있었다. 죽 둘러보니 푸른 잔디의 깔끔한 모습이다. 웃자랐던 곳인 울타리 밑이나 길게 자란 곳과 돌판 징검다리 사이는 누런 모습이고 그 이외의 넓은 곳은 푸른빛의 모습이다. 깔끔한 모습, 정말로 한결같은 깔끔한 모습들의 잔디밭으로 변모됐다는 말이다. 이발을 한 후의 단정하고 깔끔한 모습을 방불케 해 우리 부부는 저절로 기분이 상쾌해졌다. 기해년 상반기 들어 첫 잔디 깎기를 마치니 미뤄 둔 숙제를 마친 듯 기분도 상큼 좋아지고 더불어 마음도 홀가분하고 더욱 후련해졌음을 실감했다.

작업을 잘 끝마친 우리 내외는 점심을 들었다. 아내가 모처럼 특식인 쌀국수를 내놓았다. 그리고 오랜만에 점심상에 막걸리도 한 병 차려 놓았다. 나의 사색의 징검다리이기도 한 검은색의 돌판 징검다리 뒤집기 등의 힘든 작업에 대한 아내의 애틋한 사랑이 담긴 장수 막걸리이리라! 아침 식사 때 그랬던 것처럼 앞마루 위의 탁자에서 둘이서 앞의 경관을 보며 점심을 들었다. 내가 주로 마셨지만 아내도 가볍게 조금 거들어서 둘이서 막걸리 잔을 오랜만에 기울였다.

잔디가 깎여서 낮아졌는데도 으레 하듯이 작은 새 몇 마리가 익숙히 날아와 우짖으며 마당에 사뿐히 앉는다. 평소처럼 돌아다니며 점심 식사로 벌레들을 즐겁게 잡아먹는 모습들이다. 또한, 앞마당의 깔끔히 깎인 잔디들이 하얀 나무 울타리에 서 있는 소나무, 단풍나무, 천도복숭아 나무, 매화나무, 살구나무, 자두나무, 호두나무, 은행나무, 모과나무, 감나무, 밤나무, 뽕나무, 산수유나무, 대추나무, 앵두나무, 꽃 사과나무, 개나리, 철쭉과 장미 덩굴 등의 병풍 호위 속에 산뜻한 옷맵시로 우리를 환히 반기며 해맑게 웃는 모습을 신기하게 보여 왔다.

아마도 점심을 즐기며 한가롭게 앞산을 마냥 바라보고 있는 우리 내외가 그윽하고 우아한 신선(神仙)들로 보였던 모양이다.

칠순 선물

사람들은 누구나 세상을 살아가다 보면 뭔가 마음이 포근해지고 살맛나는 경험들을 하는 경우가 있을 것이리라. 그러한 경우는 사람들에 따라서 여러 가지 사안과 정도에 따라서 느낌이나 강도가 다를 수 있고 때로는 상호 간에 기쁨과 고마움까지도 동반하면 금상첨화가 될 것이다. 세상 사는 사람들의 마음을 티 나지 않으면서 풍성하고 윤택하게 해 주기 때문이다. 나는 그러한 것 중의 하나가 선물이라고 생각한다.

선물은 받는 것보다 주는 것이 기쁨이 더 큰 것이라고들 말한다. 여느 사람들처럼 나도 우리 내외도 자식들을 키우면서 그러한 경험들을 해 보았다. 우선 애들의 돌 선물 그리고 애들이 커 가면서 생일 선물이나 입학 · 졸업 선물을 하면서 말이다. 요즘은 할애비가 되다 보니 손자들의 돌 선물이나 초등 입학 선물로 좋아하는 장난감 등을 사 주면 즐거워하는 손자들의 사랑스런 모습들을 가만히 지켜보면서 그러한 흐뭇한 감정에 빠져 보며 세상 사는 재미에 더욱 승수효과가 남을 느끼기도 한다.

헌데, 애들이 장성해서 결혼도 하는 등 자기들의 앞가림을 하게 되니 주는 선물에 익숙했던 나의 패턴이, 받는 것으로 바뀌는 감(感)이 늘어나고 있다. 생일마다의 맛있는 식사 선물이나 영화 구경 등을 자녀들의 선물로 아내와 함께 받곤 했었는데, 9년 전의 만 60세의 회갑 시 당시의 사회 분위기도 지금처럼 회갑연은 생략하는 모양세가 대세여서, 나는 회갑연을 원하지 않았고 가족끼리 간단히 식사하는 정도로 때웠는데, 그거로는 못내 아쉬워하는 자식들이 회갑연을 대신한 회갑 선물로 호주와 뉴질랜드 여행을 아내와 함께 보내 주었기에 가슴이 벅찬 뭉클한 감동이 오래도록 지속되기도 했었던 것이다.

이번엔 자식들의 칠순 선물이었다. 살다 보니 올해로 '인생칠십 고래희(人生七十古來稀)'를 맞은 내가, 사랑스런 자식들로부터 칠순 선물을 받게 됐다. 나는 5년 전 소천하신 나의 모친께 회갑연을 아들로서 나름대로 해 드렸지만 칠순 시는 평상시대로의 생신을 모셔 드린 정도였었지, 지금의 내가 받은 것처럼 별도로 칠순 선물을 해 드리진 못했었는데….

딸인 누리네와 아들인 한해네는 나의 칠순 기념으로 몇 년간 준비해 우리 내외에게 뜻깊은 해외여행을 선물한 것이라는데, 내가 평소 꼭 가 보길 원했던, 마음에 쏙 드는 이집트 여행이었다. 해외여행하면 아내가 외손자인 송민이도 데려가기를 원했기에 이번에도 셋이서 6박 9일의 오붓한 일정으로 열사의 이집트를 다녀왔던 것. 즉, 자식들의 주선으로 금년 4월 29일에서 5월 7일까지 수행된 패키지여행으로서, 더군다나 몇 년 전 히말라야 안나푸르나와 인도 여행을 같이 했던 경복고 동기 동창인 안종율 친구와도 함께하게 돼서 나의 칠순 여행의 뜻에 그 의미를 더했다고 생각돼 더욱 행복했다.

여행객 24명에 인솔가이드 1명으로 총 25명으로 구성된 이번 여행단은 터키항공편으로 인천공항을 이륙한 지 13시간을 날아 카이로 공항에 도착하니, 우리나라 과거 70년대를 연상시키는 이국의 모습과 낯선 아랍어의 간판들이 보였고, 공항을 벗어나니 아파트성(性) 건물군(群)들이 가까이서 시야에 들어왔는데, 외양이 먼지의 더께가 낀 벌건 벽돌들로 좀 허름한 것도 보이고 지붕이 거의 없고 층마다 그대로 빈 상태인 것도 많아서 짓다 만 것이 아닌가 하는 기이한 인상이었다.

헌데, 공항에서 45인승 대절 버스에 우리를 태운 현지 가이드는 우리가 보기에도 같은 민족인 한국인으로서 24년째 이집트에서 살고 있다고 반갑게 자신을 소개하면서 이집트는 우리나라보다 10배나 큰 나라지만 대부분이 사막 지대이고 실제 거주지는 에티오피아와 수단 등에서 발원한 세계 제2위의 나일강(6,671㎞) 주변인데 그 나일강 주변의 면적이 우리나라와 같단다. 우리나라 단군신화의 시기와 비슷한 B.C 2500년경 지어져 세계 7대 불가사의인 피라미드의 나라요 일 년 내내 비가 거의 오지 않는 연평균강우량 5㎜, 날씨는 평균 섭씨 40도라는 등 이집트 소개를 열정적으로 해댔다.

그러면서, 아랍어는 현재 중동과 일부 아프리카의 23개국에서 쓰이는 국제어로서, 이왕 이집트에 여행 오셨으니 이집트인들이 쓰는 28개 알파벳으로 구성된 아랍어 몇 마디는 우리들이 하는 게 좋겠다면서, 유창한 아랍어를 몇 마디 가르쳐 주고는 배우기 위해서는 복창하란다. 예컨대, '쇼크랑(고맙습니다)', '살라말리꿈(안녕하세요)', '마야

(물)', '한맘(화장실)', '에이시(빵-주식)' 등인데 나이가 들어서인지 반복해도 금방 까먹는 등 나는 마음만큼 잘되지를 못했어도, 며칠 지나 간격이 좁혀지니 나와 같은 칠순 여행객이 두 부부가 더 있음을 알게 됐고 동병상련이랄까 눈짓 등으로 이국에서의 또래 마음을 통할 수 있었다.

그리고 기자의 쿠프왕 등의 웅장한 피라미드와 곳곳의 오벨리스크 및 스핑크스, 카이로의 이집트박물관에서의 수많은 미라와 투탕카멘의 4각황금관 및 황금가면, 룩소르와 카르낙에서의 육중한 아름드리 열주(列柱)가 즐비한 거대한 신전들, 나일강 서안(西岸) 소재 왕들의 계곡에서의 화려한 신성문자로 치장된 파라오의 무덤들, 아부심벨에서의 4개 좌거상(坐巨像), 람세스 2세의 대신전과 그의 왕비 네페르타리를 위한 소신전, 나아가 멤피스의 누워 있는 람세스 2세의 잘생긴 거상 등을 무한한 찬란함과 경외감의 극치 속에서 시종 몽환적인 값진 관광을 했다.

그 외에도, 기자역에서 아스완역까지의 야간 취침도 했던 13시간의 침대칸 남행(南行) 열차 여행, 3일 동안의 나일강 북행(北行) 크루즈 여행에서 벗과 소주를 마시며 5천 년 전의 고대 이집트인이 되어 황홀한 석양 감상을 하고, 50도 가까운 뜨거운 한낮의 거창한 아스완 하이댐 구경, 홍해의 후루가다 리조트에서의 힐링성(性) 파란 바닷속 구경도 나의 추억의 보고(寶庫)에 내내 각인될 것으로 생각된다.

볼만한 곳 중 알렉산드리아 지역만을 못 봤으니 이번 여행으로 이집트의 90%는 구경을 마친 거라는 가이드의 여행 마무리 얘기가 지금도 귓전에 맴도는데, 나에게 이번 관광의 백미는 무어니 해도 람세스 2세를 실제로 접했다는 사실이다. 고대 이집트 역사상 가장 뛰어난 파라오로 평가받고 있는 약 3500년 전의 람세스 2세는 90세를 넘는 나이로 물경 66년간을 통치한 신왕국 제19왕조의 제3대 왕으로서, 평민 출신의 1대 할아버지 람세스 1세, 2대 아버지 세티 1세를 승계한 파라오가 되어 평민 출신이라는 당시의 핸디캡을 탁월한 통치력으로 극복한 신적(神的) 카리스마로 백성들의 칭송을 받았던 파라오 중의 파라오요 이집트인들의 자존심으로 평가된다.

우리나라로 치면 고구려의 광개토대왕과 장수왕을 합친 경우이거나 성군(聖君) 세종대왕으로 비견된다고 보면 된다. 그는 상 · 하 이집트 전역의 각종 신전이나 기념비 등의 곳곳에 대대적(大大的)으로 자신의 얼굴상(像)과 업적의 기록을 두루 남겨 후세에도 영원한 신이 되고자 했던 그의 뜻대로 오늘날까지도 살아남는 파라오가 되었으니, 크리스티앙 자크가 시간을 뛰어넘는 현대에 와서 그를 다시 빛의 아들로 새롭게 부활시킨 『람세스』라는 베스트셀러 소설을 썼던 것이라고 여겨진다.

그런가 하면, 아내가 선물한 칠순 여행도 있었다. 우리 내외는 오래전부터 발칸반도를 무척이나 여행하고 싶어 했는데, 여행경비 절감 차원에서 내년의 칠순 기념 여행을 비수기인 올겨울로 앞당겨 금년 말에 미리 다녀오자는 아내의 긴급 제안이었다. 나의 칠순을 위한 아내의 소중한 선물이라니 내가 굳이 반대할 이유가 없잖은가. 그러자고 쾌히 수락하자 예약과 경비 지불 등 모든 여행 준비를 솔선해 일사천리로 아내가 해치웠던 것. 그리하여, 작년 12월 6일에서 13일까지 6박 8일 일정으로 집사람과 외손자 송민이와 함께 패키지로 발칸반도를 여행하고 돌아왔다. 자세한 내용은『100세 클럽 가입을 위하여Ⅱ』의 "발칸 3국 여행"에 적어 놓았다.

이외에도 아내는 칠순 선물로 보청기와 파크골프채를 나에게 사주었으니 나는 행복감에 빠질 수밖에. 원래 나의 한쪽 귀가 안 들리니 나이 들수록 떨어질 청력을 보해 주기 위한 아내의 배려이자, 나이 드는 데에 걸맞는 운동이 파크골프라는 아내의 또 하나의 살뜰한 배려이리라. 시간이 되면 보청기를 잘 사용하려고 하며 또한 파크골프채도 오랫동안 사용해서 건강을 꼭 지켜 가려고 한다.

나의 삶과 죽음

누구나 인간이라면 이 세상에 왔다가 저세상으로 가는 예외가 없는 한살이의 삶을 산다. 즉, 한살이 삶만 사는 것이지 두 살이 이상의 삶을 살 수 없는 것이 우리 인간의, 아니 생명을 갖는 모든 것들의 시공을 초월한 숙명이요 거스를 수 없는 철칙임을 동서고금의 우리 인류가 잘 알고 있듯이, 나도 인간에 속한 한 구성분자이기에 그것을 잘 알고 있다.

살다 보니 나는 금년에 '인생칠십 고래희(人生七十古來稀)'라는 칠순을 맞았고 오늘로 여덟 달째가 되고 있다. 촌음이 쏜살과 같다는 옛말이 실감나는 나이가 된 이 시점에서 지나온 날의 나의 나이테에 새겨진 기억 속의 흔적들을 더듬어 보고 살아온 날보다 짧게 남아 있는 앞날의 황혼도 내다보려고 한다. 나의 세월을 네 마디로 나누어서 이 세상에 태어나서 처음 어머님과 같이한 삶을 제1기로, 어머님과 헤어져 살았던 삶을 제2기로, 어머님과 재회해서 산 삶을 제3기로, 그리고 어머님이 이승을 떠나 소천하신 이후의 나의 삶을 제4기로 크게 나누어서 나의 한살이를 반추(反芻)해 보고자 한다.

제1기의 삶(0~10살)

'이 세상에 올 때는 내 맘대로 온 것이 아니지마는…'이라는 유행가 가사의 한 토막처럼 나도 그렇게 어머님으로부터 1950년 6월 4일 이 세상에 고고성을 울렸으리라. 앞 날짜는 내가 태어 난 날이지만 생일은 음력 4월 19일로 지금껏 쇠어 오고 있으며 출생신고의 호적(가족관계증명서)이나 주민등록증엔 음력이 양력으로 둔갑하여 4월 19일로 익숙해진 지 오래다. 6·25 발발 꼭 3주 전에 이 세상에 나왔기에 어릴 때는 유복자나 다름없다는 어른들의 소리도 들었다.

21살 때 양친이 저를 낳으셨으나 동족상잔의 6·25로 나는 아버님 얼굴을 한 번도 보질 못하고 지금껏 살아온 놈이 되고 말았다. 안전한 곳을 택해 가족과 함께 피난하신 선친은 떠나온 고향 마을의 소식이 궁금해 그해 음력 10월경 동향 젊은이들과 고향 먹골 마을을 찾았다가 잠복해 있었던 빨치산에 그만 함께 끌려가신 비극을 겪으셨다고 한다. 빨치산이 물러가고 혹한이 풀린 다음 해 봄에 놈들의 소굴인 용골산에서 어머님이 다행히 선친 시신을 수습하셨고, 도민증에만 있었던 선친의 사진인데 황망 중에 도민증마저 분실돼 버려서 사진 한 장 남아 있질 않으니 나는 선친 얼굴을 영영 못 볼 수밖에 없었던 것.

그러니, 아버님에 대한 기억은 전무하고, 두메산골 출신인 나를 9살에야 면소재지의 초등학교에 어머님이 보내 주셨다. 검정 고무신에 가녀린 논두렁길을 또래들과 1시간씩 걸어 학교에 다녔었는데, 1학년 때부터 난 우등상을 받았었다.

제2기의 삶(10살~32살)

초등2학년 12월 말경 해가 바뀌는 시점에서 집안 어르신들의 강한 만류에도 불구하고 아들을 가르치려면 서울 가서 돈을 벌어야 한다는 어머님의 뜻대로 찬바람이 부는 한겨울에 고향 먹골을 뜨셨다. 어린 나를 숙부님 집에 맡기고서 말이다. 정말 쌀쌀하고 매서운 동풍(冬風)만큼이나 젊은 홀아낙네인 당시 어머님의 마음이 굳건했었던 것이리라. 그 이후 초 · 중 · 고등시절 및 대학시절과 결혼 후 합가하기 전까지도 설날 · 추석 등에만 어머님과 조우하였었다. 어머님은 근 22년간을 종로 한일관(韓一館)에서 일하시다 셰프로 퇴직하셨다.

어머님으로부터 집을 포함해 전 재산의 관리를 위탁받으신 결혼한 지 얼마 안 되신 숙부모님은 모내기할 땐 거머리한테 피를 빨리기도 했던 나의 농촌 생활 중에서도 조카로서 잘 거두어 주셨다. 특히 남원에서 오신 숙모님은 코흘리개 조카를 친자식처럼 사랑해 주셨다. 숙부님은 근 10년 전 돌아가셨고 83세인 숙모님은 지금도 그리운 생각이 많이 난다.

4학년 때부터는 반장을 하고 6년 우등생 등을 했지만 일류인 전주북중시험에 낙방하고 삼류인 전주신흥중에 2차로 들어가 열공한 바 3년 수석을 한 덕과 아울러 모친과 가까이 지내기 위해서라도 상경해서 경복고에 합격할 수 있었다. 전주 유학 중엔 고모님 댁에 묵었었고 상경해선 사촌 누나 댁, 어머님 친가인 이모 댁과 외삼촌 댁 등 친척 집만을 전전하면서 공부하였다. 공짜로 묵은 것은 아니었지만 신세를 지고 있다는 무거운 마음이 항상 같이했었다. 돈을 더 주고 하숙을 시켜 줄 만도 했지만 홀어머님이어서인지 친척 집 외엔 퍽 불안해하셨던 것 같다.

상경해서 고질병인 중이염을 고1때 수술했는데 그 후유증이 있음에도 막상 접해 보니 실력상으로 서울생들이 별거 아니라는 나의 전략 착오에서 3학년 말이 다가오자 급락한 성적으로 서울상대 입시에 실패하고, 다음 해에도 낙방해 삼수 후 눈높이를 낮출 바엔 글 관련해 관심이 있는 국문과를 택했었다. 전략 착오란 머리 좋은 서울 출신들은 놀다가도 족집게 고액과외로 단숨에 상 · 법대 수준이 되게 하고 곧바로 그러한 학교에 가는 걸 보고 한 말이다. 나는 오로지 혼자서만 공부해 왔고 학원만 다니게 해 줘도 고마운 지경이었으니….

삼수해 들어간 서울대는 유신체제 반대, 교련반대 등으로 몸살을 앓아서 제대로 된 공부 한번 못 해 보고 4년을 허송하고 말았다. 졸업이 다가오자 미래 직업에 골몰하게 된 나는 전공과는 맞지는 않지만 제도권에선 허용되고 있는 고급공무원을 희망하고 행시에 도전하기로 결심하게 되었다. 독학으로 준비한 행시 1차에 4학년 말에 합격한 것을 빌미로 졸업 후의 취업을 포기하고 집에서 1년간 공부해 2차에 임했으나 실패했고, 어머님 등 집안에 죄송해 홍릉의 한국과학원(KAIS)에 직원으로 취직해 다니면서도 1, 2차에 응시했으나 2차 시험에서 또 낙방했었다.

다음 해의 2차 시험에 마지막 승부를 걸기로 하고 2차 시험이 있기 전 6개월인 다음 해 4월 초에 KAIS를 과감히 사직하고 연신내의 선림사(禪林寺)로 들어가 배수진을 친 독한 마음으로 열공해서 삼수 만에 22회 행시(1978)에 합격하여 공직에 입문하게 되었다. 이머님을 비롯한 집안의 어르신들이 기쁘게 축하해 주셔서 나도 오랜만에 한 시름

놓을 수 있게 되었다.

그 후 1년간의 실무수습을 거친 다음, 문교부 5급행정사무관으로 발령되어 충남도교육위원회 사회교육계장의 보임을 받고 근무 중 전주에서 초등 교사로 근무하는 유금효 님을 만나 1980년 10월에 백년가약을 맺었고 다음 해 8월 사랑의 결실인 딸 누리를 낳았던 것이다.

제3기의 삶(32살~65살)

딸을 낳기 전 1981년 1월, 난 서울 근무를 할 수 있는 특허청으로 옮겨 왔고 그 후 아내도 전주에서 서울로 전출되어 아내의 근무처가 가까운 망우동의 한 주택의 1층에 전세를 얻어 비로소 신접살림을 할 수 있게 되었고 딸 누리가 태어나기 한 달 전쯤에 어머님도 비워 둔 방으로 들어오셔서 어머님과 헤어져 산 지 실로 22년 만에 합가하여 모시고 살게 되었다. 그토록 소망했던 어머님을 모시고 함께 살게 되었으니 무한히 감개무량하였다.

그러면서 딸 누리가 태어나자 맞벌이를 하는 우리 내외에겐 손녀딸을 잘 거두어 주시는 어머님 덕택에 직장 생활에만 충실할 수 있었다. 딸 누리의 재롱이 익어 갈 무렵인 2년 후에는 아들 한해도 태어났는데 두 손주를 보시는 낙에 새로 사는 재미를 마냥 느끼시는 어머님을 곁에서 볼 수 있어서 다행이었고 행복스러웠었다.

결혼하기 전까지 친척들 집을 전전해서 체화된 역마살이 낀 것인가. 공직에 입문한 지 5년이 지나니 나는 타의 반 자의 반으로 이젠 상공부에서 내무부 경기도로 부처 간 이동하는 열차에 타게 되었다. 수원의 근무처가 너무 멀어서 서초동 쪽으로 이사를 가게 되었고 그

바람에 아내도 다음 해에는 서초구의 초등학교로 옮겨 오게 되어 우리 내외는 18년 동안의 서초동 살이를 하게 됐던 것이다.

시간이 나면 우면산에 올라 신선한 공기도 마시고 아침에는 약수를 마시는 대열에 낄 수도 있었다. 낯선 경기도에 근무하면서 중앙부처 중견공무원들과 합동으로 3달간 영국 연수를 다녀온 게 특히 기억에 남아 있다. 당시는 북극항로를 날고 파리를 경유하여 18시간 이상 걸려서 런던에 갈 수 있었다. 영국헌법이나 목표관리 등의 강의를 받았고 주 5일 근무제를 하고 있어서 금요일 오후부터 일요일까지를 쉬었기에 그 시간을 활용해 몇 동료들과 어울려 이태리, 스위스 등을 여행하면서 선진견문을 넓히기도 하였다. 평일에는 시간이 나면 대영박물관에도 가 보았다.

그리고 직원들의 취미클럽 활성화 차원에서의 이재창 지사의 권유로 1991년 경기도공무원문학회를 창립하여 초대회장을 맡으면서 창간호『팔달문학』을 발간했는데 지금까지도 이어지고 있어서 나로서는 뿌듯하고 자랑스러운 생각이 든다. 법무담당관 등을 역임한 나는 내무부로 발령되어 민방위국 기획담당서기관으로 근무하면서 김영삼 문민정부 시절, 구포열차 탈선, 목포공항에서의 비행기 추락 등 대형사건사고의 종합 관리를 위한 시급한 정책 만들기 등의 격무에 휴일도 없이 사명감 하나로 일했었던 아련한 기억이 머리에 깃을 틀고 있다.

그런가 하면 지방자치제가 부활돼 재실시되면서 서울시가 내무부에 편입되자 서울시로 몇 명 과장을 보내야 되는 상황이 되니, 나도 서울시로 발령을 내주었다. 당시 서울시에선 마포구 도시가스 대형

폭발사고로 어수선한 분위기가 이어지니 선호하는 연료과장이 기피 자리로 전락돼 버린 모양이었다. 상공부 근무 경력이 있다고 나를 그 자리에 앉히는 게 아닌가. 지금까지 대부분이 기피하는 어려운 부서만을 많이 맡아 온 것처럼 서울시에 와서도 마찬가지였었다.

헌데, 업무를 익힐 틈도 없이 이번엔 대구에서 출근 중 도시가스 폭발사고가 터졌다. 대구 현장으로 가는 기자들이 먼저 우리 과로 우르르 몰려와 사전정보를 달라며 급히 채근하는가 하면 서울시의 다른 지역 도시가스 시설은 안전한가에 대한 우려 전화가 빗발쳤고 근처에서 조금만 이상한 냄새가 나도 신고해 와 우리 연료과를 벌집처럼 쑤셔 놓기 일쑤였다. 아파트나 학교 등에는 정압기시설(Governor)이 필수적인데도 다른 곳으로 무조건 빨리 옮겨 달라고 아우성들이었다. 현장 방문 등 긴급 대처하느라고 한 달 동안 집에도 못 가고 불철주야 근무해 누적된 피로로 머리가 띵해지기도 했었던 오래된 기억도 역시 머리에 흔적처럼 남아 있다.

1년 가까이 연료과장으로 고생한 것을 시에서 인정했는지 연말인사에서 영등포구청으로 발령을 내줬다. 사회복지와 청소 업무 등의 시민국장, 지방세를 다루는 재무국장과 인사와 청사 관리 및 지역 소통 업무의 행정관리국장과 부구청장 직무대리를 했었는데, IMF 시절의 기구 축소와 직원 감소 업무를 총괄하는 행정관리국장을 맡아 그 악역을 해내느라 골머리를 앓았었다.

행정 경험이 없는 바뀐 선출직 구청장한테 누군가는 해야 할 것 같아 선임국장으로서 가끔 쓴소리를 했더니 첨엔 고맙다고 부구청장으로 승진 발령을 낼 듯했었다. 그런데 갑작스레 나를 본청인 시청의 보건위생과장으로 방출시켜 버리는 게 아닌가. 뒤통수를 한 대 얻어맞은 기분이었으나 새로운 자리에서 와신상담했더니 고건시장이 부이사관으로 승진시켜 준 것이 인연이 되어 김대중 정부 말년인 2002년에 청와대 정무수석비서관실의 행정관(국장)으로 일하게 되었었다.

나는 보훈처와 서울시, 부산시와 전북도를 담당하는 업무를 담당했었다. 헌데, 나를 방출시킨 그 김 구청장은 전국 최초의 민선 장애인 기초자치단체장이라고 각광을 받았으나 그로부터 1년여가 지나자 안 좋은 소식이 자꾸 들리더니 구속돼 실형을 받고 현직으로 옥살이를 하는 신세로 전락했다. 그리고, 노무현 대통령이 들어서자 가까스로 서울시로 원대 복귀했었지만 이명박 시장으로부터 강제 명퇴를 당해 26년간의 공직을 지방이사관의 소성(小成)인 채 이렇게 일장춘몽(一場春夢)으로 덧없이 마감하고 말다니, 한껏 허망한 감만 한동안 솟아났었으니….

공직 은퇴 후 못난 나라는 자책감의 나락에 빠져 한동안을 집에서 칩거했다. 하릴없이 집에만 있게 되니 어머님과 점심을 함께하는 시간이 많아지기도 하고 방 청소를 부탁하시기도 해 집 안 청소를 하기도 했다. 그러다가, 이렇게 칩거하기만 해선 안 되겠다는 생각이 들어 뭔가를 해야만 할 것 같아 기운을 내어 공인중개사 학원에 나가게 됐고, 주택관리사제도도 알게 되어 시험에 응시해 차례로 두 자격증을 딴 다음에 아파트관리소장에 취업해 한 6년 정도 몇 곳의 관리소장으로 소일 · 봉사하는 생활을 하게 됐다.

그러던 중 딸 누리가 결혼을 해 사위도 보게 됐고 외손자 송빈이를 보게 되어 우리 집에서 2년 정도 송민이를 케어했는데, 어머님이 갑이 계셔 매우 즐거워하셨다. 손자 한해가 장가간 것도 보셨다. 어머님이 젊은 시절 담배를 피워서인지 폐가 안 좋으셨는데 결국 폐렴으로 2014년 8월 말 85세로 이승을 떠나 먼 길을 가시게 돼 고향의 아버님 묘소에 합장해 드렸다. 기일이 되면 제사를 모시고 명절 때면 아내와 때론 결혼한 자녀들과 함께 묘소를 찾아 명복을 빌곤 한다.

제4기의 삶(65살~?살)

어머님이 소천하신 지 5년이 됐다. 그동안 딸 누리는 1년 후에 둘째 강민이를 낳았고 할머니의 선물이라고 기뻐한다. 그 1년 후 아들 한해는 한나로부터 해솔이를 낳아 네 살이 됐다. 아내는 교육공로로 훈장을 받고서 교장으로서 정년퇴임을 했다. 아내는 좀 쉬려고 하던 차에 건강진단에서 폐암이 발견돼 일원동의 S병원에서 수술했다.

그 후 필요한 수년간의 케어처(處)로서 공기 좋은 이곳 어비산자락을 찾아 자연 친화적인 집을 짓고 3년째 같이 지내는데 아내는 많이 좋아지고 있다. 누리 내외가 손자들을 데리고 이곳에 오거나 한해 내외가 해솔이를 데리고 와 놀기도 할 때 어머님이 누리와 한해 손주들을 보시고 평소 행복해하셨던 것처럼, 우리 부부도 손자들을 보는 쏠쏠한 재미가 절로 솟아나는 행복감에 젖어들면서 나이 들어 사는 고소한 보람을 더없이 만끽하기도 하고 있다.

칠순이 되다 보니 지는 석양을 바라보는 마음이 더욱 각별해진다. 작년에는 어릴 제 같이 놀고 중학교 땐 같은 집에서 지내기도 했던 고종사촌 동생 오병선이가 1월 이승을 떴고 12월엔 김순자 사촌 누나가 이승을 하직하는 마감 상황을 겪고 보니 나 자신이 저절로 처연

해짐을 어이할 수가 없었다. 아내의 완치를 빌며 우리 내외의 건강을 빌어 보곤 한다. 딸 내외와 손자들, 아들 내외와 해솔이의 건강과 만사형통도 항상 빌어 본다.

그리고 나의 수필집이 어디선가 계속 보전되기를 기원해 보기도 한다. 내년부터는 나는 생이 다할 때까지 시를 쓰는 생활을 하려고 한다. 나아가, 시간을 갖고 나의 이승의 한살이를 정리하고 마감하는 유서 쓰기도 할 것이다.

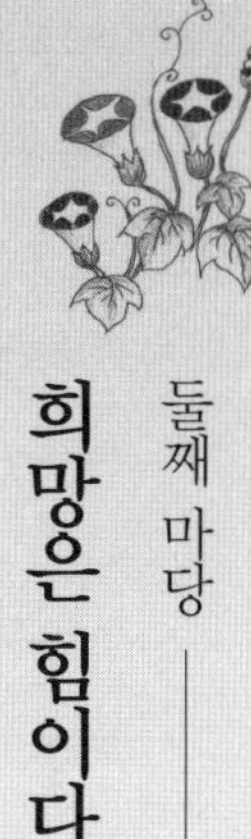

둘째 마당

희망은 힘이다

희망은 '믿음'이나 '사랑'으로 연결된 구조다.

나이를 불문하고 희망을 갖는 것은 좋은 것이다.

삶의 과정에서 새로운 힘이 생겨나기 때문이다.

칠순이 되니 생이 다할 때까지 사는 사람으로

시(詩)를 써 보자는 새로운 희망을 지펴 보게 된다.

희망은 힘이다

이 세상 누구나 희망을 갖게 되면
그 희망을 달성하려는 의욕이 저절로 생겨난다.

의욕이란 뭔가를 할 수 있다는
진귀한 에너지를 품고 있으니
무릇 모든 에너지는
목표에 다가가거나 달성하려는 원초적 참힘이 된다.

희망을 갖는 것은 너무나 좋은 일이니
살아가면서 새로운 힘이 오롯이 생겨나기 때문이다.

따라서, 희망이 없는 사람은
껍데기만의 삶이요, 이미 죽은 사람이 되고 만다.

희망이 없는 사람은 이미 죽은 사람이다. 이 세상에 살고는 있지만 사는 것이 아닌 껍데기만의 삶이라는 것이다. 혹자는 말할 수 있을 것이리라. 한마디 말도 할 수 없는 아무리 힘이 없고 희멀건 몸이라도 가는 호흡을 하고 숨이 붙어 있는 상태니 그래도 살아 있는 삶이라고 말이다.

그렇다. 그렇게 말할 수도 있을 것이다. 그리고 주위를 가만히 보면 별 희망이 없는 그런저런 삶을 살아가는 여러 모습도 보이는 것이 현실이다. 마음이 서글퍼지고 아파지지만 어찌 보면 그러한 이승의 삶이 더 많이 보이기도 하는 요즘인 것 같다. 만약 그러한 삶들이 많다고 해서 바르고 괜찮은 삶의 모습이라고 감히 말할 수 있을까? 다시 말해서 한 번뿐인 이승에서의 의미 있는 삶이요, 더 나아가 가치 있는 바람직한 삶이라고 말할 수 있을까 말이다.

일단 태어나면 대부분의 사람들은 삶을 지탱할 수 있게끔 건강이 주어진다. 물론 불행히도 유전병 등으로 그렇지 못한 극히 일부의 사람도 있을 것이지만 말이다. 태어나서, 주어진 소중한 건강한 몸을 기본 바탕으로 누구나 부모님 품에서 자라나고 교육을 받는 등 세상과 더불어 사는 과정을 반복 · 연속하면서 세상 구성원으로 살아가는 궤적을 그려 가게 된다. 자라나게 되면 몸도 커지지만 몸속에는 있지만 보이지 않는 마음도 자라고 커지게 된다고 생각된다.

대저, 이 세상의 생활인이라면 누구나 자신의 마음밭[心田]을 가지게 된다. 살면서 우리들이 주위에서 보는 꽃밭[花田]들에는 매화, 난, 국화, 모란, 채송화, 나팔꽃, 백일홍, 코스모스, 해바라기, 장미, 벚꽃 등 온갖 꽃들이 있듯이 우리들 생활인들의 마음밭에도 기쁨, 슬픔, 분노, 즐거움, 두려움, 사랑, 미움, 믿음, 정직, 희망, 절망 등 갖가지의 마음이 있다고 생각된다.

꽃밭들의 온갖 꽃들이 자신의 고유한 자태로 우리들에게 아름다움을 주듯이, 우리들 마음밭의 각 마음들은 특성이 있어서 우리가 살아가는 데 그 특성대로 우리들의 삶을 다채롭고 풍요롭게 해 주고 있다고 여겨진다. 즉, 각 마음들은 그 특성대로의 자양분을 우리 삶에 제공해 주는 값진 기능과 작용을 수행하기에 우리들 모두에게 매우 중요한 것이 되고 있음은 불문가지이다.

우리 생활인의 삶에 모든 마음이 중요하다는 전제하에 나는 그중에서도 '희망'이라는 마음에 대해서 나름대로 한번 생각해 보고자 한다. 서두에서 "희망이 없는 사람은 이미 죽은 사람이다."라는 화두를 던진 연유이기도 하다. 나의 경험상, 모든 사람들에게 당연히 있기 마련인 희망도 세월이 흐르면서 달라진다고 생각된다.

나는 60년 전 초등학교 시절의 희망은 오로지 선생님이 되는 것이었다. 어린 우리 학생들을 가르치시는 선생님은 세상의 모든 것을 알고 가르치시는 존경스러운 만능 거인(巨人)으로 어린 가슴에 와 닿았고 항상 하시는 '훌륭한 사람이 되라'는 말씀이 바로 선생님이었구나, 나도 커서는 저분과 같은 훌륭한 선생님이 되어야지 하는 희망을 자연스레 가졌던 것이었고 당시로선 지금 공부도 잘하니 썩 자신도 있어서 더욱 그랬었던 것이리라.

그것은 그 당시 그렇게도 컸었던 교실이나 운동장이 커서 어느 땐가 우연히 둘러보니 너무나 작고 초라했던 데에 실망스러움을 느꼈던 적이 있었는데, 아마도 우물 안의 개구리[井底之蛙]처럼 앳된 좁은 앎의 세상이라 초등생을 새싹이라고 불렀었던 시절의 나에게도 처음 접한 선생님들이 당시엔 세상의 우상과도 같은 큰 존재로 각인되어서 그랬었던 것 같다.

초등을 졸업하고 전주에서 중학을, 서울에서 고등의 유학을 다녔을 때에는 희망이 법관으로 바뀌었다. 원했던 일류인 전주북중 입학시험에 실패해 2차로 삼류인 전주신흥중에 들어갈 수밖에 없었지만 열공한 나머지 3년간 수석 후 상경해 경복고에 다니게 되자, 1960년대 나의 초등 말 전북에서는 유일하게 사법고시에 합격해 지방 세상의 촉망을 받으며 당당히 검사 생활을 하시는 전북대 출신의 김종세(金鍾世) 재종(再從) 형님을 지켜보고선 어느새 흠모하게 됐고 스스로 나의 롤 모델 겸 멘토로 삼고 장래희망을 법조인으로 정했던 것이다.

어느 땐가 집안의 형님들이나 나를 키워 주신 숙부님 등 몇 집안 어른들께서 장래 직업을 묻기에 주저하지 않고 서울법대에 들어가 사법시험에 합격해서 법조인이 되겠다는 희망을 숙연한 모습으로 밝히기도 했었다. 우리 집안에선 나를 공부 잘하는 수재로 인정해 오시고 계신 그분들은 이의를 제기하지 않으시고 경청 · 격려해 주셨던 기억이 지금도 있을 정도이다.

공부를 잘하는 학생들은 특히 문과생이라면 당연히 법 · 상대에 가야 하는 것이라는 시대의 흐름이 비판 없이 나에게 그대로 수용된 면이 있었고 또한, 나는 그 당시 공부라면 자신에 차 있었기에 그렇게 말할 수 있었다는 만용에 가까운 자신감이 절정을 이루고 있었다. 나아가, 법조인이 되는 것이 서민 출신인 나로서는 나와 친척들의 절대적인 신분 상승과 나의 출세의 지름길이라고 순진하게 생각하고 있었으니, 지금 생각하면 세상 물정 모르는 아이로서 겁도 없이 철없고 어쭙잖은 속물주의에 일찌감치 물들어 있었던 것이라고밖에 달리 말할 수 없을 것 같다.

헌데, 고3이 돼 학기 초에까지 가능했던 실력이 대학 진학시험이 임박해 오자 어인 일인지 급락한 성적에 초조해하면서도, 상경해서 주위를 살펴보니 법대보단 돈을 벌어야 진짜 인생이 된다는 상대를 선호하는 서울 출신 동기들에 자극받아 진학 대학 희망을 상대로 선뜩 바꾸고선 서울법 · 상대 갈 실력이 아님에도 오기로 서울상대에 원서를 내고 시험을 봤으나 낙방, 다음 해에 또 낙방을 하고선 삼수 후 나를 돌아보고 차선(次善)의 희망인 서울대 국문과에 입학할 수가 있었다.

대학인이 돼 장래 직업에 골몰하던 차 문리대 국문과라면 당연히 교사나 교수를 희망해야 했으나 당초 법조인을 꿈꿔 왔던 시골 출신의 속물인 나로서는 교사나 교수직이 천직이라는 생각이 들지 않아 이차적으로 국가를 경영하는 한 분야인 행정인의 희망을 안게 되었고 대학의 전공과는 관계없이 행정인이 될 수 있는 국가제도의 문은 열려 있다는 점에 착안, 그 길로 매진해 삼수 만에 22회(1978) 행정고시에 합격해 생애직인 행정인의 희망을 달성했던 것이다.

이제, 나라는 개인 구성원들의 큰 공동체인 국가와 국가들의 더 큰 공동체인 지구촌이라는 시공간의 차원으로 시야를 넓혀 보도록 하자.

주지하듯이, 우리 배달겨레의 성군이신 세종대왕(1397~1450)께서 지금 우리가 쓰고 있는 한글인 '훈민정음'을 만드셨다. 훈민정음 창제와 관련해서, 『훈민정음예의본』에서 "나라 말씀이 중국과 달라 서로 통하지 않으니", 우리말을 소리 나는 그대로 표기할 수 있는 우리 문자를 백성들에게 실제로 갖게 해 줘야 하겠다는 애민 군주로서의 꿈인 평소 희망에서 비롯된 것이라는 생각을 해 보게 된다. 훈민정음을 만들게 된 것은 세종의 이러한 강력한 희망 의지가 작용했기 때문임은 불문가지라고 본다.

세종은 중국의 음운 관련 서적을 연구해 1443년에 훈민정음을 창제하셨다. 최만리 등 유학자들은 한자가 있으니 새로운 문자를 쓸 필요가 없다고 극력 반대했으나, 세종은 이를 물리치고 정인지, 신숙주 등 젊은 학자들에게 『훈문정음해례본』을 편찬하도록 하셨다. 그와 더불어 훈민정음을 사용해 만든 『용비어천가』와 『월인천강지곡』을 각각 1447년과 1449년에 간행해, 이 새로운 문자의 우수성을 과시함으로써 조선에 독자적인 문자의 시대가 열리게 되었던 것이다. 훈민정음 창제는 세계 언어학사에서 획기적이고 혁명적인 사건으로 기록될 정도로 뛰어난 업적이다.

국보 제70호인 『훈민정음』의 과학성과 체계성, 실용성은 전 세계적으로 평가를 받아 1997년에는 유네스코 세계기록유산으로 등재되기도 했다. 훈민정음은 모두 28자로, 초성(初聲) 17자와 중성(中聲) 11자로 이뤄져 있으며, 기본 초성 5자(ㄱ, ㄴ, ㅅ, ㅁ, ㅇ)와 기본 중성 3자(·, ㅡ, ㅣ)를 만든 뒤 나머지는 이들로부터 파생시켜 나가는 이원적인 체제로 만들어졌다. 또 하나의 음소(音素)를 하나의 기호로 나타내는 음소 문자이며, 모음인 중성을 매개로 자음인 초성과 종성을 조합하는 음절 방식의 표기 체제를 갖고 있다. 초성, 중성, 종성의 삼분법은 당시 음운학에서 전혀 새로운 개념이었다.

특히 발음기관[목구멍]과 천(天), 지(地), 인(人)의 모습을 본떠 기본 문자를 만들면서, 여기에 역철학(易哲學)의 원리까지 응용했다. 기본 자음인 어금닛소리(牙音 · 아음) ㄱ은 혀뿌리가 목구멍을 막는 모양을, 혓소리(舌音 · 설음) ㄴ은 혀가 윗잇몸에 닿은 모양을 각각 본떴다. 또 입술소리(脣音 · 순음) ㅁ은 입 모양을, 잇소리(齒音 · 치음) ㅅ은 이 모양을, 목구멍소리(喉音 · 후음) ㅇ은 목구멍의 모양을 본뜬 것이다. 아음과 설음, 순음, 치음, 후음의 오음(五音)은 각각 오행(五行)의 목(木), 화(火), 토(土), 금(金), 수(水)에 해당한다.

이 기본 자음에 획을 더해 나머지 자음을 만들었다. 기본 모음 ·, ㅡ, ㅣ는 각각 하늘과 땅, 사람의 모양을 본뜬 것이며, 나머지 모음 역시 기본 모음을 조합해서 지었다. 땅 위에 태양이 있거나(ㅗ) 사람의 동쪽에 태양이 있는(ㅏ) 모습은 양성(陽性) 모음이 되고, 태양이 땅 아래에 있거나(ㅜ) 사람의 서쪽에 태양이 있는(ㅓ) 모습은 음성(陰性) 모음이 된다. 이로써 모두 28자가 만들어졌고, 현재의 한글은 이 가운데 24자를 쓰고 있음은 주지의 사실이다.

세종께선 훈민정음을 반포하면서, 모든 백성들이 이를 쉽게 접하고 익힐 수 있도록 다양한 정책을 시행하셨으니 우선 궁중에 정음청(正音廳)을 설치해 서적 편찬 등 관련 사업을 전담하게 함과 동시에 일반 관리들은 의무적으로 훈민정음을 배우도록 해, 백성들에게 형률을 적용할 때 그 내용을 훈민정음으로 알려 주게 하고, 백성들이 관가에 제출하는 문건도 훈민정음으로 작성토록 하고, 궁중의 모든 여인들에게도 훈민정음을 익히게 하셨다고 한다. 이 같은 세종의 시책에 따라 훈민정음은 평민과 노비, 여성을 비롯해 한문에서 소외됐던 일반 백성들 사이에 급속히 전파돼, 오늘에까지 이르게 된 것이다.

임진왜란(1592~1598) 하면 동양의 넬슨 제독인 이순신 장군(1545~1598)이 떠오른다. 1597년, 명나라와 일본의 화의가 결렬되면서 잠정 휴전 중이던 전쟁이 재개되니, 대규모의 왜군이 다시 바다를 건너 조선으로 몰려들었다. 정유재란이었다. 그해 7월, 원균이 이끄는 조선 수군은 칠천량에서 참패하면서 완전히 궤멸되었고 기세가 오른 왜군은 8월 들어 남원과 전주를 함락하고 장차 서울 진공을 노렸다. 그러자 겁에 질린 선조는 지푸라기라도 잡는 심정으로 이순신을 재차 삼도수군통제사로 임명한다.

당시 조선 수군에 남아 있는 전함은 불과 12척, 뿔뿔이 흩어졌던 군사 수백을 모아 간신히 전단을 꾸렸지만 실로 최악의 상황이었다. 조정에서는 그런 이순신에게 도원수 권율의 휘하에서 육군을 지휘하라는 명령까지 내렸다. 이때 이순신은 감연히 남아 있는 전력만으로 적을 막아 내겠나는 희방의 장계를 결연히 올린다.

"신에게는 아직 12척의 배가 있습니다."

그런 다음 이리저리 수소문해 보니 1척의 전함이 더 있었다. 그리하여 불과 13척의 낡은 전함으로 이순신은 무한도전이지만 자신만의 희망의 일전을 준비했다. 그 무모한 명량해전 전야, 그는 붓을 들어 '필사즉생 필생즉사(必死則生 必生則死)'라 쓴다. 즉, '죽고자 하면 살고 살고자 하면 죽으리라.'는 것.

운명의 9월 16일, 이순신은 우는 바다 명량(鳴梁)에서 생사를 도외시한 분전으로 겁에 질린 부하들을 독려함으로써 기적 같은 승리를 거둔다. 다함이 다가와도 애국의 견지에서 반드시 승리한다는 희망을 잃지 않았던 장군의 근본 됨됨이 천성의 진면목을 보게 된다고나 할까. 그렇게 조선 수군은 왜군의 서해안 진출을 틀어막음으로써 전쟁의 일대 전기를 이끌어 냈던 것이다.

신대륙 발견으로 유명한 콜럼버스(Christopher Columbus, 1450~1506)는 지구는 둥글 테니까 서쪽으로 계속 항해를 하다 보면 언젠가는 세계를 한 바퀴 돌아서 인도에 닿을 수 있으리라 굳게 믿었으며, 당시 지중해를 점거하고 있던 오스만 제국을 거치지 않고 교역과 거래를 할 수 있을 것이라는 희망을 키웠고, 여러 곡절 끝에 마침내는 스페인의 이사벨 1세 여왕의 후원을 받게 되어 1492년 8월 3일 스페인 카디스를 떠나 3달 뒤인 10월 12일 지금의 바하마제도에 상륙하여 이미 존재하고 있는 대륙이었지만 당시의 유럽인의 세상 안목으로 볼 때는 기존의 세계지도에 새롭게 추가하여 그리게끔 된 또 하나의 새로운 신대륙을 발견한 쾌거로서 세계사에 빛나는 탐험의 업적을 이루었던 것이다.

'아는 것이 힘이다(Knowledge is Power).'라는 격언이 있다. '아는 것'에

'희망'을 대입해 보면 표제의 '희망은 힘이다(Hope is Power).'가 된다. 그렇다. 누구나 희망을 갖게 되면 그 희망을 달성하려는 의욕이 생긴다. 의욕이란 에너지가 생긴다는 말이다. 무릇 에너지는 목표에 다가가거나 달성하는 힘이 된다. 희망을 가져 본 사람들은 다들 그러한 경험을 해 보았을 것이다. 위에서 언급한 것처럼 나도 그러한 경우를 경험했음은 물론이다.

꽃밭의 꽃들이 뿌리를 내려 땅에서는 흙으로 연결되어 있듯이 마음밭의 마음도 연결되어 있으니 뿌리가 아닌 망(罔)인 네트워크로 연결된다. 연결로 강해지는 속성을 발휘한다. 말하자면, 희망은 '믿음'이나 '사랑'으로 연결된 구조다. 위의 세 사례를 보면, 세종대왕은 애민(愛民)하는 백성 사랑에서 희망이 싹텄고, 이순신 장군은 애국(愛國)하는 나라 사랑에서 희망이 싹텄는가 하면, 콜럼버스는 지구는 둥글다는 믿음에서 인도 탐험의 희망이 싹텄던 것으로 보인다고 풀이된다.

이 세상에서 나이를 불문하고 희망을 갖는 것은 좋은 것이다. 삶의 과정에서 새로운 힘이 생겨나기 때문이다. 허나, 장미꽃에 가시가 있듯이 과도하거나 비이성적인 희망은 달성 난망하여 절망의 나락으로 떨어지는 위험 요소도 있음을 유의하여야 할 것이다. 희망은 힘이기 때문에, 칠순이 되니 생이 다할 때까지 사는 사람으로 시(詩)를 써 보자는 새로운 희망을 지펴 보게 된다.

두릅 순 따기

아내의 병을 케어하기 위해 시작된 가평살이가 금년으로 3년째가 되었다. 휜소한 서울도시를 벗어난 가평살이는 시골풍의 가평살이답게 나에게 철 따라 새로운 첫 경험을 많이 하게 해 주었다. 그리고 가평살이를 하다 보니 나는 저절로 그러한 경험을 나이 들어가는 나의 삶의 한 패턴으로 즐기게 됐고 그래서 더욱 즐겨 왔다고 생각된다.

잠자던 겨울이 가고 만물이 기지개를 켜는 새봄이 오면 이곳 가평에선 으레 새로이 돋아난 두릅 순 따기도 하게 되는데, 두릅 순 따기를 해 보는 것도 나의 그러한 경험 가운데에 당연히 포함됨은 불문가지(不問可知)이다.

삶아 데쳐진 두릅 순을 초고추장에 찍어 먹는 약간 쌉싸름하고 상큼한 그 맛은 언제부턴가 봄의 참별미로 나는 느껴지게 됐었고 그러한 두릅 순은 경동시장 등에서 구입해 집에서 데쳐서 먹었거나 한식 음식점에서 한식을 먹다가 맛본 것이 드문 전부였었는데, 가평에서 두릅 순을 직접 따서 먹어 본다는 게 특이한 체험으로서 퍽이나 좋아졌던 것이다. 헌데, 4월이 됐으니 바야흐로 그러한 두릅 순 따는 철이 온 것이다.

오늘은 하순인 4월 24일 수요일이다. 오늘 밤 늦게 비가 온다는 일기예보가 있지만 낮의 날씨는 그런대로 좋다. 열흘 만에 서울 아들 집에서 우리 내외가 가평의 우리 집으로 돌아온 날이기도 하다. 맞벌이인 아들 한해가 해솔이 손자 좀 봐 달라고 해서 우리 내외는 귀여운 우리 해솔이를 봐주고 돌아왔다. 열흘 전 집을 떠나기에 앞서 우리 행복마을 뒷산의 두릅나무 군락지를 살펴봤으나 아직 두릅 순이 나오질 않은 모습을 확인했었다.

지난 4월 12일 난 5년여 전부터 관여해 온 고향의 민간연구소인 '옥천향토문화사회연구소'의 연례행사에 참여하기 위해 고향 순창을 방문한 바 있었다. 옥천(玉川)은 순창(淳昌)의 옛 이름이다. 경향에서 모인 우리 향우들은 그날 옥천연구소의 순창사무소를 확대 이전하여 새롭게 개소함과 동시에 연구지인 『옥천문화』 제10집 발간 축하 및 세미나를 치른 뒤 오후엔 향토유적 탐방에 나섰던 것이다.

고려 말에 오늘날의 국무총리에 해당하는 문하시중을 지내면서 정몽주 등과 끝까지 고려를 지킨 옥천부원군 조원길 님의 묘지와 사당을 탐방하기 위해 어느 고을의 야산을 오르게 됐는데, 어떤 언덕배기에서 새순들이 솟아오른 두릅나무 군락을 보고 향우들 몇과 더불어 환호를 지르기도…. 새순 따기에 적당히 자라 있었던 것이다. 그러니 4월 중순이면 남부 지방에선 두릅 순 채취가 가능하였으나 내가 살고 있는 가평은 아직이었던 것을 나는 알고 있었던 것.

차에서 짐을 내려놓고 옷을 갈아입고 장화를 신은 후 간단한 비닐봉지와 호미를 들고 곧장 우리 행복마을의 뒷산의 두릅나무 군락지를 찾았다. 역시 예상한 대로 부지런하고 발 빠른 누군가가 먼저 두릅 순을 따 간 뒤였다. 잔가시가 난 거무죽죽한 두릅나무들 끄트머리마다 새순이 잘려 아린 듯 진물을 내는 모습들이 여기저기 눈에 들어왔다.

국유림에 있는 두릅나무 군락지의 새순은 대규모의 판매용이 아닌 소량의 자급용이면 먼저 따는 현지 사람이 임자라는 관행이 이곳에서는 있어 왔다고 한다. 올해엔 가평에서의 두릅 새순 따는 것을 놓칠 것만 같은 불안감이 서울에 머물면서 자주 들었다. 새순 따는 시기가 바짝 다가오고 있는데도 해솔이 손자 케어하느라 우리 내외가 때맞추어 가평에 내려갈 수가 없었기에 말이다.

둘째 해인 작년에는 시기를 잘 맞췄기 때문에 우리 식구가 먹기에 족한 정도로 상당량의 두릅 순을 딸 수 있는 행운을 가졌었다. 첫해엔 두릅 순 따는 시기를 지나서 7월경 가평집에 이사 왔었기에 딸 수는 아예 없었고 그 대신에 이사 온 후 시간 나는 대로 피톤치드도 마시며 휴식을 취하려고 마을 뒷산에 올라가는 짬을 이용하여 두릅나무 군락지를 열심히 익혀 놓았던 것이다. 그 덕에 작년의 두릅 순 따는 것에 상당한 도움이 됐었던 것.

올해엔 작년의 경험도 있고 해서 두릅 순 따내는 시기를 맞추려고 했으나 예기치 못한 손자 보는 일정이 생기게 되어 차질이 생겨 버린 것이니 어쩔 수가 없었다. 그래도 남겨진 게 없나 하고 공들여 찾아보니 손이 닿기 힘든 가시덤불로 둘러싸인 한두 군데가 저 멀리 보였다. 힘겹게 들어가 가까스로 두어 개 두릅 순을 따냈다. 두릅 향도 느껴졌음은 물론이다. 약간 땀까지 나는 참 힘들었지만 그래도 따냈다는 가벼운 희열감이 났다. 다행스러웠다고나 할까.

잘 아는 두릅나무 군락지의 소득은 이것으로 만족하기로 하고, 이 왕지사 푸르름으로 치장하기 시작한 뒷산에 들어왔으니 다른 곳을 더 둘러보고 내려가는 것이 좋을 것 같아 경사지고 덤불진 험지의 골짜기를 몇 곳 힘들게 헤쳐 나가 보았다. 그나마 가끔씩 보이는 산벚꽃의 흐드러짐이 나를 진정시켜 주는 듯했다.

군락지는 아니지만 몇 두릅나무가 한두 그루씩 산재(散在)해 있는 곳이 나타났다. 지성이면 감천이라 했던가. 감지덕지한 마음으로 호미로 가지를 가까이해 두릅 순을 땄고, 어느 곳에서는 운 좋게도 순이 올라온 엄나무도 보여 개두릅이라는 엄나무 순도 같이 땄다. 굵은 가시가 위협적인 엄나무는 호미 연장을 이용해 조심을 더욱 기울여 순을 따기도 했다. 그러다 보니, 작년의 양에는 훨씬 못 미치는 작은 비닐봉지 절반 정도 찬 듯해 점심시간도 다되고 해서 지쳐서 집으로 돌아왔다.

점심을 먹고 나니, 다른 곳으로 한 번 더 다녀오면 어떻겠냐고 아내가 말했다. 작년의 양엔 훨씬 못 미치니 아내가 그렇게 말했던 것이다. 소득은 신통찮겠지만…, 점심이 들어가니 몸에 에너지도 돌아서 기꺼이 아내의 청을 들어주기로 했다. 오전처럼 복장과 장비를 챙겨 다른 골짜기를 올라가서 능선을 타고 내려오니 오전의 군락지만 못해도 운 좋게도 몇 그루 무리 진 두릅나무들이 보였다.

이곳은 좀 외진 곳이라 미처 지나간 사람이 없었던가 보다. 두릅나무들이 연녹색의 새순을 그대로 달고 있었다. 갑자기 기분이 업됐다. 기분 좋게 양질의 두릅 순을 따서 봉지에 담고서 몇 곳을 더 훑었더니 오전처럼 개두릅의 엄나무 순도 딸 수 있었다. 작은 비닐봉지가 거의 찼다. 그러고 보니, 오히려 오전보다 소득이 나은 것이다.

그래도 작년의 경우엔 못 미쳐서인지 아내의 채근에 따라 저녁 무렵 아내가 별도로 섭외해 놓은 음식점을 같이 들러 그곳 울타리를 지키고 서 있는 엄나무들에서 진녹색의 순인 개두릅 한 비닐봉지를 땄던 것. 그러고 나니 아내가 어느 정도 만족한 수준이 됐는지 조용한 미소를 짓는 게 아닌가. 이렇게 해서 나로선 금년의 두릅 순 따기의 일은 종료됐다. 이제 아내가 내가, 우리들 식구들이 먹기에 좋게 두릅요리를 해 나갈 것이다. 작년에도 했던 것처럼 말이다.

이러한 참두릅인 두릅나무는 산형화목 두릅나무과에 속하는 갈잎떨기나무로서 원산지는 한국, 중국, 일본, 러시아 북동부이고 학명은 'Aralia elata (Miq.) Seem'이다. 한자로는 '총목(摠木)'이라고 하고, 또한 'Japanese angelica tree'라 부르기도 한다. 두릅나물은 '나무 머리에 달린 나물'이라는 뜻으로 '목두채(木頭菜)'로 그리고 너무 맛있어서 말이 필요 없으니까 입을 꼭 다물라는 입술 문(吻)자를 써서 '문두채(吻頭菜)'라고도 부른다. 봄 두릅은 몸에 활력을 주고 피로를 풀어 주며, 우수한 단백질과 비타민A, 비타민C, 칼슘과 섬유질 함량이 높아 산채의 왕자라고 불릴 정도로 귀하게 여긴다고 한다.

높이는 3~4m로서, 줄기는 곧게 자라고 작은 가시가 많이 나 있으며, 잎은 어긋나고 날개깃처럼 2번 갈라진 겹잎으로, 잎줄기와 잔잎에도 가시가 많고, 잔잎은 난형이며 가장자리에는 큰 톱니들이 있다. 꽃은 흰색이고 8~9월에 가지 끝에 산형꽃차례를 이루어 핀다. 꽃줄기에는 짧은 갈색털이 있으며, 꽃차례 여러 개가 하나의 산형꽃

차례를 이루는 겹산형 꽃차례를 이루고 있다. 꽃잎 · 수술 · 암술대는 각각 5개로 구성되어 있고, 열매는 핵과이며 둥글고 검게 익는데 식용과 약용으로 쓰이고 있다. 참고로 꽃말은 애절과 희생이다.

해발 100m~1,600m의 산기슭 양지쪽이나 골짜기에서 잘 자라나는 특성이 있다. 즉, 토심이 깊고 습윤이 적합한 곳에서 잘 자란다. 번식은 뿌리를 이용한 근삽법이 용이하다. 9월에 채취한 씨앗을 봄에 뿌려 재배하기도 하지만 발아율은 낮은 편이다.

또한, 가지는 그렇게 많이 갈라지지 않아 전체적으로 듬성듬성하며, 싹을 보호하기 위하여 생긴 가시는 오래되면 떨어져 버린다. 요즈음에는 아예 처음부터 가시가 생기지 않는 민두릅을 산림청에서 개발하여 보급하고 있기도. 인공 재배할 때 가시가 없으면 훨씬 취급이 쉬워지기 때문이다. 나아가, 두릅 중엔 땅에서 캐는 땅두릅이 있는가 하면 엄나무 순을 개두릅이라 부르기도 한다.

이번에 내가 딴 것처럼, 4월에 새순이 나와 활짝 펼쳐지기 전에 따서 삶은 다음 위에서 언급한 것처럼 초고추장에 찍어 먹는 것이 보통인데, 맛이 좋아 상품(上品) 산채 중의 하나로 꼽힌다. 새순은 특히 춘곤증 예방에 효과가 있는 것으로 알려져 있다. 봄과 가을에 뿌리를 캔 다음 껍질을 벗겨 햇볕에 말린 뒤 달여 마시면 기침이 심하게 나거나 소화가 잘 안 될 때 특히 용한 효과가 있다고 한다. 그리고 성숙한 잎과 열매는 류머티즘성 관절통, 비만과 관련된 진성 당뇨병, 위염 등을 치료하는 데 약으로 쓰이며 백내장을 예방하는 효과도 있는 것으로 보고되어 신약 개발에 잠새성이 높은 식물로도 평가받고 있다.

드디어 저녁을 먹게 됐다. 아내가 삶아 데친 연녹색의 두릅을 담은 접시에 빨간 초고추장을 함께한 저녁상을 차려 왔다. 상에서 물씬한 봄 냄새가 났다. 참두릅과 개두릅 순이 풍미를 더하기 때문이리라. 이럴 때 소주 한 잔의 생각은 애주가에겐 당연한 것 아닌가. 나는 소주 한 잔을 마시면서 아내에게도 약간만 입을 축이게 했다. 그러고는 내가 따고 아내가 살짝 데친 초고추장에 찍은 두릅 순을 한입 가득히 안주로 먹었다. 쌉싸름하고도 신선한 두릅의 향기가 혀끝에서 감돌더니 봄의 향기로 온몸을 향기롭게 하는 그윽한 분위기에 젖게 됐다.

오늘의 피로가 개운하게 싹 가셨고, 몇 잔을 들이키니 무한한 행복감에도 젖어든다. 아내도 나처럼 두릅을 먹어 보면서 맛있다는 말을 해 댄다. 특히나 자기가 삶아 잘 데쳤기 때문에 더욱 기막히다고…. 우린 오늘 딴 두릅으로 인해 오랜만에 정말 맛있고 소중하며 기억에 남을 만한 황홀한 저녁을 했던 것이다, 작년에도 그랬었던 것처럼.

"앞산에 비가 개니 살찐 향채 캐 오리라.
삽주, 두릅, 고사리며 고비, 도라지, 으아리를
절반은 엮어 달고 나머지는 무쳐 먹세.
떨어진 꽃 쓸고 앉아 빚은 술로 즐길 적에
산채를 준비한 것 좋은 안주 이뿐이다."

라는 우리 조상들이 즐겨 불렀다던 농가월령가(農家月令歌)의 어떤 한 대목이 그윽이 생각날 정도로 말이다.

예나 지금이나 두릅은 이처럼 상술(上述)한 궤와 같은 산채의 왕자다.

봄의 따사로움이 대지에 퍼질 즈음, 물에 살짝 데친 두릅나무 순을 빨간 초고추장에 찍어 흠뻑 한입에 넣어 보라. 향긋하고 쌉쌀한 맛이 입 안 가득히 퍼져 나갈 때의 그 기막힌 느낌을 여러분들은 아마 잊지 못할 것이다. 정다운 임이 손수 따라 주는 이화주(梨花酒) 한 잔이라도 곁들여진다면 나라님 부럽지 않을 것임은 두말하면 잔소리가 될 것이려니.

헌데, 두릅나무 순은 사람뿐만 아니라 초식동물들도 좋아한다. 그래서 두릅나무는 오랜 세월을 살아오는 동안 나름대로의 대비책을 세워서 새순이 붙은 작은 가지마다 날카로운 가시를 촘촘히 박아 놓았는지도 모르겠다. 덕분에 자손을 널리 퍼뜨려 수천 년을 무사히 이어 왔다고 생각된다. 그러나 수난의 역사가 시작된 것은 그리 오래되지 않았으니…. 요즈음 자연식품이 건강에 좋다는 이유가 회자되자 새싹이 남아나질 않아서다.

싹을 내밀자마자 잎을 펴 볼 틈도 없이 어떤 인간들에 의해서 싹둑싹둑 잘려 나간다. 저장한 양분으로 다시 한 번 싹을 내밀기 위해 안간힘을 써 보지만 두 번 세 번 싹둑질을 당하면 목숨을 부지할 방법이 없을 것이다. 봄날의 산골 등에 시목(屍木)이 가득함을 보게 된다. 이러다가 자칫 식물원에 가야만 두릅나무를 볼 수 있는 날이 오지 않을까 두렵기도 하다. 어쩌다 보니 나도 그러한 죄를 저지른 패거리에 속하고 만 것 같아 한편으론 입맛이 써지기도 한다. 행복마을 뒷산에서도 오늘 그러한 슬퍼지는 모습들을 보고 왔으니 말이다.

허나, 그래도 두릅 순 따기는 즐거운 일로서, 두릅 순으로 인해 아내도 기분이 모처럼 업된 상태가 되었으니 나로서는 또한 오늘따라 적이 기쁜 것이 사실이다.

또 우산을 놓고 왔네

"또 우산을 놓고 왔네."

"뭐, 무슨? 또 우산을 놓고 왔다고요?"

"그렇게 됐어…."

"벌써 몇 번째야? 당신, 이제 치매가 된 거 아냐?"

며칠 전 어떤 서울 모임 다음 날 아침에 나눈 아내와의 어떤 대화이다.

모임이 있던 날. 그날의 일기예보를 검색해 본 아내는 저녁부터 서울엔 비가 온다고 하니 우산을 꼭 가지고 가야 한다면서 나에게 친히 우산을 챙겨 주었던 것인데, 그만 그 모임의 자리에서 가지고 나오질 못했던 것이다. 비를 맞으면 이제 나이 들어가는 나의 건강에 매우 좋지 않다는 아내의 은은한 사랑을 담아서 챙겨 준 우산이었으니, 내가 큰 실수를 저질렀다고 봐야 할 것이다. 우산 분실하면, 과거에도 죄 많은 전력의 나로서는 아무리 생각해 봐도 잘못한 것이니 입이 열 개라도 변명의 여지가 없었다. 잠깐만이라도 더 좀 잘 챙기자고 자신을 채근했으면 그러한 일은 생기지 않았을 테니까 말이다.

그날 어떤 모임은 전주신흥중(全州新興中) 출신의 동기 동창 소모임으로 내가 작명한 '다흥회(多興會)'였다. 반세기여 전에 다녔던 모교인 전주신흥중학교의 위치가 전주시 다가동(全州市 多佳洞)임을 잊지 말자고 다가동에서 '다(多)'를, 신흥중에서 '흥(興)'을 취해 작명했다는 취지 설명을 했더니 몇 년 전 교우(校友)들이 선뜻 찬성해서 그렇게 지어진 것으로 분기별로 5, 6명 정도가 모였었다.

때론 동부인해서 교대역 근처 음식점에서 주로 저녁녘에 만나 담소하며 한 3년 정도 우정을 나누기도 했었으나 어떻게들 시들해졌는지 근 2년 동안은 서로들 기별이 통 없이 지냈던 것이다. 그러면서도 서로들 궁금해하던 차에 매사에 애착심이 강한 최종헌 교우가 연락을 취하여 이번에 다시 만나게 된 것.

사당동의 모임 장소인 어느 한식음식점에서 재회했다. 장용관, 최종헌, 한강수, 오공균 그리고 나 5명이 반갑게들 만났다. 만나면 으레 하듯이 소주나 맥주를 마시며 그간 궁금했던 이야기꽃을 한참 피웠음은 물론이다. 헌데, 우산 지참자는 나뿐이었다. 서울이나 서울 인근에서 거주하던 그들은 맑은 날씨니 비 걱정은 없었고 더군다나 비 올 기미도 보이질 않으니 별도로 거추장스러운 우산 챙기기는 필요가 없었던 것이리라.

상경해서 살펴보니, 서울 지하철 안이나 거리를 다니는 많은 사람들 중 눈에 띄는 우산 지참자는 드물어서 손을 꼽을 정도였다. 요새는 저녁을 먹기 위해 여느 음식점에라도 들를라 치면 이용객 다수가 우리보다 훨씬 젊은이들 천지요 술판이어서 칠순의 우리 또래는 참석하기에 좀 거시기한 경우가 많았었는데, 그 음식점은 홀도 꽤 넓고

북적거리는 인파 속에서도 우리 또래로 보이는 층이 상당수 눈에 띄어 유유상종의 분위기가 느껴져 상당히 맘에 들었다.

좀 구석진 창가에 예약 배정된 우리는 앉아 즐겁게 담소하며 소주잔을 부딪치며 마셨는데, 나는 말아 놓은 우산을 탁자 밑의 발치에 가만히 두었다. 그리고 음주하면서도 마음속으로 챙긴다고 다짐을 했었지만 가평 유명산행 막차를 잠실역 부근에서 타야만 하는 시간이 임박해 오자 교우들한테 양해를 구하고 먼저 급히 나오는 바람에 챙기겠다고 수차 마음먹은 우산을 그만 깜박하고 말았다. 술이 거나하게 취한 것도 아닌데 순간 방심해서 탁자 밑에 놓은 우산을 내 기억 속에서는 정작 멀어지게 하고 말았으니, 허참, 애고 애고! 한심한지고….

잠실 방향의 2호선 전철을 타고 잠실역에 다 올 때쯤 해서야 뭔가 빠뜨렸다는 우산 생각이 번뜩 났다. 다시 돌아가서 가져오기엔 유명산행 버스를 놓칠 수도 있고 전화로 친구들 중 누군가가 좀 맡아 뒀다 다음 모임에 가져다 달라고 하기에도 번거롭겠다는 생각에 사회의 무명씨에게 기부했다손 치고 그냥 놔둬 버리기로 했던 것. 살면서 약간만 신경을 써도 괜찮을 것들을 번번이 놓치는 일이 반복되니 이거 아내의 말대로 나이 든 치매 환자라고 불릴 만도 하겠구나 하는 서글픈 상념이 뇌리를 아프게 때리기도 했다.

비 오는 날 우산을 받고 걸으면 어렴풋이 생각나는 게 있다. 60여 년 전 초등학교 다닐 때 고사리 학우들과 합동으로 연이어 크게 부르곤 했던 동요이다. '이슬비 내리는 이른 아침에 우산 셋이 나란히 걸어갑니다. 파란 우산 검정 우산 찢어진 우산, 좁다란 학교 길에 우산

세 개가 이마를 마주대고 걸어갑니다.' 윤석중 작사, 이계석 작곡의 초등학교 3학년 음악교과서에 실린 「우산」(1948)이라는 동요로 우리들 아버지 때부터 불리어진 정감 어린 추억의 노래다.

당시는, 모든 것이 넘쳐나는 현재와는 사뭇 달랐다. 지금처럼 풍요롭질 못했다. 두메산골의 시골에선 더욱 그랬었다. 모내기철이나 벼 베는 철이면 모내기나 벼 베기 하는 집에 아버지나 어머니가 하루 품을 열심히 파시고 부모님들이 그 집에서 제공하는 점심을 먹게 되는 것이 다반사인데, 초등 연령이 안 된 배곯은 자식들도 때를 맞춰 그 부잣집에 우르르 몰려가서 귀한 쌀밥의 점심 한 끼를 같이 때우는 것이 자연스러웠던 시절이었다.

학교를 가려면 십 리도 더 되는 동구 밖의 논두렁길이나 좁은 길을 둘둘 말은 책보를 둘러메고 고무신 차림으로 친구들과 모여 걸어 다녔었다. 하니, 비가 오면 아예 학교 가길 포기하거나 책보를 덜 젖도록 작은 팔로 배에 잔뜩 붙이기도 하면서 이슬비를 맞고 다니기도 했다. 학교에 도착해서도 수업을 받으면서 젖은 옷으로 인해 덜덜 떨 수밖에 없었다. 때론 어른들이 주로 이용하는 억새나 갈대로 만든 우장(雨裝)이나 갑빠라는 것을 고학년들은 걸치기도 했지만 비를 겨우 피하는 정도여서 금방 옷이 젖는 것은 오십보백보였다.

간혹 가다 보면 면소재지의 애들은 드물게 우산이라는 걸 받고 왔다. 말하자면, 우산이 있는 집은 당시로선 잘사는 집이었다. 그러니 풍족한 요새 아이들은 그 당시를 아무리 이야기해도 통 이해가 가질 않을 것이다. 위 동요 중 '찢어진 우산'이라니 무슨 해괴한 말인가. "찢어진 우산은 바로 버려야지 왜 쓰고 가지? …이상하네요. 우산을 받고 가다 세찬 바람에 찢어진 거를 그대로 쓰고 간 것이겠지." 할지도 모르겠다. 당시는 찢어진 우산도 귀한 세상이었으니…, 비가 오면 어딘가에 고이 보관해 둔 찢어진 우산을 살짝 꺼내서 위 동요에서처럼 요긴하게 이용했던 것인데도 말이다.

30여 년 전 처음으로 난 외국엘 나갔다. UNESCO의 아시아 · 태평양지역기구인 ESCAP 총회가 일본 동경에서 열렸는데 정부대표단에 포함돼 해외란 델 가게 됐던 것. 회의 참석 후 빈 시간이 있어 한 백화점을 들렀는데, 잡화점 코너에서 여러 가지 색의 예쁘고 앙증맞은 접는 우산을 발견했다. 나에겐 접는 우산이 신기했다. 내심 선물 걱정을 했었는데…, 몇 개를 사서 일본 다녀온 기념으로 어머님과 아내에게 선물했더니 예상한 대로 모두 마음 들어 했었다.

1980년대만 하더라도 우리나라에선 우산 선물이 그렇게 괜찮을 정도였던 것이다. 그리고 지금은 일기예보를 청취해서 출근하거나 외출 시 미리 우산을 지참하거나 우산을 챙기지 못했을 경우에는 지하철 내 가게나 가까운 슈퍼마켓에서 쉽게 우산을 구입해서 간단히 비 맞음을 피할 수 있지만, 지난 세기말경의 과거에는 그렇지를 못했었다.

그런가 하면, 비만 오면 신나는 사람들이 있었다. 어디선가 졸지에 나타난 우산장수들이다. 비교적 젊은 그들은 한 묶음의 우산을 팔품에 끼고 투명우비를 걸친 채 이리저리 부리나케 뛰어다니며 '우산 사세요!'를 외쳐 댄다. 거리의 사람들도 뛰다가 멈칫멈칫하다가는 많은 사람들이 사니까 금방 우산이 동이 나서 급조된 우산장수들의 얼굴에는 비 오는 날의 생각 못 한 횡재라는 듯 웃음과 희열이 가득하기도. 튼실하지 못하고 조잡해서 그냥 부서지기 일쑤였지만 값싼 맛에 순간 비를 피하고 보자는 일회용으로 사고도 팔았던 이심전심들이었던 시절이었다.

또한, 비로 인한 신나는 에피소드를 간직하는 사람들도 있었을 것이니. 대학 다니던 어느 이슬비 오는 날의 오후였다. 젊은 혈기에 무료해서 우산을 들고 우연히 혼자서 사직공원엘 갔었다. 헌데 벤치마다 네 발이 보이는 우산들이 보였다. 부끄러워서인지 큰 우산으로 몸을 완전히 감추었기에 얼굴들은 물론 볼 수가 없었다. 드러난 신발로 볼 때 남녀 한 쌍들이 분명했다.

쫑긋 귀 기울이면 정감 있는 나지막한 소곤거림이 들리고 숨죽여 긴 호흡을 하는 열락의 신음 소리가 새어 나오는가 하면 서로 꼭 끌어안고 미동도 하지 않은지 전연 소리가 없는 쌍도 있었다. 가만가만 곁을 걸어가도 빗소리 때문인지 전연 반응들이 없었다. 청춘 남녀들이 극에 달한 뜨거운 열정을 주체하질 못하고 뽀뽀나 한 몸 되는 포옹의 사랑을 나누는 것이리라. 그들은 꿈같은 비의 축복을 흠뻑 받은 것이니 아마도 그날의 비가 생애 내내 단비(sweet rain)의 신나는 에피소드로 추억 속에 길이 남아 있을 것이다. 정작, 그러한 운우지락(雲雨之樂)을 가능케 해 준 장본인인 우산의 큰 고마움은 모르면서 말이다.

빗속의 그러한 의외의 장면을 우연히 목격한 혼자인 나는 외톨박이의 야릇한 서러움이 솟아나 갑자기 차가워진 가슴으로 머리가 텅 비어 버렸었다. 그 후 사직공원을 지나치게라도 되면 그 옛날의 젊었을 때의 멋없는 추억이 되살아나 나도 몰래 허허 쓴웃음이 나오기도 한다.

요새 와서는 우산의 용도도 다양해졌다는 걸 실감하게 된다. 비 올 때만 쓰는 것이 아니라 눈이 많이 올 때에도 우산을 받쳐 드는 사람들이 많아졌다. 그리고 영정사진을 찍기 위해 사진관에라도 들르게 되면 까만 우산들을 공중에 걸어 놓고 조명발을 조절하기도 하는 것을 과거보다 훨씬 많이 볼 수가 있다. 또한 염천지절의 해변에선 뜨거운 햇볕을 차단하기 위해 즐비하게 늘어선 현란한 파라솔군(群) 등을 볼 수 있고 무더운 여름철의 대도시에서는 시원한 차림의 여인들이 쓰고 다니는 다양한 많은 양산들의 풍광을 볼 수가 있는데, 파라솔이나 양산도 기실(其實)은 우산에서 출발한 것으로 짐작된다.

헌데, 신사의 나라 영국인들은 비가 잦은 날씨라서 평소에도 우산을 지팡이 삼아 가지고 다니면서, 비가 오지 않은 날에는 바람에라도 날아간 잔디 위의 어린이 모자를 긴 우산대로 거두어 안전하게 전해줘 잔디를 보호하기도 한다는 우산에 관한 부러운 일화가 있기도 하지만, 현대에 들어와서는 우산이 공포의 대명사로 돌변한 그야말로 소름 끼치는 참혹한 사건도 보게 된다. 즉, 핵우산(核雨傘)이 그것이다. 자국 안보를 핑계로 투하된 원자폭탄은 푸른 하늘에 가공할 만한 핵우산을 만들어 순식간에 풀 한 포기도 남기지 않는 죽음의 검은 재로 뒤덮어서 인간 세상을 영원히 초토화시키지 않은가 말이다.

그러한 참혹한 예를 1945년 이웃 무도(無道)나라 일본의 히로시마와 나가사키에서 우리 인류는 보았던 적이 있다. 그러한 핵우산은 우리 인류를 공멸(共滅)시키는 크나큰 재앙일 뿐이기에 재조(再造)되어서는 절대 안 되는 현대 인류의 목록 제1호에 속하기에 충분한 것이다. 비 맞음을 피하고 막기 위해 만들어진 우산의 본디 개념을 저버린 핵우산은 우리 인류의 번영과 영원을 위해선 극히 위험하고 불필요한 존재 그 자체라고 판단된다.

우산 이야기를 하다 보니, 끔찍한 핵우산까지를 말하게 됐지만 그럼에도 불구하고 우리에겐 우산이 필요한 것은 불문가지이다. 눈 오는 날을 비롯해서 비 오는 날에는 꼭 지참해야 하는 현대인들의 일상 필수품이 됐기 때문이다. 나에게도 물론 마찬가지여서 그날도 나는 우산을 챙겼던 것인데, 우산 되가져오기에서 가끔 하곤 했던 실수를 그날도 범하고 말았던 것이다.

계속 그러다간 정말 치매 환자로 전락할지도 모르니 우천 시의 우산 챙기기와 집으로 되가져오기를 꼭 지키도록 하는 생활을 하리라고 다짐, 또 다짐해 본다.

모기장

요 며칠 전 세 번째 모기장 창을 갈았다. 가평 어비산자락의 내 집에서 말이다. 3년여 전 친환경 집을 지어 서울에서 이사 와 우리 내외의 가평살이가 시작된 아담한 새집이기도 하다. 아내의 폐암수술 후 5년간에 걸쳐 집중 케어해야 할 시설이 필요했기 때문에 딸 아들 내외와의 많은 상의와 이곳 설악에서 주택 등을 짓는 일을 하고 있는 안사돈의 조언 끝에 결국, 이곳 가평군 설악면 가일2리의 어비천이 흐르는 공기 맑은 곳에 새롭게 집 터전을 마련했던 것이다.

주위의 풍광이 수려하기도 하지만 집 지을 때의 짓는 과정에서부터 하나하나 자신의 뜻을 반영시킨 집이어서인지 새집 증후군 같은 것이 끼어들 틈이 없었고 아내는 그러한 새집에 매우 만족해 왔다. 그래서인지 다행스럽게도 아내의 병도 많이 호전돼서 건강한 모습이 이어지고 있으니 5년이 경과한 이후의 완치 판결을 조심스럽게 기대해 보는 중이다. 아내가 적이 만족해하고 나 또한 괜찮기 때문에 나도 아내와 다른 맘이 아님은 물론이다.

집 지은 후 아내의 친구들이 새집 구경 겸 방문해 온 경우가 더러 있었는데 그때마다 집 앞의 푸른 잔디밭과 하얀색의 나무울타리 등 주위 경관이 인상적이고 그림 같아서 멋있는 별장 같다며 호감들을 드러내기도 했다. 그들의 가식 없는 표정들에서 진심임을 읽을 수 있었다. 세상을 살아가는 사람들의 마음은 비슷한 것 같다. 우리 내외가 마음에 드는 집이니 비슷한 마음의 아내 친구들도 같은 생각들이었으리라. 첨엔 별장용으로 지은 집은 아니었지만 집을 보는 사람들이 자꾸 별장이라니, 별장 같다고 하니 지금은 우리 내외도 같은 값이면 다홍치마라고 그러려니 하는 행복한 망상(妄想)의 편린도 지펴옴이 사실이다.

헌데, 가평살이를 하면서 우리 내외가 새롭게 보람을 느끼게 되는 일들이 생겼으니…. 살다 보니 늘그막에 생각지도 못한 덤의 기분 좋은 선물이랄까. 그것은 우리가 묵고 있는 가평의 집이 다름 아닌 우리 손주들의 즐거운 새 놀이터가 됐다는 것, 바로 그것이다.

이사 온 첫해가 7월 초니 그해 8월 초라 기억된다. 새집의 방충망형 모기장에 생긴 첫 사연의 화두를 말하려고 꺼낸 이야기이다. 딸내외가 두 손자들을 데리고 가평 새집으로 두 번째 놀러 온 날이었다. 딸 내외는 오후에 곧잘 온다. 그날도 오후에 도착해서 손자들이 첫 번째 온 날처럼 잘 놀다가 사고를 친 것이다. 사고라고 말하기엔 과장된 표현이고 그저 작은 해프닝에 불과한 것이라고 말하는 것이 더 옳은 표현이지만 말이다.

방으로 들어와 좀 쉬다가 이내 눈에 보이는 잔디밭에서 놀고 싶은 마음이 급했던지 그만, 모기장을 열고 나가야 하는 걸 잊고 닫힌 그물막을 보지 못하고 순간적으로 뛰쳐나가려고 한 것. 새집에 새 그물막의 모기장이니 튼실하리라 생각했지만 그렇지를 못했다. 모기장의 얇고 가녀린 철 그물막이 강민이의 몸무게를 감당하지 못하고 아래쪽이 일부 찢기고 말았던 것이다. 다행히 강민이가 다치진 않았다.

설치한 지 얼마 안 된 거라 새로 바꾸기엔 좀 아깝고 애매해서 찢겨진 곳을 접착제로 살짝 때우고 엇나간 가장자리는 젓가락으로 쑤셔 넣어 사용해 보기로 하고 솜씨 좋은 마누라가 그것을 바로 해냈다. 그러곤 아내는 고친 모기장에 '망 주의'라고 눈에 띄게 크게 쓴 테이프를 붙이는 수고를 했다. 그 후에도 몇 번 손자들이 사고를 쳤지만 그런대로 수리해서 넘겼었던 것. 그렇게 해서 첫해는 보냈었다.

첫 번째 구경 온 날은 괜찮았는데 말이다. 그해 7월 중순경이다. 이사 온 가평의 새집을 구경 겸해서 두 손자를 데리고 딸 내외가 처음 놀러 왔었다. 점심 무렵이었다. 앞마당의 푸른 잔디를 보고 차에서 내리자마자 송민이와 강민이는 방으로 들어와 점심 먹을 생각은 않고 먼저 와아 하며 앞마당의 잔디밭으로 가는 게 아닌가. 마당에 깔린 푸른 잔디에 어린 손자들의 눈길이 자석처럼 이끌린 것이리라! 육중하고 우람한 벽들로 가득 찬 서울의 아파트 건물들만 보다가 시원하고 푸른 잔디밭이 눈앞에 펼쳐지니 순간, 가슴이 뻥 뚫린 듯 날아갈 듯한 기분이 됐던 모양이다.

한참을 소리도 지르며 물총놀이와 비눗방울놀이 등을 하며 둘이서 시간 가는 줄 모르고 잔디밭을 왔다 갔다 즐겁게 놀아 댔다. 뙤약볕인데도 무엇이 그리 재미나는지 잘들 놀고 정말 즐거운 모습이다. 그러한 모습을 바라보는 딸 내외의 얼굴에는 기쁘고 대견스럽고 흐뭇한 미소가 번지고 있었고 우리 내외도 한없이 기쁘고 대견스럽고 흐

못하긴 마찬가지였다.

지쳤는지 마당에 설치된 수도에서 땀을 씻는 세수를 하고는 방으로 들어왔다. 둘이서 이곳저곳 돌며 방들을 스캔하듯 신기하게 구경하고는, 놀아 대서 에너지 소모가 많았는지 아내가 준비해 놓은 점심을 부리나케 잘들 먹는다. 그러고선 피곤했던지 금세 낮잠에 들었다, 한숨 푹 자고선 일어났다. 그래도 또다시 마당에 나가서 뛰놀고 싶은 마음들이다. 만일 마당에 나가려면 반드시 모기장 문을 잘 열고 나가야 한다고 주의를 줬었다. 마당에 나가려면 현관문을 열고 나가거나 마루를 거쳐야 하는데 마루로 나가려면 큰 창문을 열고 나가야 했다. 창문에 설치된 모기장 문도 열고서 말이다.

그때는 오후라서 이미 문을 열어 놓고 문 끝에 모기장은 닫아 놓은 상태였고, 우리 내외는 손자들에게 밖에 나가려면 모기장문을 열고 나가라는 주의를 수차례 주어서 첨엔 잘 지켰다. 손자들도 놀면서도 조심을 해서 처음 구경 온 날은 다음 날도 탈 없이 푸른 잔디의 앞마당에서 계속 뛰노는 등 잘 지내고 귀경했던 것이다. 푸른 잔디밭 재미에 푹 빠진 둘째 강민이가 가기 싫다며, 더 놀고 싶다고 안쓰럽게 우는 떼를 좀 쓰긴 했지만.

이곳 가평은 지대가 높아 시원한 지역임에도 여름이면 산중이고 어비천이 있어서 그런지 유난히 벌레가 많은 것 같다. 밤에 불이라도 켜고 있으면 어디에서 모여드는지 갖은 벌레들이 다 달려든다. 특히 모기가 매우 많은 편이다.

말하자면, 모기는 파리목 모깃과에 속하는 곤충으로서 학명은 'Culicidae', 먹이는 열매, 식물의 즙, 동물이나 인간의 피다. 물웅덩이가 있는 숲과 들판, 인가 근처에서 서식하며, 황열병 · 말라리아 · 사상충증 · 뎅기열 같은 질병을 옮긴다. 성충은 약 1.5㎝로서, 몸이 길고 약해 보이는 다리와 길쭉한 주둥이가 특징이다. 암컷은 알을 성숙시키기 위해 동물이나 인간 혈액을 먹이로 한다. 알은 부화되면 유충인 장구벌레가 된 후 자라나 성충인 모기가 되어 우리 인간 등을 괴롭히는 곤충이 되는 것.

주위 집들을 둘러보면 사시사철 뭇 산세 감상용의 창들이 많고 이왕이면 산세 전체를 방에서도 훤히 볼 수 있도록 큰 창들을 곁들인 집을 지어 살고들 있다. 그 점에서 우리 집도 예외가 아니다. 그리고 모기향을 피우는 등 다른 방법들 쯤이야 있겠지만 여닫이창들이라면 반드시 모기장을 붙이게 마련이고. 극성인 모기떼들을 막기 위해선 이곳에선 그렇게밖에 할 수 없는 것 같다.

모기와 모기장 이야기가 나왔으니 말인데, 60년 전의 나의 시골 생각이 난다. 빼꼬마니 파란 하늘만 보이는 두메산골인 나의 고향의 여름철에도 불청객 모기떼들이 많았다. 무더운 여름철 낮에는 보이지 않던 모기떼들이 해가 떨어지면 어디선가 사람들을 향해 살그머니 날아들기 일쑤였다. 심한 경우에는 윙윙 소리가 들릴 때도 있었다.

소나 염소 등 짐승들에게도 날아드는지 꼬리로 파리 쫓듯 연신 모기 쫓는 경우를 허다히 볼 수 있었다. 어린 우리 또래 아이들은 밤이면 모기에 물릴까 노심초사했던 것. 모기에 물리게 되면 가려운 증상에 시달리곤 했는데 그 가려운 것은 그렇다 치더라도 어린 마음에 순간 붉은 피를 빨리는 것이 무엇보다도 무섭고 두려웠었다.

그러한 어린이들이 모기로부터 고생하는 걸 보고 어른들은 검불을 모아 불을 지펴 연기를 내서 모기들을 쫓아 주곤 했다. 요즘과 같은 방충망, 원터치 모기장, 모기장 텐트, 현관 모기장, 침대 모기장 등은 감히 상상할 수 없는 어려운 시대였기에, 더위를 피해 옹기종기 마당의 평상에 모여 앉아서 저녁을 마친 고향의 여느 가족들은 곁의 모깃불의 은총을 입어 까만 하늘에서 유난히 총총 빛나는 별들을 누워 보면서 할아버지나 할머니의 옛날이야기를 듣는 재미를 즐겼었다. 때로는 모깃불이 꺼지거나 시원찮으면 어른들은 어린애들에게 큰 부채를 휘둘러 시원한 바람도 내면서 모기들이 못 달려들게 하기도 했다. 이러한 원시적이지만 정감 어린 모습들이 어린 시절 내가 목격했던 고향 여름밤의 전형적인 정경들이었다.

초등 2년까지 나를 홀로 길러 주시던 어머님이 외아들인 나를 많이 가르치기 위해 서울로 돈 벌러 가셨기 때문에 그 후론 줄곧 나는 우리의 재산을 어머님으로부터 인계받으신 작은아버지 슬하에서 지내게 됐다. 다행히 정이 많으신 숙부모님의 조카로서 큰 사랑을 받으며 어린 시절을 보냈다. 지금도 모깃불을 피워 놓고 평상 위에서 밤잠을 잤던 숙부님 댁에서의 어린 시절이 가끔씩 추억의 테이프가 풀리듯 어렴풋이 생각이 나기도 한다.

헌데, 옆의 큰 집은 내가 묵은 작은 집과는 달랐다. 두메산골이지만 부자로서 삶의 수준이 달랐던 큰 집에서는 넓은 마루 위에 요즘의 텐트 모양의 커다란 하얀 모기장을 치고 모기 물림에서 해방된 채, 칠팔 명의 전 가족이 시원하고 편안한 여름밤을 보내는 모습을 초등 늦게서야 우연히 발견할 수 있었다. 요즘의 현대적인 모기장을 방불케 하는 것으로서, 어린 마음에 그러한 모기장은 처음 보는 것이었고 몹시 부럽다는 생각이 들었음은 물론이다. 운 좋게도 나도 한번 거기에서 잠잘 기회가 있어서 모기장 속에서 푹 단잠을 자 보았었던 별난 기억을 비밀처럼 갖고 있다.

그 당시는 여름이면 뇌염이 엄청 무서운 병이었다. 초등 선생님들은 뇌염은 걸리면 죽는 병인데 모기가 옮기는 병이니 절대 모기에 물리면 안 된다는 식의 엄포 교육을 해 대며 우리들에게 한 달 동안의 여름방학을 줬었다. 방학 중에도 어느 마을에선 이미 뇌염모기에 물려 죽은 학생도 있다는 끔찍한 소식이 들려오기도 했으니 밤만 되면 모두들 공포스럽기도 했던 시절에 무서운 모기로부터 안전이 보장되는 비싼 '모기장'을 치고 밤잠을 잔다니 얼마나 복 받은 사람들인가 말이다. 60여 가구의 우리 마을에 라디오도 단 한 집밖에 없었던 막막한 시절이었으니 대부분의 집에선 모기장은 사치품이어서 엄두를 못 냈던 그런 때였으니까….

가평에서의 첫해가 지나고 둘째 해의 여름철이 왔다. 첫해의 여름을 잘 보낸 기억을 갖고 있는 손자들에게 신나는 여름 시즌이 다시 온 것이다. 여름방학을 맞은 외손자 송민이가 동생 강민이를 데리고 푸른 앞마당에서 공차기 등을 하며 전년도에 이어 더욱 다양하고 강도 높은 놀이를 해 대서 하루에도 몇 번씩 샤워를 해 댔다. 방 안에서 마루의 방충망을 자주 오가다 그만 둘째 강민이가 모기장을 부숴 버린 것이다. 이젠 수리를 해도 안 될 정도여서 새롭게 방충망형 모기장을 교체했는데, 물론 다른 문의 방충망은 그대로임은 불문가지다.

이제는 친손자 해솔이도 형들과 어울려 노는 재미를 알게 된 것, 푸른 잔디 마당에서 셋이서 노는데, 나이가 한 살 터울인 강민이와 해솔이는 놀면서도 때로는 놀이가 지나쳐 다투기도 하고 싸우기도 하는 현상도 나타났다. 방에서 방충망의 문을 열고 서로 먼저 앞 잔디 마당으로 달려 나가려고 벼르는 것이다. 그러니, 새로 한 방충망이 얼마 안 가 흠이 가고 찢기기 시작하는 게 아닌가. 그래도 예전처럼 수리해서 쓰기를 계속하였다.

딸 내외나 아들 내외가 손자들을 데리고 가평 우리 집에 한 번 오면 3, 4일 정도씩 이어졌다. 거의 여름방학을 우리들 집인 할머니 할아버지 집에서 지낸 것이다. 그래도 새로운 모기장을 그런대로 썼으나 가을이 돼 단풍이 멋들어지니, 놀러 와 놀다가 강민이가 또 사고를 쳐 두 번째로 새 모기장으로 바꿔 달았다. 결국 두 번째 해에 두 번 모기장을 교체했다는 얘기다.

헌데, 금년 들어와서도 여름철이 오기 전인데도 한 차례 교체를 한 것이다. 한 한 달 전쯤이다. 아들 내외가 아들 해솔이를 데리고 여느 때처럼 놀러를 왔다. 그날 친손자 해솔이가 방에서 푸릇해진 앞마당에서 뛰놀고 싶은 나머지 마루로 나가면서 마음이 앞서서 그물막의 모기장이 닫혔는데도 그냥 뛰쳐나가다 모기장에 부딪혀 그물막이 배불러 버린 사고를 쳤던 것. 다행히도 손자는 멀쩡했는데, 그때 바로 아내가 간신히 원상복구를 시켜 놨었던 모양이다.

친손자 해솔이가 하얀 나무 울타리가 쳐진 앞마당의 푸른 잔디 위에서 자기 엄마하고 공차기하며 재미있게 뛰노는 창 너머의 재롱스런 모습에 얼이 빠진 나는 귀요미 손자한테 가까이 가 보고 싶은 마음이 불쑥 생겼던 것. 아뿔싸! 바삐 나가다 그만 모기장의 그물막이 찢기는 커다란 흠집을 내고 말았다. 해솔이가 사고를 낸 지 한 시간쯤 경과한 짧은 시점에서 말이다. 올해, 칠순이 되니 눈이 침침해지기도 했지만 급한 마음에 할애비로서의 체면을 구기고 만 꼴이 돼 버렸으니….

어찌 보면 갓 어린 손자와 애어른 할배가 순간 저지른 조심성이 결여된 최초의 공동 작품이었던 것. 임시 수리한 그날부터 그냥 지내다가 아들 내외가 돌아간 며칠 뒤 세 번째 모기장 교체를 위해, 작년에도 왔었던 방충망형 모기장 제작업체에 연락하니 집으로 금방 왔다.

"같은 모기장을 3년 만에 세 번씩이나 바꾸게 되다니, 이거 모기장이 원래 너무 부실한 거 아니요?"

나의 퉁명스런 말에 대해 그 업체 사장이 하는 생뚱맞은 말이 가관이었다.

"부실하긴요오? 자주 사고를 쳐서 한 해에 두 번 정도는 바꾸셔야 우리 같은 사람들이 먹고 살죠. 안 그래요오? 허허허…."

"…, 무슨? 허허허, 그런가요?"

같은 문에 딸린 창의 모기장을 세 번째 새로이 고쳐 달았다. 마루쪽의 그 문을 여닫으며 새로 바뀐 모기장을 볼 때마다 업체 사장과 나눈 대화가 자꾸 떠올라서 매양 쓴웃음을 지어 보곤 한다.

시산제

황금돼지의 해인 기해년 3월 9일 둘째 주 토요일은 우리 '경복45산우회'의 매월 치러지는 정기 산행일이자 시산제까지 겸하는 날이다. 이번 산행은 27대 집행부가 배턴을 이어받아 첫 번째 시행되는 산행이면서 회장인 내가 시산제의 제주(祭主)가 되는 산행이기도 하다. 헌데, 일원으로만 시산제에 참가해 온 터에 시산제의 주인공인 제주가 된다는 건, 고교 동기산우회의 산행에 뒤늦게 참여한 나로서는 좀 상상하기 힘든….

내가 시산제를 처음 접한 것은 우연으로서 2002년 행당동으로 이사 오기 전 18년 동안의 서초동살이에서 인근의 우면산 등산을 생활화한 덤으로 의외로 겪었던 것으로, 그날은 일요일이어서 좀 늦게 11시경 산을 오르고 있었는데 산정 못 미쳐 평평한 곳의 좀 넓은 터에 많은 사람들이 모인 가운데 하얀 한복 차림의 몇몇이서 무슨 의식을 치르고 있는 모습이 눈에 들어와 물어보니 시산제를 지내는 중이라고 한다. 신기해서 나도 무리에 동참하는 기분으로 조용히 지켜보았는데 묘한 장엄한 분위기가 느껴졌었다.

그때가 1월 중순경으로 기억된다. 대부분 서초구민으로서 우면산을 등산하는 사람들의 진솔한 뜻들이 모아져 연초에 시산제를 지내게 됐던 것이다. 그러한 의식은 매년 진행됐으나 나는 시간이 잘 안 맞아 그 후 별로 참석하진 못했었다. 그리고 상당한 시간이 흘러 고교산우회의 회원이 되자 3월이 되면 시산제에 종종 참여하게 됐다. 가장 최근의 시산제 참여는 이형렬 동기회총무와 함께 참여하게 된 북한산의 인수봉 밑 웅장한 잠수함바위 아래서 거행된 경복고총산우회의 지난달 24일의 시산제이다.

그간 경복고총산우회의 산행에는 한 번도 가 보질 못했는데 45회 동기 산우회의 회장이 되다 보니 한 번은 총산우회의 산행에 참가하는 것이 기본적인 도리라는 생각이 들어 참가했었는데 매우 잘했다란 생각이 든 것이다. 29회 선배에서 72회 후배까지 참가한 경복인으로서의 자존감이 더해지는 경복총산우회의 방대한 진면모를 알 수 있었기에, 더군다나 내년은 우리 동기의 졸업 50주년이 되는데, 50주년 행사의 일환으로 총산우회에서도 관행대로 우리 45회 산우회에 각별한 관심을 표한다니 말이다.

이처럼 해마다 새해가 시작될 무렵에 산악인들이 산을 지키고 보호하는 신에게 지내는 제사인 시산제(始山祭)에 대한 생각을, 배낭을 메고 집을 나오면서부터 줄곧 나름 더듬어 보면서 오늘의 시산제 잘 지내기를 한마음으로 기원해 보았던 것이다.

박찬용 산행대장이 이미 공지한 대로 산행 장소는 서울 인근의 역사의 얼이 서린 남한산성이다. 1차 집결지인 8호선 남한산성입구역 4번 출구에 예정 시간보다 30분 일찍 도착해 보니 반갑게 지정택 산우가 먼저 와 있고, 박 대장은 화장실에 볼일 보러 갔다고 한다. 집결 시각인 10시가 되자 여러 친구들이 갖가지 등산복 차림으로 삼삼오오 모여들었다. 서로들 반갑고 기쁜 얼굴로 수인사를 나누고 6번과 55번 시내버스를 타고 보통골동양공업사 정류장으로 향했다.

10여 분 후에 보통골에 마지막 내리니 시산제제수품을 준비한 이은우 총무의 부산한 모습이 보인다. 육중한 제수품을 이 총무 사모님이 손수 이곳까지 운전해서 가져왔단다. 금슬 좋은 부부인지고. 소인도 2년 전 총무 시절 제수품과 선물을 챙기느라 신경 쓴 일이 생각나서…. 무거운 제수품을 산우들이 나눠 자기 배낭에 각각 실었다. 고맙게도 송영찬 고문은 이 총무가 준비한 시산제 선물인 스카프와 양말을 산우들에게 일일이 나눠 준다.

대열을 정비한 20명의 산우들이 10시 40분경 보통골을 출발해 앞서거니 뒤서거니 산행을 시작했다. 서광사를 지나니 지난해 쌓인 낙엽들이 등산화 발에 푹신푹신한 감을 선사해 준다. 주위를 보니 눈망울 싹이 맺힌 작은 봄나무들이 시야에 들어온다. 이순(耳順)대를 마감하는 나이들이어서인지 천천히 걷는 모습들이다. 한참을 걸은 후 맥주로 목을 축이자는 박 대장의 제안에 좀 쉬면서 맛있게 맥주를 들이켜 박 대장의 짐을 줄여 주기도.

생각보단 가파른 코스가 이어진다. 어제까지만 해도 초미세먼지가 하늘을 뒤덮었는데 오늘은 말끔히 개서 우리의 산행을 도와주는 것 같았다. 두어 차례 휴식을 더 하고 한참을 걸었더니 능선길이 나온다. 광주시 망딕산(500.3m)에 이르니 12시가 다됐다. 당초의 계획대로라면 검단산정에 가서 시산제를 지내야 했으나 예정 시간보다 더

디게 진행돼, 망덕산에서 시산제를 지내자는 소리들이 나왔다. 중론에 따르기 했다.

12시가 넘어 망덕산의 적당한 곳에 시산제 자리를 잡았다. 여러 산우들의 협조로 '경복45산우회' 깃발을 설치한 후 깔개를 깔고 떡, 편육, 각종 과일을 차렸다. 간밤 늦게까지 만들었다는 김석태 전회장의 회심작 막걸리빵도 상머리에 놓는 등, 제사상이 어느 정도 마련되자, 이 총무의 사회에 따라 시산제가 다음과 같이 엄숙히 진행됐다.

개회식

(사회 : 총무 이은우)

- 제27대 김종박 회장님 인사 말씀 : 지금부터 단기 4352년 경복45산우회 시산제를 거행하겠습니다. 일동 차렷! 시산제에 앞서 순국선열 및 타계하신 가족, 친지 그리고 고인이 된 산악인에 대한 묵념이 있겠습니다. 묵념… 바로.

1. 강신(降神) - 초혼관(지천호 산우가 산행대장 대신함)

며칠 전 캄보디아 의료봉사로 피로 회복이 덜된 박찬용 산행대장을 대신해 지천호 산우가 초혼관을 대신하오니 지천호 산우는 경건한 마음으로 초혼문을 낭독하여서 산신령님을 모셔 주시기 바랍니다. 강신!

- 초혼문(招魂文) : (하늘을 우러러 보며) 지난해에도 경복45산우회의 모든 회원들이 무사하게 산행을 할 수 있도록 도와주신 산신령님께 감사드립니다. 또 기해년인 2019년에도 무사히 산행을 할 수 있게 도와주십사 하고 부족한 정성이지만 성심을 다하여 조촐한 제물을 마련하여 명산

의 정기 어린 이곳 남한산성 망덕산 기슭에서 신령님께 바치오니 신령님께서는 인간 세상에 내려오셔서 임재(臨在)하여 주시옵소서!

2. 참신(參神) - 다 같이

참신! 다 같이 절을 두 배하여 산신을 맞이합시다. 일동 재배!

3. 초헌(初獻) - 제주(산우회장)

초헌! 제27대 김종박 산우회장께서 산신께 첫 잔을 올리겠습니다. 잔을 올려 주십시오.

4. 독축(讀祝)

독축! 제주이신 김종박 회장님이 축문을 낭독하겠습니다. 축문을 낭독하여 주십시오.

- 축문(祝文) : 유~세~차. 대한민국 단기 4352년, 서기 2019년 기해년 3월 09일. 저희 경복45산우회 회원 일동은 이곳(경기도 광주시) 남한산성 망덕산에서 성산 기슭에 올라, 이 땅의 모든 산하를 굽어보시며 그 속의 모든 생육들을 올곧게 지켜 주시는 산신령님께 고하나이다. 산을 배우고 산을 닮으며 그 속에서 하나가 되고자 모인 우리가 매달 산을 오르니 이것을 어찌 작은 일이라 할 수 있을 것이며, 그 산행 하나하나마다 거룩한 산을 배우고 거룩한 산과 하나가 되는 기쁨으로 선기(仙氣) 충만하였으니, 아무 낙오자도 없이 안전하게 산행을 하게 해 주신 것은 자애로우신 신령님의 보살핌의 덕이 아니었다고 어찌 감히 말할 수 있으리오.

아무쪼록 바라오니, 배낭을 둘러멘 우리의 어깨가 굳건하도록 계속 힘을 주시고, 산과 골짜기를 넘나드는 우리의 두 다리가 지치지 않도록 계속 힘을 주시고, 천지간의 모든 생육들은 무릇 저마다 무위자연의 아름다운 뜻이 있나니, 풀 한포기 꽃 한 송이 나무 한 그루도 함부로 하지 않으며, 그 터전을 파괴하거나 더럽히지도 않으며, 새 한 마리 다람쥐 한 마리도 벗하며 지나고, 추한 것은 덮어 주고 아름다운 것은 그윽한 마음으로 즐기면서, 그러한 산행을 지속하는 '경복45산우회'가 되고 싶나이다.
거듭 비옵건대 기해년 한 해도 서로 역지사지하여 화합과 사랑이 듬뿍 넘치는 무사한 산행이 되도록 하여 주실 것을 엎드려 고하나니, 천지신명이시여! 오늘 우리가 준비한 술과 음식은 적고 보잘것없지만 이는 우리의 정성이오니 어여삐 여기시고, 즐거이 받아 주시고 올 한 해 우리의 산행 길을 굽어 살펴 주시옵기를, 절과 함께 한 순배 크게 올리나이다. 이 한 잔 술을 흠향하여 주시옵소서. 단기 4352년 서기 2019년 3월 09일 경복45산우회 일동

5. 아헌(亞獻) - 산우회부회장

아헌! 하삼주 부회장께서 두 번째 잔을 올리겠습니다. 잔을 올려 주십시오.

6. 종헌(終獻) - 전임 산우회장

종헌! 김석태 전임회장님이 세 번째 잔을 올리겠습니다. 잔을 올려 주십시오.

7. 헌작(獻酌) - 다 같이(개개인)

헌작! 다음은 헌작 순서입니다. 잔을 올리실 분은 차례로 잔을 올려 주시기 바랍니다.

8. 음복(飮福) - 다 같이(개개인)

음복! 모든 잔을 올렸습니다. 이제 철상하고 음식을 나눠 들겠습니다.

9. 소지(燒紙) - 제주(산우회장)

소지! 제주께서 축문을 태워 하늘로 올려 보냅니다. (산불 예방을 위해 생략하고 하산 후에 소지토록 하겠습니다.)

폐회식

이것으로 경복45산우회의 2019년 시산제를 마치도록 하겠습니다. 오랜 시간 동안 고생하셨습니다.

시산제는 위와 같이 30여 분 진행됐던 것. 중요 장면을 복기해 본다. 사회자의 주문에 따라, 회장인 나는 먼저 여러 산우 중 이번 산행에서 새로 얼굴을 보인 뉴페이스 김흥걸 가족부 전 차관을 소개한 후, 우리 모두가 거의 이순대의 마지막 해이니 산행을 잘해서 내년의 고희 산행 맞을 준비를 잘하자는 취지의 인사말을 했는데, 그 후는 식순대로 일사분란하게 진행됐다.

즉, 제주로서 나는 막걸리로 한 잔 산신께 올리는 초헌을 함과 동시에 미의로 봉헌금을 올렸고 축문을 낭독하면서 실로 진실된 마음으로 산신령님께 계속적인 우리의 안전 산행을 진심으로 빌어 보았다. 아헌, 종헌, 헌작 순서에서도 참석 산우들 모두가 정성을 담아 막걸리 제주(祭酒)를 올리면서 미의로 봉헌금들을 올리는 익숙한 모습들을 보여 줬다. 음복(飮福) 시간이 되자 밤, 곶감과 편육 먹기와 제주를 마시는 등으로 모두들 음복에 참여한다. 분위기를 살펴보니 그런대로 괜찮았었다는 표정들이다. 제주로서 다행이란 생각이 스쳤다.

이어 산행 중 가장 즐감 시간인 점심 식사! 제수품 마련에 애쓴 이총무에게 먼저 일제 박수를 치고서, 각자 지참해 온 음식에다 더불어 시산제 제수인 막걸리 등도 먹으면서 왁자지껄 환담하며 모두들 포만의 점심을 즐겼다. 무언 중 경복인(景福人)으로서의 공통적인 정을 느끼는 행복한 경복애(景福愛)를 유유자적 공유해 본다는 말이다.

저만치서 시산제를 받으신 푸른 하느님은 잔잔한 미소로 우리들을 굽어 내려다보시고 산속의 나뭇가지들이 가만히 흔들려지니 산에 영주(永住)하시는 산신령님도 족히 화답하시는 듯. 집 나오면서 오늘의 시산제가 잘되기를 기원한 나의 작은 기도를 다행스럽게도 그런대로 하느님과 산신령님이 들어주었다고나 할까….

근 2시간 가까이 머문 우리들은 자리를 원상대로 정리한 후 경복45 깃발을 들고 김인중 산우의 스마트폰에 20명 전원이 담긴 망덕산 시산제 기념 인증샷을 끝으로, 조심스럽게 화성사 쪽으로 하산하기 시작했다. 4시 정도 예정된 뒤풀이 시간을 맞추려면 아쉽지만 어쩔 수 없이 검단산 코스는 접어야 했기 때문이다. 우리는 하산해서 그냥 헤어지기가 아쉬운 점을 달래기 위해 산행에 참가하지 못한 산우들도 함께해 목을 축이면서 흥겨운 여흥을 즐기는 뒤풀이를 가져오곤 했었는데 오늘도 그러한 뒤풀이가 물론 마련되어 있었던 것.

오후 4시경 1차 집결지 건너편에 소재한 뒤풀이 장소인 「진주중화요리」 집에 도착하니, 용희주, 이용희, 뒤풀이를 제공하기 위해 달려온 이영노 산우들과 반갑게 조우했다. 영노 산우는 며칠 전 며느리를 본 경사가 있었기에 산우들에게 답례한다는 명분으로 우리 산우들을 또한 즐겁게 해 준 것이다. 다들 즐겁게 회식했다. 시산제 제수품으로 포식한 탓인지 뒤풀이 음식이 테이블마다 상당히 남기도.

그러자, 이 총무의 오늘의 산행을 종료한다는 선언으로 시산제의 3월 산행은 별고 없이 끝나게 되었다. 아직 귀가하기에는 이른 듯해 일부는 당구장으로 일부는 호프집에서 간단히 더 목을 축이고 헤어졌다.

이왕 말이 나왔으니, 27대회장을 맡은 소인의 입장에서 몇 가지를 말씀드리면서 회원 뫼벗 여러분들의 조언과 협조를 구하고자 합니다.

먼저, 회장은 부족하지만 헌신정신이 몸에 밴 박 산행대장, 열정의 이 총무, 내년을 기약한 하부회장으로 구성된 집행부가 뫼벗들을 위해 심부름을 다하기 위해 나름대로 노력해서 내년 50주년 행사의 산행에 조금이나마 도움이 되도록 하겠습니다. 그리고, 이순대를 마감하고 고희대로 접어드는 연령대임을 감안해서 부담이 덜 가는 둘레길도 2, 3회 산행지에 포함시키도록 계획을 하려고 합니다.

끝으로, 관행대로 상 · 하반기로 원행산행을 하고, 뫼벗들의 의견들을 들어 가능하다면 해외 산행도 한 차례 검토해 보려고 합니다. 감사합니다.

- 산행 참가자 : 박찬용, 이형렬, 이은우, 홍성만, 김석태, 김종박, 계기석, 박찬진, 박창서, 김영원, 송영찬, 하삼주, 최영효, 주정서, 지천호, 하욱, 김흥걸, 김인중, 조종열, 지정택(20명)
- 뒤풀이 참석자 : 용희주, 이용희, 이영노(3명)

엄나무와 자작나무

아내의 병 관리차 시작된 우리 내외의 가평살이가 세 해째가 된 지 몇 달 지났다. 공기 맑고 산자수려한 가평의 어비산 자락에다 친환경적인 집을 지어 우리 내외가 깃을 틀고 지내오면서 심심풀이로 조그마한 텃밭도 가꾸는 등 새로운 정(情)을 붙이다 보니 아내의 건강도 많이 좋아졌고 나의 건강도 여전히 양호한 상태로 지속되고 있다고 생각된다.

집 주위에 산과 내가 함께하니 자연 그들이 나의, 우리 내외의 벗이 되어 준다. 산에는 나무들이 살고 내에도 물과 더불어 냇가에 나무들이 살기에 더욱 그렇다고 생각된다. 다시 말하면 산과 냇가의 나무들이 진정한 나의, 우리 내외의 참다운 벗들이 되어 준다는 말이다.

산에는 소나무, 잣나무, 단풍나무와 같은 뭇 나무들이, 그리고 어비천 냇가에도 버드나무와 밤나무 등 여러 나무들이 싱그러이 자라나면서 지나가는 나를, 우리 내외를 손을 흔들며 늘상 반겨 주곤 한다. 그렇게 지내다 보니 우리 집 주위의 나무들에 자연스레 눈길이

가게 되고 자주 많이 눈길이 가서 속마음이 시원해지니 사랑스런 마음도 내 몸 안에 들어와 어느새 사뿐히 자리를 잡게도 됐다.

옷을 벗는 겨울이면 앙상한 가지만 보여 좀 안쓰러운 감이 들기도 하지만 자신의 멋있는 나신(裸身)을 그대로 보여 주는 거짓 없는 자태로 어떤 숭고한 모습들을, 그런가 하면 때론 하얀 눈으로 옷을 입은 크고 작은 군목(群木)의 모습들은 한(恨) 많은 인간 세상에 온통 뭇 치유천사(治癒天使)들이 내려온 모습으로 그야말로 평온한 천하의 장관을 펼쳐 보이기도 한다. 휜소한 서울 도심이 아닌 가평의 한적한 두메산골에서만 느끼고 맛보며 취할 수 있는 그윽하고 삼삼한 정취라고나 할까.

그러한 뭇 나무들, 사랑스런 나무들 중에서도 가평살이 중 유독 더 나의 관심을 끄는 나무 둘이 있으니 '엄나무'와 '자작나무'다.

먼저, 엄나무를 보자. 가평에 내려왔을 때 처음엔, 나의 눈에 잘 안 띄었었다. 닭백숙의 맛집으로 유명한 설악면의 어느 음식점을 들르게 된 적이 있었는데, 특유의 닭 냄새가 전연 나지 않아 물었더니 엄나무를 넣어 푹 고았다는 것이다. 그리고 탕으로 된 음식을 만들 때는 으레 엄나무를 넣어야 냄새가 제거되고 맛도 제대로 순화시키는 것은 음식점에서는 다 아는 불문율로 통한다는 얘기였다.

그 후 한식을 주로 하는 음식점에라도 들르게 되면 그 집 주위를 살펴보거나 도로에 접해 있는 음식점을 보게 되면 집 안뜰이나 울타리 등에 커다란 해묵은 엄나무들이 두어 그루 이상은 존재하고 있는 비밀스런 모습이 나의 눈에도 들어왔던 것이다. 식재료로 요긴히 쓰기 위한 것이리라. 약간 거무죽죽한 나무줄기에 위협적인 날카로운 가

시들이 돋아 있고 줄기와 가지 끄트머리엔 어린이 손바닥 크기의 진녹색의 손바닥 비슷한 이파리들이 무성한 모양새로 나에겐 귀중한 나무라는 인상이 들어왔었던 것이다.

식물도감을 보니, 엄나무란 두릅나무과에 속하는 낙엽활엽교목으로서 학명은 'Kalopanax pictus (THUNB.) NAKAI'이고 높이 25m, 지름 1m에 달하는 거목으로 군집성이 없는 수목이란다. 어려서는 내음성이 있어서 다른 나무 밑에서도 천연발아가 되어 자라다가 커 가면서 양광(陽光)을 요구한다. 토심이 깊고 비옥한 적윤지가 적지라 할 수 있다. 꽃은 산형화서에 황록색으로 6~7월에 피며, 열매는 10월에 검게 핵과(核果)로 익으나 순정종자가 적게 나타난다고 한다.

재질은 환공재(環孔材)로서 면재와 심재의 구별이 뚜렷하지 않으며 엷은 황백색에서 회갈색으로 된다. 결이 거칠고 무거우며, 광택은 아름다우나 갈라지기 쉽다. 가공성이 좋으나 보온성은 낮은 편이다. 기구재 · 가구재 · 조각재 · 건축재 · 악기재 등을 만들 수 있다. 새로 나오는 순은 너무 크기 전에 채취하여 식용한다고.

한방에서는 수피(樹皮)를 채취하여 약재로 이용한다. 약성은 평(平)하고 고미신(苦微辛)하며, 거풍습(祛風濕) · 활혈(活血) · 진통(鎭痛) · 소종(消腫)의 효능이 있는 것으로 알려져 있다. 풍습비통(風濕痺痛) · 신경통 · 요통 · 관절염 · 질타손상(跌打損傷) · 옹저(癰疽) · 개선(疥癬) 등에 사용하며, 대표적인 처방으로는 해동피산(海桐皮散) · 신선퇴풍단(神仙退風丹)이 있단다.

번식은 가을에 익은 열매를 채취하여 잘 정선하여 종자를 얻어야 되는데, 순정(純正) 종자의 양은 매우 희귀하기 때문에 수선법에 의하여, 완전한 종자만을 얻어서 마르지 않도록 하여 온상에 매장하여 두었다가 이듬해 봄에 산파하여야 발아가 잘된다는 내용이 눈에 들어온다.

그런가 하면, 귀족나물로 알려진 '엄나무 순'은 통상 개두릅이라고도 불리고 있는데, 각종 비타민과 무기질, 항암, 항산화 물질, 사포닌, 항균 성분들이 많이 함유되어 있어서 산삼나무라고도 불리고 있으며, 순 채취 시기는 지역마다 다르나 대체로 가평의 경우 이르면 4월 중순 이후이다.

또한, 엄나무는 예부터 귀신 쫓고 액을 막아 주는 나무로 알려져 왔으며 우리 조상들은 전통적으로 신목(神木)으로 받들며 방문 위나 대문 밖에 걸어 두는 가정의 액막이용으로 이용해 왔고, 엄나무를 마을 주위나 집 주변에 심으면 귀신이 피해 가고 병마도 범접치 못한다는 속설이 전해지고 있는 나무로도 유명하다. 헌데, 어떤 효능들이 탁월해서 예부터 한방의 귀중한 약재로 쓰여 왔고 심지어는 신목으로까지 받들어졌다는 말인지…?

첫째, 천식 및 기침의 개선이다. 엄나무에는 위에서 언급한 대로, 사포닌이라는 성분이 들어 있는데 사포닌은 기침이나 가래를 줄여주는 데 큰 역할을 한다. 그리고 엄나무 뿌리를 즙을 만들어서 마시면 천식이나 기침에도 좋고 면역력 향상에도 큰 도움이 된다. 미세먼지, 황사 때문에 기관지가 걱정되는 요즘에 더욱 좋을 것이다.

둘째, 통증 완화에 용하다. 엄나무 순은 통증 완화에도 효과가 좋은 것으로 알려져 있다. 근육통, 관절염, 신경통, 신허요통, 근육마비 등에 엄나무의 뿌리를 생즙을 내서 먹으면 좋다. 두껍고 무른 뿌리껍질은 토막토막 잘라서 갈고 생즙을 내서 꾸준히 섭취하면 좋고, 특히 신장의 기능이 허약해져서 나타나는 요통인 신허요통에 즉효라고 한다.

셋째, 항산화 효과가 탁월하다. 엄나무는 폴리페놀성 물질이 풍부한 것으로 알려져 있다. 페놀이라는 단어가 들어가면 그것은 항산화 작용을 하는 물질이란 뜻으로서 엄나무의 경우 새순일 때가 가장 함유량이 높단다.

넷째, 간염 예방에 좋다. 엄나무순은 간염 예방에도 효과가 좋다. 간경화의 초기나 만성간염일 때 엄나무의 속껍질을 잘게 썰어 말린 것에 물을 붓고 달여서 식사 중이나 식후에 하루 3번, 4~5개월 정도 복용하게 되면 80%는 치유된다고 한다. 잎을 달여서 차로 먹게 되면 효능을 더 빨리 볼 수도 있다. 간의 해독 작용을 도와서 간 기능을 향상시켜 주며 간을 보호하고 각종 간질환 예방 및 개선에 도움이 된다.

다섯째, 소염 작용이다. 엄나무는 강력한 소염 작용을 하여 체내의 각종 염증성 질환을 제거해 준다. 염증성 구강 질환, 여드름, 아토피 등의 질환을 개선하고, 관절염을 개선하는 데에도 매우 효과적이다.

여섯째, 당뇨 예방에 좋다. 엄나무는 뽕나무와 함께 당뇨치료제로 쓰인다. 엄나무 순에 함유된 헤더라게닌이란 성분이 바로 당뇨 치료제가 된다. 엄나무 새순에 이 항당뇨 성분이 풍부하게 함유되어 있다고 한다.

특히, 두릅과 비슷한 생김새를 가지고 있지만 두릅보다 더 많은 효능을 가지고 있다는 사실이 나로선 주목된다. 엄나무를 닭이나 오리에 넣어 먹는 이유는 잡냄새 제거 이외에도 엄나무가 말초신경의 순환 기능을 도와 팔다리가 저리고 마비되는 증상을 개선시키기 때문이라고 하니, 가시 달린 나무지만 나에겐 엄나무의 귀중성이 더 커지는 느낌이 든다.

다음으로 자작나무를 본다. 참나무목 자작나무속에 속하는 낙엽활엽 큰키나무. 아시아가 원산지로 한국의 강원도 이북과 중국 동북부, 일본, 러시아 등에 분포한다. 흰색의 줄기껍질을 특징으로 추운 지방에서 잘 자라는 나무이다. 학명은 'Betula platyphylla var. japonica (Miq.) Hara'이다. '백단(白椴)' 또는 '백화(白樺)'라고도 하며 줄여서 '자작'이라고도 한다. 하얀 나무껍질을 얇게 벗겨 내서 불을 붙이면 기름 성분 때문에 자작자작 소리를 내며 잘 탄다고 해서 자작나무라는 이름이 붙었다고 한다. 한약재로 사용하는 나무껍질은 화피(樺皮)라고 부른다.

그리고 키는 20m에 달한다. 수피는 흰색이며 수평으로 벗겨지고 어린가지는 점이 있는 붉은 갈색이다. 잎은 길이가 5~7㎝인 삼각형의 난형으로 끝은 뾰족하고 가장자리에는 톱니가 있으며, 잎자루는 길이가 2㎝ 정도이다. 꽃은 4, 5월경에 암꽃이 피며 같은 시기, 같은 그루에 수꽃이 긴 미상꽃차례를 이루며 잎보다 먼저 핀다. 열매는 9월에 익는데, 좌우로 넓은 날개가 달려 있다. 열매가 달리는 원통형의 자루는 길이가 4㎝로 밑으로 처진다. 한국에서 자라는 같은 자작나무속(屬) 식물로 좀자작나무 · 박달나무 · 고채목 · 거제수나무를 비롯한 10여 종(種)이 있다. 도시 공해에는 매우 약한 편이다.

수피는 지붕을 덮는 데 사용하며, 목재는 단단하고 치밀하여 가구,

농기구 및 목조각을 만드는 데 사용한다. 해인사의 팔만대장경은 자작나무와 박달나무 같은 것으로 만들어졌다고 한다. 스웨덴 · 핀란드 · 소련 등에서는 자작나무가 임산자원으로서 중요하다. 핀란드식 사우나탕에서는 잎이 달린 자작나무 가지로 팔 · 다리 · 어깨를 두드리는데 이는 혈액순환을 좋게 한다고 한다. 나무의 즙은 자양강장과 피부병에 쓰인다.

또한, 자작나무는 무리 지어 있는 것이 멋있는데 백두산 원시림의 자작나무 숲은 흰색의 수피로 장관을 이루는 것으로 유명하단다. 최근에는 강원도 인제군 원대리 자작나무숲이 잘 알려져 있기도 하다. 1974~1995년까지 자작나무 69만 그루를 조림하여 만들어진 국유림으로 관광객들을 위해 2012년 개방되어 제1코스에서 제7코스까지 자작나무숲 탐방로가 개설된 자연생태관광지로 운영되고 있는 신비로운 곳이다.

이와 같은 자작나무를 나는 외국에서 처음 보았다. 15년 전 공무원 신분의 마지막 해에 연수차 동료 공무원들과 여름에 러시아 등을 방문할 기회를 가졌었는데, 극동러시아 시베리아에서 장거리 철로를 이용하여 서부 쪽으로 가는 중이었다. 이국정서에 취해 무심코 창밖을 보니 큰 키의 가녀린 하얀 나무숲들이 몇 시간이고 계속 이어지는 게 아닌가. 한여름에 하얀 벽의 연속이었다. 그런 무리 진 하얀 나무는 처음 보았고 미끈하게 멋있고 나의 마음까지도 하얗게 순화되는 감동을 주어서 물으니 자작나무라고 한다. 온통 하얀 나무들! 저렇게 하얀 나무로 된 숲들도 있단 말인가…. 그 당시 하얀색의 나라[白國]로 강한 인상과 충격으로 나에게 박혀 버려서 그 후 러시아하면, 동부하면 하얀 자작나무가 연상되기 일쑤였던 것.

3년 전 아내의 병 케어차 내려온 강원도와 가까운 이곳 가평에서 꿈에서도 그리던 그러한 하아얀 자작나무를 보게 될 줄이야! 하얀 나무줄기의 미끈한 자작나무, 15년 전의 러시아에서 보았던 그 자작나무가 맞았다. 우리 한국에도 그러한 자작나무가 있었는데에도 나는 분포 지역이 아닌 호남 지방에서 자랐기에 볼 수 없었고 우리나라에는 없는 수종(樹種)으로만 잘못 알고 있었던 것이다.

가만히 보니 우리의 집 주위 산에도 거리상 떨어져 있는 편이지만 상당히 자라고 있었고 어비산을 깊숙이 올라가 보니 하늘을 찌를 듯한 제법 수령이 들어 보이는 하얗고 통통한 자작나무 군락이 멋있게 펼쳐진 곳도 있고 여느 골프장 입구나 골프장 안에는 관상용으로 제법 굵직하고 반듯한 자작나무들이 심겨져 눈길이 가는 관상의 운치를 더해 주거나 펜션 쉼터 등 휴양지에도 입구 등에 하얀 자작나무들이 곱게 심겨져 찾아오는 손님들에게 깊은 인상을 주는 곳들이 보여오기 시작했다. 이곳 가평 사람들은 이미 하얀 자작나무들을 그들만의 관상용으로 보전해 오고 있었던 것이다.

누구나 성인이 되면 성인의 완결 순서로 화촉(樺燭)을 밝히게 된다. 바로 자자자작 오래도록 잘 타는 자작나무[樺]의 불길과 그윽한 촛불[燭]의 불길이 화합된 축복을 받는 결혼 말이다. 우리 인류를 완벽한 성인으로 출발시키는 첫 나무가 자작나무로서 '당신을 기다립니다.'라는 꽃말처럼 하얀 순백색만큼의 순결로 오래도록 이 세상 영원히 다오르라는 오롯한 염원을 담고 있는 것으로 풀이된다.

한방의 귀한 약재료인 엄나무와 자작나무, 음식 맛에 풍미를 더하는 엄나무와 화촉을 밝히는 자작나무를 나는, 우리 부부는 좋아하고 사랑한다. 그래서 가평의 우리 집 뒤와 앞마당과 텃밭 주위에 산채(山採)해서 심어 가꾸는데 나무 가꾸기의 초보여서인지 여기 사람들은 키우기 쉬운 나무들이라고 하나 그 나무들의 귀한 자태만큼이나 나로서는 키우기가 어렵다는 것을 때론 실감하곤 한다. 아마도 춘삼월 이식 등 이식 시기가 중요한데 그것을 놓친 이유가 큰 것 같다는 생각이 요즘은 부쩍 든다.

이제 3년째니 그러한 초보 생활은 접고 엄나무와 자작나무를 가평의 내 집 주위에 제대로 길러 보고 싶은 나이 듦의 소망을 키워 가고 있는 중이다.

요즘의 도서관 풍경

시간이 나거나 혹은 일부러라도 나는 즐겨 들르는 곳이 있다. 도서관이다. 서울에 올라와 아들 집에라도 며칠 묵게 되면 인근에 있는 구립성동정보도서관에 들르곤 한다. 가평에 내려가기 전에는 자주 들렀던 곳이기도 해서 익숙하다.

들어서는 1층엔 접수실과 유아 · 어린이용의 책들과 어학을 공부할 수 있는 열람실용 방들과 이용객의 가방 보관 장소와 담소를 나눌 수도 있는 카페가 있는가 하면, 2층에 올라서면 신문을 읽는 모습들이 눈에 들어온다. 신문 게시대에서 보고 싶은 신문을 가져다 앉아서 읽는 것이다. 나이대는 지천명에서 종심(從心)의 내 나이 또래나 그 이상으로 보이는 분들도 있다. 드물게는 여성분들도 보인다. 하루 종일 이 신문 저 신문 번갈아 보며 하루를 소일하는 분들도 눈에 띈다. 어떤 분들은 은퇴해서 신문 보는 걸로 무료한 하루를 보내는 것이리라. 안쪽으론 최신 잡지와 정기간행물 보는 곳, 전자도서관 등이 있고 노트북을 쓸 수 있는 좌석과 독서용 좌석들엔 남녀노소 열공하는 사람들로 빈 좌석이 거의 보이질 않는다.

3층과 4층엔 신간서적을 포함한 인문학과 자연과학의 책들이 진열돼 있어서 빌리거나 즉석에서 스스로 골라 좌석으로 가 읽을 수 있도록 되어 있다. 5층엔 사무실과 컴퓨터교육 등을 수강할 수 있는 방들이 있고 꼭대기 층은 옥탑 방 형식으로 식당 겸 매점이 있고 지하 1층엔 소형영화관과 시니어용 다용도실도 있다. 각 층엔 화장실과 정수기가 설치돼 있고 3, 4층의 베란다에는 외부 공기를 접할 수 있는 소규모 휴식장소도 있어서 책을 보다가 머리를 식힐 수 있게 되어 있어 쾌적한 장소로 이용할 수 있다. 요즘은 각 지자체들이 지역공동체의 필수 시설로서 구립도서관 등을 대부분 이 정도의 시설과 장서를 구비해 놓을 정도로 이용자들의 이용에 충실을 기하려고 세심한 신경을 쓰고 있는 것으로 보인다.

과거엔 책을 보거나 시간을 때우기 위해서 간간이 찾았었는데 요즘엔 글을 쓰기 위해서 이러한 도서관에 온다. 살다 보니 기해년인 올해 고희가 되고 고희 기념으로 마지막 수필집을 내기로 자신과 약속했기에 그 약속을 지키기 위해선 수필 원고를 쓰거나 독서를 통해 수필 쓰는 소재를 어떡하든 탐색하는 것이 필요해지기 때문이다. 그래서 도서관에 들르게 되면 요즘은 대부분의 젊은이들처럼 나도 노트북을 지참하게 된다. 당연히 글을 쓰기 위해서이다.

자주 들르는 편인 나는 도서관에 들르면 옛날 학창 시절이 떠오르곤 한다. 나의 학창 시절은 우리나라가 당시 개도국이라서인지 대학 전(前)인 초 · 중 · 고교 시절엔 특별히 학교 도서관이 있었다는 기억이 나질 않는다. 작은 도서실이 있었다는 기억도 나지 않는다. 방과 후 공부를 하더라도 도서관이 아닌 지금보다 훨씬 열악한 교실에서 공부를 더했던 기억만 나니 말이다.

당시는 꾀죄죄한 사설이면서 저렴한 사설 독서실은 많았다. 집이 멀거나 지방에서 올라온 시험 준비생들은 독서실에서 웅크리고 숙식하는 청소년들도 있었다. 대학 가기 전이나 고시를 준비할 때 나도 많이 그러한 독서실을 이용했던 기억이 나고 그곳에서 사귀었던 친구들을 지금도 몇은 정겹게 만나고도 있다.

국가의 동량을 길러 내는 학문의 전당인 대학교는 도서관을 갖고 있다. 보통은 캠퍼스의 중앙에 위치하는 경우가 많다. 그리고 공부나 학문 연구에 도움이 될 수 있도록 가능한 방대한 서적을 보유하기도 한다. 내가 다녔던 서울대의 동숭동 캠퍼스도 낡긴 했지만 그랬었다고 기억된다. 관악 캠퍼스로 옮겨 졸업을 했는데 웅장한 현대식 건물에 장서 보유수도 높고 학생 편익 시설도 잘 갖추어 놓은 정말 도서관다운 도서관으로 탈바꿈했었던 것으로 기억된다.

대학에만 도서관이 있는 게 아니다. 입법을 위한 국회도서관, 농업을 위한 농업도서관 등 기관마다 전문성을 갖춘 도서관이 있게 됐다. 1991년 지방자치제가 부활 · 실시된 이후에는 지자체마다 주민에게 다가가는 자치행정의 일환으로 인프라를 확충, 특색 있는 도서관을 많이 지어 제공함으로서 모두(冒頭)에서 살펴본 것과 같은 오늘날이 됐다.

위에서 50여 년 전 나의 학창 시절의 도서관 이야기를 잠깐 했는데, 그 당시는 도서관 숫자도 많지 않았고 시설이나 장서 보유도 매우 빈약했었다. 그리고 도서관에 가 보면 이용색 대부분이 남자들이었고 여자들은 간혹 눈에 띌 정도였는데 요즘엔 여자들의 숫자가 압도적으로 많고 향학열도 훨씬 높아 보여 나는 깜짝 놀라는 때가 많다.

과거 박정희 대통령의 시절 '아들딸 구별 말고 둘만 낳아 잘 기르자.'는 슬로건으로 통치한 결과가 아닌가 하는 생각도 든다. 둘만 낳다 보니 성비의 균형이 깨지게 됐고 여성수의 증가와 여성의 우위현상으로 나타난 것은 아닐까? 요즘의 도서관 풍경에서 느끼게 되는 여성 우위현상의 비상(飛上)인 것이다. 여성 입장에서는 자신들의 권익의 외연이 넓혀지고 있으니 반길 만한 현상으로 느낄 수도 있겠으나 남성인 나로서는 불현듯 왜소해진 듯하여 입맛이 써짐을 어이할 수가 없구나.

헌데, 우리가 익히 알고 있는 "아는 것이 힘이다(Knowledge is power)." 라는 말이 있다. 이 말에 충실한 나라일수록 양질의 도서관을 많이 보유하고 있다고 생각된다. 말하자면, 선진국일수록 도서관에 투자하는 비중이 높다는 말이다. 국민들에게 보다 더 많이 도서를 손쉽게 접할 수 있는 장소를 제공하기 위한 공을 들이고 있음은 두말할 나위도 없다. 도서를 많이 접하고 읽을수록 체득되는 지식과 정보 기술이 많아질 것이며 그러한 개인들의 그것을 합하게 되면 궁극적으로는 국가의 지식과 정보력 및 기술력의 총화로 나타나 국가의 막대한 경쟁력이자 국력이 되기 때문일 것이다.

이러한 연장선상에서 도서관 이야기를 하자면 미국의 철강왕인 앤드류 카네기(Andrew Carnegie, 1835~1919)를 빼놓고 이야기할 수 없을 것이다. "카네기는 배움의 한을 도서관에서 풀었다. 책을 빌려 세상과 소통하고 세상에 눈을 떴다. 그래서 그는 큰돈을 벌게 되자 미국을 비롯해 전 세계에 3,000여 곳의 도서관 건립비용을 지원했다. 마음의 빚을 그렇게 청산했다." 미국 의회 도서관의 로비에 적혀 있는 말이다.

그는 영국 스코틀랜드의 직조공 아들로 태어났다. 1850년대 직조 기술의 기계화가 급속도로 진전되자 그의 아버지는 이민 보따리를 싸서 신천지 미국으로 향했다. 하지만 가난을 벗어나지 못해 어린 시절 정규교육을 받지 못했다. 일터로 나가 일을 하며 생계를 도와야 했기 때문이다.

어렵사리 돈을 모아 미국 철강업체를 평정한 그는 천문학적인 재력을 쌓았지만 이의 90%를 사회에 내놓았다. "부자인 채로 죽는 것은 수치다."라며 그는 60대 중반에 미국 4분의 1이나 점유하고 있던 철강 회사를 J.P.모건에 팔아 미련 없이 사업에서 손을 뗀다. 이후에는 축적된 부를 사회에 골고루 나눠 줬던 것.

그는 무엇보다도 도서관 기부에 역점을 뒀다. 꿈 많은 어린 시절 도서관에서 공부하지 못한 진한 아픔이 생애 내내 가슴에 처절하게 각인된 영향이리라. 위에서 언급한 대로 세계에 3천여 개의 도서관을 지어 줬고 거금의 지원금도 흔쾌히 내놨다. 대부분의 미국 도서관의 로비에는 어김없이 그를 기리는 '감사패'가 걸려 있다. 뉴욕의 공공도서관은 그에게 많은 빚을 졌다. 100년 전 당시에도 노른자위의 땅에 궁궐같이 대리석으로 도서관이 지어졌던 것이다.

왜 그랬을까. 그는 어릴 적 배우지 못한 한(恨)을 도서관에서 조금이나마 풀었다고 한다. 배우고 싶었지만 어쩔 수 없이 일터로 나가야 했던 그는 틈틈이 도서관에서 책을 빌려 인생의 내공을 쌓았다. 곧 책을 통해 세상에 눈을 뜨게 된 것이다. 카네기멜론 대학, 교육진흥

재단과 각종 평화재단을 설립했고 그 운영에 많은 돈을 댔다. 우리에게 잘 알려진 카네기 홀도 그가 없었으면 탄생할 수 있었을까.

그의 인생모토는 "자신이 스스로에게 말하는 비난을 두려워하라." 한자말로 표현하면 지기추상(持己秋霜: 스스로를 추상같이 대한다)쯤 될 것 같다. 그는 자신을 통제해야만 모든 것이 가능하다고 믿었다. 누구보다도 한눈팔지 않고 일을 한 배경이다. 그의 묘비명엔 이렇게 적혀 있다. "여기에 자기 자신보다 더 우수한 사람을 어떻게 다뤄야 하는지를 아는 사람이 누워 있다."

이렇게 카네기가 지어 놓은 동네의 한 도서관에서 어린 시절 책을 읽고 읽은 덕에 오늘날의 세계적 대부호가 된 빌 게이츠도 나왔던 것이니…, 이타적(利他的)인 공적견지(公的見地)에서 앞날을 내다보는 혜안의 극치에 나로선 그저 탄복할 뿐이다. 아마도, 지구촌의 많은 사람들이 그러리라고 생각된다.

또한 도서관은 시대를 뛰어넘는 영원한 기록 보존의 장이기도 하다. 인류의 다양하고 생생한 삶이 문자라는 도구의 힘을 빌려 글로 남겨진다. 그 글들이 도서에 담겨 세월이 흐르면서 잊히지 않는 통시적 문화기록이 되는데 이러한 기록들을 고스란히 보존하는 영원한 장소가 곧 도서관인 것이다.

이러한 관점에서 기억되는 역사적으로 유명한 도서관이 있었으니, 바로 알렉산드리아 도서관이다. 이집트의 알렉산드리아에 있었던 고대에 가장 크고 영향력 있는 도서관으로 평가된다. 이 도서관은 알렉산더 대왕을 추종한 장군인 프톨레마이오스 왕조(B.C 305~30)의 후원으로 발전했으며, 기원전 3세기 건립된 이후 로마가 이집트를 점령한 기원전 30년까지 지식과 학문 및 기록문화의 중심지 역할을 톡톡히 했었다. 이 도서관은 군주 프톨레마이오스 1세 소테르(B.C 323~283년) 혹은 그의 아들 프톨레마이오스 2세(B.C 283~246년) 때 창설된 것으로 보고 있다.

당시의 모든 그리스 문헌뿐만 아니라 지중해와 중동 · 인도 등지의 다른 언어로 된 문헌을 그리스어로 번역한 것까지 망라하는 국제적 도서관을 세우고자 했던 이상이 어느 만큼이나 실현되었는지는 알려져 있지 않다. 확실히 이 도서관은 그리스 문헌이 주류였던 것으로 보이며 기록에 나와 있는 번역본은 70인역성서가 유일하다.

이 도서관의 편찬사업 계획에는 그리스 시집의 알렉산드리아 본을 만들고, 저서들을 두루마리의 표준 길이에 맞추어 오늘날과 같은 '책'으로 구분하며 점차적으로 구두법과 억양 표시를 도입하는 것들이 포함되어 있었다. 전국적인 문헌 목록의 편찬사업은 칼리마코스에게 맡겨졌다. 이 목록은 오늘날에는 소실되었지만 비잔틴 시대까지도 그리스 문헌의 교과서적인 참조 자료로 이용되었다고 한다. 이 도서관은 수세기 동안 존속되다가 3세기 말 아우렐리우스 때 발생한 내전으로 파괴되었다.

기록 보존과 학문 연구로 오랜 세월 유명했었던 옛 알렉산드리아 도서관을 기념하고 그것에 필적할 만한 현대적인 도서관을 세우기 위해 신 알렉산드리아 도서관이 2002년 옛 도서관 자리 근처에서 개관되게 된 것은 역사적인 세계문화유산을 복원한 셈으로 다행스러운 일로 봐야 할 것이다.

헌대, 글을 쓰는 사람이라면 누구나 자신의 작품이 비록 평가받지 못하는 졸작일지라도 오랫동안 남겨졌으면 하는 원초적 소망을 갖게 된다고 생각된다. 여느 사람들이 보기엔 별거 아닐지라도 정성과 노고를 다한 산고(産苦) 끝에 창작된 혼(魂)이 오롯이 담긴 자신의 분신이기 때문이다. 감동을 줄 만한 좋은 수필을 여태껏 써 보진 못했어도 나도 글 쓰는 이들의 그러한 궤에서 예외는 아니라고 확신한다.

좀 우스운 이야기지만 나는 27년 전 제1집 첫 수필집을 출간하고선 나의 사후에도 기록 보전이 됐으면 하는 생각이 들어, 국내 유수한 대학을 비롯한 100여 개 도서관에 어쭙잖은 졸저를 기증했더니, 어떤 곳에서는 잘 받았고 소장도서로 관리하겠으니 기회가 되면 추후에도 기증해 달라는 감사의 뜻이 적힌 편지들을 받기도 했다.

그 후, 제2집 · 3집 발간 시에도 제1집의 경우와 같이 했음은 물론이고 현재 쓰고 있는 고희 기념 제4 · 5집이 나오게 되면 전과 동일하게 할 계획으로 있다. 나의 사후 언젠가 송민이, 강민이와 해솔이가 성인이 되어 대학도서관 등에라도 들르게 되면 우연히 도서관에 소장된 나의 도서를 발견하고 자기들을 귀여워하며 사랑해 주시던 생전의 할아빌 그리워하며 자신들의 아이들이나 친구들에게 자랑스럽게 이야기할지도 모르지 않는가.

그럼, 지식을 생산하는 공장(工場)과 기록 보존의 장(場)으로서의 도서관의 '도서(圖書)'란 말은 어떻게 해서 생겨났을까? '하도(河圖)'는 복희씨(伏羲氏) 때 황허강[黃河]에서 나온 용마의 등에 그려져 있었다는 그림이고, '낙서(洛書)'는 하(夏)나라의 우(禹) 임금이 홍수를 다스릴 때 낙수에서 나온 신귀의 등에 쓰여 있었다는 글이다.

복희씨는 하도에 의해 팔괘를 그렸고, 우는 낙서에 의해 홍범구주를 지었다고 전해져 와 현재 주역(周易)의 골격을 이루고 있는데, 별개로 취급되던 '하도'와 '낙서'가 병기된 것은 『사기』의 공자세가와 『회남자』의 숙진훈이며, 거기에는 하도낙서가 태평치세에 나타나는 상서로 설명된다. 여기의 하도낙서(河圖洛書)를 줄여서 '도서(圖書)'란 말이 생기게 된 것이다. 그러고 보면 '도서'란 말이 4천여 년 전에 이미 탄생된 오래된 말임에 우리들은 새삼 놀라게 되지 않을 수 없게 된다.

도서를 통한 여러 계층의 다양한 문화 체험의 장으로서의 동태적 역할 수행으로 국가나 지자체들은 도서관의 영역의 외연을 넓혀 가고 있음을 보게 된다. 즉, 다문화 가정이 늘고 있는 요즘 시대에 맞는 아동 프로그램을 정성 들여 운영한다든지 '길 위의 인문학' 사업 등은 오늘의 도서관을 바라보는 우리의 눈을 전향적으로 한층 더 신선하게 해 주고 있다. 그래서, 요즘도 시간이 나거나 혹은 일부러라도 나는 즐겨 근처의 도서관들을 들르곤 하는 것이다.

파크골프

"와아, 오전엔 4번 홀, 이번엔 5번 홀 하루에 두 번이나 홀인원이네!"

"파크골프채를 산 선물인가?"

"축하 축하! 자아 그럼, 기념인증 사진 찍읍시다."

지난 5월 20일 오후의 경기도 가평군 설악면의 실버타운 C빌리지의 파크골프장에서 있었던 대화의 한 대목이다. 모처럼 처형동서와 둘이서 라운딩했는데, 정말 생각지도 못하게 나는 하루에 두 번이나 홀인원 하는 행복한 쾌거를 경험한 것. 순간 전신에 번지는 짜릿한 감동의 흥분성 전율이 내면에 엄습해 왔으나 침착한 모습으로 인증샷의 권유에 응했었다.

3년 전에도 그곳에서 나는 아내와 함께 처음 라운딩한 첫날 2번 홀에서 무심코 샷한 것이 우연히도 홀인원을 하고서 아내의 축하를 받은 극적인 쾌감을 맛본 적이 있는 후에도 3개월 동안에 4번, 5번, 7번, 8번, 9번 홀에서 한 번씩 합해서 여섯 번 홀인원 하는 괄목할 만한 과거의 경험이 있었기 때문에 하루 두 번의 홀인원에도 침착한 자제력을 가질 수가 있었던 것이다.

나는 그날, 설악면 소재지의 어느 한 음식점에서 장인 장모님을 모시고 처형동서 내외와 아내가 함께한 기분 좋은 닭갈비 저녁을 냈다. 하루 두 번의 파크골프 홀인원 턱을 낸 것으론 좀 부족한 듯했으나 모두가 그 정도를 원했기에. 그런데도, 부드러워서인지 춘천 닭갈비를 95세의 장인어른과 89세의 장모님이 곧잘 드셨다. 나와 처형동서는 소주도 한 잔 곁들이니 둘 다 기분이 더욱 업됐음은 물론이다.

아내가 며칠 전 나의 칠순 생일선물로 그 파크골프채와 공, 장갑 등 일체를 한 벌 사 준 것인데, 그 채를 사용한 첫날에 뜻밖의 그러한 엄청난 일이 생겼으니 그 의미가 특히 남달랐었고 앞으로의 노후 행복한 삶의 조짐의 한 예고가 아닌가 하는…. 사실, 첫 사용이기에 손에 아직 익지 않아 생각만큼 잘 맞지도 않았고 나의 실력이 별로인데도 두 번씩이나 홀인원이라니, 큰 운이 작용했음에 다름 아니었던 것으로 보아야 하리라.

그런데 아내의 선물은 그 사연을 말하자면, 처형동서인 박상순 님의 파크골프채 구입에서 비롯됐다. 나보다 두 살 위인 그는 언제부턴가 걷기운동동호회에 가입하여 거의 매주 걷기운동에 열심인 지 몇 년이 됐다. 그 모임에 참가하면서 파크골프 애호가들도 자연스레 만나게 되고 파크골프에 실제 접하다 보니, 파크골프 치는 시니어들 또래들 대다수가 자신들의 골프채 등 관련 일체 장비를 구입해서 소지하고 다니는 것이 보편적임을 보게 됐고 한 달 전 당신도 일체 장비를 구입한 것이다.

초보자로서는 드물게 매우 열심히 파크골프 치는 재미에 푹 빠지더니, 나에게도 구입 권유하는 걸 옆에서 지켜본 아내가 금년에 내가 칠순이고 나의 연령대에 맞는 운동이라니 큰맘 먹고 나에게 선물한 아내의 애정이 소롯이 담긴 것이기도 하다. 그러한 사연이 있는 파크골프 채를 시험 삼아 그날 처음 한 번 쳐 보았는데 앞에서처럼 그만 횡재를 한 것. 나로선 붉은 파크골프 공이 저 멀리 파란 하늘로 새처럼 날아가는 듯한 통쾌한 기쁨이 솟을 수밖에 없잖은가 말이다.

내가 파크골프에 접한 건 이번이 처음이 아닌, 위에서 언급한 3년 전이다. 바로 이곳 실버타운 C빌리지의 파크골프장에서다. 당시 나는 아내의 폐암수술 후 장기(長期) 케어할 공기 좋은 체류적지를 조심스럽게 물색 중이었는데, 예비 단계로 아내와 넉 달여를 C빌리지에서 묵게 되었다. 처음 한 달 동안은 난생처음 이러한 곳에 와서 생소한 새로운 환경에 적응도 해야 해서 건물 앞에 있는 파크골프장에 사람들이 운동을 하는 모습들이 보여도 별로 관심이 가질 않아 눈에 잘 들어오질 않았다.

한 달이 지나자, 9홀짜리 작은 규모의 골프장이 눈에 들어오고 파크골프 교습이 있으니 입주자 가운데서 희망자를 모집한다는 알림판에도 관심이 갔던 것이다. 나는 공직 은퇴 후 무료한 시간을 때우기 위해 인도어 골프장에서 골프를 익히다가 지금은 서울숲으로 변모한 뚝섬의 9홀 골프장 등 필드에 몇 번 나가 본 경험이 있었기에 골프라는 스포츠는 익히 알고 있었지만, 유사한 하프골프인 파크골프가 있다는 건 금시초문으로서 C빌리지에서 처음 알게 되었고 나로서는 하나의 큰 수확이 된 셈이었다.

C빌리지 측에선 모인 우리들에게 나이 드신 어르신들께 매우 적당

한 운동이 바로 이 파크골프라며 파크골프의 개요와 기술에 대해 정리된 유인물을 나눠 주며 설명과 시범을 자상히 보여 주는 입문 교습 과정을 해 주었다. 그 자리엔 이미 이곳에서 파크골프를 즐기고 있었던 기존 멤버들도 많이 와 있었다. 헌데, 과거에 골프를 잠깐 한 바 있는 나로서는 골프와 유사한 감도 있어서 여느 사람들처럼 이해가 빨리 왔고 재미도 있겠구나 싶어 그 이후 연습에 지속적으로 참여하고 매월 한 번씩 치러지는 C빌리지 내 시합에도 참가해 보곤 하면서 동호인들과 즐거운 사귐의 기회도 가졌던 것.

실버타운의 부대시설로 자랑스러운 파크골프장을 개설해 놓은 이후, C빌리지 측에선 입주자들에겐 무료로 클럽을 빌려주고 골프장도 이용하게 해 주고 있어서 입주자들 누구나 마음만 먹으면 파크골프를 칠 수 있었다. 그러니, 파크골프를 배우기에 얼마나 좋은 기회인가? 시간만 되면 자주 치게 되었고 기술도 좀 늘어나게 됐다. 한 달 정도 쳐 보니 나이 들어가는 나 같은 연령대에 꼭 맞는 스포츠라고 여느 사람들처럼 생각되기에 이르렀다. 그렇게 된 후 아내에게도 간단한 기법 등을 알려 주니 아내도 이내 즐거운지 곧잘 해대서 시간이 나면 함께 라운딩 하는 등 파크골프를 자주 즐기게끔 되었다.

지금도, 그때의 입문 과정 시 파크골프에 대한 설명 등이 귀에 생생해 가끔씩 환기해 보곤 한다. 즉, 파크골프란 나무로 된 채를 이용해 합성수지로 만든 공을 쳐 잔디 위 홀에 넣는, 말 그대로 공원에서 치는 골프놀이다. 장비나 시간에 크게 구애받지 않으며, 세게 휘둘러도 멀리 안 나가는 까닭에 '장타'에 대한 부담감이 별로 없다. 이 스포츠는 1984년 일본 홋카이도에서 창안되어 시작됐으며 현재 홋카이도에는 600여 개의 파크골프장이 있을 정도로 인기가 많단다. 하와이, 호주, 중국, 미주 등에서도 저변이 넓어지고 있다고.

경기 방식은 골프와 비슷하다. 출발 지점인 네모진 티잉 그라운드[티오프]에서 앞의 홀컵을 향해 볼을 치고 차례로 코스를 돈다. 최종 코스까지 가장 적은 타수로 홀컵에 볼을 넣는 사람이 승리한다. 보통 4인 1조로 게임을 하며 게임당 18홀 기준으로 약 1시간 30분~2시간이 소요되는데 체력적인 부담은 적다. 장비는 합성수지로 내부를 채운 직경 6㎝의 공을 쓰며, 나무로 만든 길이 86㎝, 무게 600g의 클럽 하나만 사용한다. 클럽에는 클럽과 페이스가 이루는 각도인 로프트가 전혀 없어 높이 뜨거나 날아가지 않아 위험하지 않은 편이다.

복장은 자연을 즐기며 운동하는 스포츠이므로 경쾌하고 활동적인 복장이 어울린다. 따라서 모자와 장갑 그리고 운동화 등의 착용이 필수적이지는 않지만 효과적인 복장이라고 할 수 있다. 또한 코스에는 페어웨이, 벙커, 러프, 플레이를 금지하는 OB(Out of Bound)가 있음을 간과해서는 안 된다.

시작 순서는, 반드시 3~4명으로 한 팀이 된다. 따라서 1~2명일 경우에는 다른 사람과 함께하도록 해야 한다. 그리고, 스타트 순서는 최초 홀에서는 가위바위보로 순서를 정하거나 1번 홀에 설치된 제비뽑기 도구를 이용해서 1~4 순위로 정하기도 하며, 다음 홀부터는 성적이 좋은 순으로 스타트한다. 2타째부터는 핀[깃대] 혹은 컵에서 먼 쪽의 볼의 순으로 한다. 스코어 기입은 다음 홀 티잉 그라운드에 도착하면서 기입한다.

진행 중 동반자에게 플레이 기술 등 제반 사항에 대해 어드바이스

해서는 안 되며, 벌타인 패널티(Penalty)는 모두 2타가 됨을 유의하여야 한다. 또한 라운드는 1개의 클럽과 1개의 볼로 스타트해야 하고, 도중에 손상된 경우엔 바꾸는 게 허용된다. 아울러 자신의 볼을 구별할 수 있도록 마크를 해 보거나 볼 색으로 구분하니 자기 볼의 색을 꼭 기억하고 있어야 한다.

점수를 계산하는 파(par)의 타수를 보자. 파크골프 코스의 표준타수를 골프에서처럼 파(par)라고 한다. 홀마다 3타에서 5타의 파(par)를 설정하지만 타수의 호칭은 파(par: 0), 버디(birdie: −1), 이글(eagle: −2), 알바트로스(albatross: −3), 티샷 1타로 홀인하는 홀인원(hole-in-one), 보기(bogey: +1), 더블보기(double bogey: +2), 트리플보기(triple bogey: +3), 쿼드러플보기(quadruple bogey: +4), 파의 두 배인 더블 파(double par)의 용어가 있음은 물론이다.

나아가, 파크골프의 기본자세를 한번 눈여겨보도록 한다. 먼저, 어드레스라는 준비 자세는 다음과 같이 하여야 한다. 첫째, 어깨, 허리, 무릎, 발끝의 라인을 목표 방향으로 평행이 되도록 선다. 둘째, 무릎을 약간 굽혀 의자 위에 약간 걸터앉은 듯한 느낌으로 셋업을 한다. 셋째, 발바닥의 체중을 받는 곳은 엄지발가락으로 달리기할 때의 준비 동작을 취하고, 팔은 겨드랑이에 꼭 붙이고 앞으로 자연스럽게 내민다. 넷째, 올바른 목표 방향을 향하기 위해서는 오른발에 힘을 준다. 다섯째, 어깨에는 불필요한 힘을 주지 않고 골프채도 최대한 가볍게 잡도록 한다.

볼의 위치에 대해서도 생각해 본다. 첫째, 첫 출발인 티샷에서는 왼발 발뒤꿈치의 연장선상에 볼을 둔다. 둘째, 잔디 위 두 번째 샷부턴 페어웨이에서 볼의 위치는 양발 중앙이다. 그리고 홀컵 주변에서 홀인 할 때도 볼을 양발 중앙에 둔다. 셋째, 억센 풀인 러프에서 볼은 오른발 뒤꿈치의 연장선에 둔다. 넷째, 볼을 띄워야 할 상황에서는 볼을 왼발 쪽에 두면 자연스럽게 뜬다.

플레이하다 보면 준수해야 할 주의 사항을 놓칠 수가 있는데 항상 주의 사항에 유의하여야 함은 불문가지이다. 첫째, 홀에서 먼 곳에 있는 동반자가 먼저 샷을 하며, 위험하지 않게 진행하여야 한다. 둘째, 코스 내에서는 흡연을 금하며 타인에게 불쾌감을 주지 않도록 하며, 코스 환경과 건강에 피해를 주지 않는 것이 기본이 되어야 한다. 셋째, 코스 내 첫 홀 진입 이후 플레이가 시작되면 어느 곳이든 공을 직접 치는 연습샷을 하지 않는다. 넷째, 깃대는 공의 위치를 알리는 옮길 수 없는 표식물이기 때문에 집어 올릴 수 없다.

다섯째, 동반자의 퍼트 라인을 밟고 지나가거나, 밟고 퍼팅할 경우에는 기본적으로 에티켓 위반이 되므로 삼가야 한다. 여섯째, 파크골프는 홀과 아주 가까운 거리의 퍼팅도 두 손의 퍼팅 그립 상태로 컵인 시키도록 한다. 일곱째, 홀에 대해 같은 선상의 공이 2개가 놓여 있을 경우는 일반적으로 공이 먼 사람이 먼저 퍼팅하는 것이 기본이며, 홀에 가까운 동반자의 공은 규칙에 따른다. 만약 홀에 가까운 동반자가 먼저 퍼팅하고자 할 시는 양해를 구하고 퍼팅하도록 한다.

주지하듯이, 골프는 에티켓 스포츠라고 한다. 골프와 유사한 파크골프도 마찬가지로 에티켓 지킴을 중시하며 기본으로 하니 잘 준수하는 습관이 몸에 배어 있어야 한다. 말하자면, 기술보다 매너가 우선이라는 말이다. 따라서, 라운드 시 다른 사람이 어드레스하면 말을 삼가거나 조용히 하고 컵의 앞에 서거나 무단횡단하지 말아야 한다.

또 항상 잔디를 보호하는 자세로 임해야 한다. 언제나 파란 잔디가 살아 있는 코스에서 라운드할 수 있도록 골프화 또는 운동화를 착용하여야 하고 등산화 사용은 금지되어 있다. 그리고 뒷조에 대한 배려로, 플레이 도중 페어웨이에서는 빠른 걸음으로 이동해야 되고, 그린 위에서는 전원이 컵인하게 되면 다음 홀로 이동하며 점수를 기록하도록 한다. 또한, 5명 이상이 플레이를 하거나 다른 조가 더딘 플레이를 하고 있으면 흐름이 꺼져 버린다. 따라서 1개조의 인원을 4명까지만 하며 1명이나 2명인 경우에는 다른 사람과 합류하도록 하여야 한다.

끝으로, 승부보단 즐거움을 앞세우는 스포츠라는 점을 항시 인식해서 공원 주변에서 자연을 벗 삼아 즐기는 커뮤니티 스포츠인 바, 언제나 웃는 얼굴로 즐겁게 운동하면서, 사소한 일로 얼굴을 찡그리거나 불평불만을 갖지 말고 즐기는 운동으로서 스포티한 복장을 사용하여 파크골프장에 나오는 것이 가져야 할 기본 예의이며 즐거움이라는 생각을 항상 간직하여야 할 것이다.

나이가 들어가는 시니어일수록 건강을 지키기 위해선 무엇보다 운동이 중요한데, 그렇지를 못한 경우가 많다고 생각된다. 허나, 시니어일수록 운동에 신경 쓰도록 노력하여야 하는 것이 당연하다는 데에는 이론(異論)이 있을 수 없다고 본다. 시니어를 위한 운동에는 게이트 볼, 그라운드 골프 등 여러 가지가 있을 것이다. 그러한 가운데에서 자신에게 맞는 운동을 택해서 꾸준히 하면 소중한 건강을 지키는 한 주요한 수단으로 충분하다고 여겨진다. 요즘은 서울의 하늘공원, 양평 등 파크골프장도 전국적으로 많이들 늘어났다.

나는 맑은 공기의 파란 하늘 아래 파란 잔디를 밟으며 함께 걸으면서 운동하는 파크골프가 좋다. 특히, 파란 잔디를 밟으면 발아래서 사각사각 들려주는 잔디의 행복스런 리듬 소리가 매우 마음에 든다. 잔디가 밟혔다가 일어나는 자기명(自起鳴)의 자존(自存) 소리로서 나의 두 귀에 엄청 향기로운 것이기에 말이다. 그래서 오늘도 필드에서 아내가 나에게 준 칠순 선물의 파크골프채로 파크골프 치는 나이 듦의 행복감에 마냥 젖어 보는 것이다.

셋째 마당

카르페 디엠

요즘 회자되는 '카르페 디엠(carpe diem)'이라는
말에 나는 퍽이나 관심이 많이 간다.
건강관리에 최선을 다하며 우리 내외에게 더 맞는
'카르페 디엠'을 생이 다하는 날까지 계속 찾아보면서
이승에서의 남은 삶의 궤적을 오롯이 그려 가 보고자 한다.

2050년

2050년은
내가 만 100세가 되는 해이다.

인류의 꿈을 만들어 가는 것이야말로 미래가 된다는
미래학자 피터 드러커의 말을 믿으며
칠순인 내가 31년 후의 미래상을
나의 꿈이요 바람의 상(像) 차원에서 그려 보면

근세조선의 대예언가 남사고(南師古)가
'천하문명시어간 예의동방(天下文明始於艮禮義東方)'이라 했으니.
천하의 문명이 세계의 동북방 간방(艮方)인 우리나라에서 시작하니
드디어 통일한국이 되어 지구중심국이 될지어니….

인간 100세 시대를 맞아
우리의 희망찬 미래를 분명히 내다본다.

2050년은 내가 만 100세가 되는 해이다. '휴먼 헌드레드' 즉 '인간 100세'라는 요즘 인구에 회자되는 말 그대로, 6·25가 터진 1950년생으로 금년에 칠순을 맞은 내가 31년 후면 만 100세가 되는 해가 된다.

영국의 소설가 죠지 오웰(George Orwell, 1903~1950)은 극도로 억압적인 미래 사회를 상상한 소설로 디스토피아 문학의 대표작으로 꼽히는 『1984』를 1949년에 발표하여 세계의 주목을 받았었는데, 원고를 탈고한 1948년의 뒤 2자리를 바꾸어 '1984'로 제목을 붙였다는 유명한 일화를 갖고 있다. 나도 여기에서 힌트를 얻어 100세가 되는 2050년을 제목으로 잡아 수필을 써 보려는 것이다.

우선, 조지 오웰의 『1984』와 관련된 이야기를 상기(想起)하고자 한다. 출간 당시에는 소련의 전체주의를 비판하는 동시대적인 소설로 해석되었으나 고도의 정보사회가 된 오늘날에 이르러 새롭게 경종을 울려 주고 있기도 하다. 텔레스크린과 사상경찰, 역사 조작 등 개인의 생각과 행동을 통제하는 소설 속 장치들이 출간 당시에는 단순히 작가의 상상이라고 보았었으나 현대에는 대중적인 기술이 되었기 때문이다. 지배 체제가 자행하는 온갖 억압과 속임수에 저항하지만 결국 비참하게 파멸하는 한 시민의 모습을 비극적으로 보여 주는 『1984』는 한층 조종되기 쉬운 세계를 살아가는 현대인들에게 비판적 의식을 일깨우고 있는 것으로, 그 줄거리를 대충 간추려 본다.

1984년, 세계는 오세아니아, 유라시아, 동아시아라는 삼대 강국으로 편성되어 전쟁을 계속하고 있다. 극도로 전체주의적 국가인 오세아니아는 텔레스크린이라는 감시 장치와 빅 브라더라는 지도자의 통치를 받고 있다. 오세아니아의 런던의 외부당원인 윈스턴 스미스는 은연중 당의 노선에 반기를 들고 금지 행위인 일기 쓰기를 시작한다. 그러던 중 자신을 추적하는 사상경찰이라 생각했던 줄리아에게서 진솔한 사랑 고백을 받고 연인 사이가 된다.

윈스턴과 줄리아는 당의 고급 관리인 오브라이언을 통해 지하조직인 '형제단'과 접촉을 시도한다. 그러나 오브라이언이 준 격려와 도움은 모두 거짓으로 드러나고 두 사람은 체포되어 오브라이언이 '치료'라고 부르는 극심한 고문을 당한 끝에 윈스턴과 줄리아는 서로를 배반하고, 얼마 후 완전히 세뇌된 윈스턴은 자신이 빅 브라더를 무한히 사랑하고 있음을 깨닫는다.

이쯤에서 작품 속 명문장을 살펴본다.

- 전쟁은 평화 / 자유는 속박 / 무지는 힘
- 30초면 모든 가식적인 행동이 불필요하게 된다. 공포와 복수의 끔찍한 황홀경, 남을 죽이고 싶은 욕망, 큰 쇠망치로 누군가의 얼굴을 마구 때리고 싶은 충동 등이 행사에 참여하는 모든 사람들을 전류처럼 휘젓고

지나가게 된다.

- 아, 투쟁은 이제 끝났다. 그는 자신과의 싸움에서 승리를 거둔 것이다. 그는 이제 빅 브라더를 사랑하게 되고 말았다.

이상에서 살펴본 바와 같이 미래를 내다보는 조지 오웰의 혜안이 천재적이었음을 엿볼 수 있다. 그는 『1984』를 출간 후 다음 해에 결핵으로 이승을 하직하고 말았지만 그 소설에서 시사된 내용처럼 시간이 흐르면서 지구의 거의 반을 소련을 위시한 전체주의적 공산주의가 40여 년간 창궐하였었고 그 후에는 지구촌이 고도의 정보화 사회가 되어 텔레스크린 등 그가 그린 미래상(未來像)이 예언이나 한 듯 실제로 출현하고 있기에 섬뜩한 놀라움을 주고 있으니, 과연 천재적 혜안의 소유자라고밖에 달리 표현할 수가 없기 때문이다.

또한, 16세기에 살았던 동서양의 대예언가들을 거론하고자 한다. 서양의 노스트라다무스(Nostradamus, 1503~1566)는 프랑스 사람으로 시의(侍醫)이자 점성술가였던 그는 당시의 주요 교통수단인 마차(carriage)가 때가 되면 저절로 굴러가는 차(car)로 대체될 것이고 당시에는 존재하지도 않았던 미국이라는 나라의 캐나벨랄이라는 곳에서 인공위성을 쏘아 올릴 거라는 놀라운 예언 등을 한 사람이다.

이에 어깨를 겨루는 동양인이 있었으니 우리나라 조선의 유학자 · 도사였던 격암(格庵) 남사고(南師古, 1509~1571)다. 그도 명종 말기에 이미 1575년(선조 8)의 동서분당을 예언했고 임진년(1592)에 백마를 탄 사람이 남쪽으로부터 나라를 침범하리라고 말하였다는데 왜장 가토(加藤清正)가 백마를 타고 그해에 쳐들어왔던 것처럼 1592년의 임진왜란을 정확히 예언하는 등 『격암유록(格庵遺錄)』에 놀라운 예언을 하였던 것이다.

그리고 '인류의 꿈을 만들어 가는 것이 미래다'라고 말한 미래학자 피터 드러커(Peter Drucker, 1909~2005)의 주창도 나왔었다.

나에겐 당연히 죠지 오웰의 혜안의 천재성도 남사고나 노스트라다무스의 대 예언을 낳는 예지력도 없고, 피터 드러커와 같은 미래학자도 아니니 그저 보통 사람인 범부(凡夫)의 견지에서 미래 '2050년'을 2050년까지를, 그것도 주로 나의 바람의 상(像) 차원에서 접근하여 소박하게 그려 보고자 하는 것임을 미리 밝혀 두고자 한다.

먼저, 우리나라는 지구촌에서 유일한 분단국이라는 한(恨) 서린 벽을 허물어 버리고 하나가 된 통일 배달국[Reunified Korea]으로 우뚝 서 있을 것이다.

분단된 지 현재 70년이 되어 가는데 아닌 밤중에 홍두깨요 무슨 귀신 씻나락 까먹는 헛소리냐고 누군가는 말할지도 모르겠으나, 지난 6월 30일 판문점에서 문재인, 김정은, 트럼프의 한조미(韓朝美) 3국 정상회담이 폼페이오 미(美)국무장관이나 김정은 위원장이 그 자리에 나타나기 바로 직전까지도 회담 성사에 의구심을 품었다고 후에 토로할 정도로 전격 개최된 것을 보게 되면 그 자체가 하나의 경천동지할 기적이요, 대통일로 가는 장도(壯途)의 한 과정으로서 그러한 통일의 날이 꼭 오리라는 확신이 배달겨레라면 들지 않는가 말이다.

우리나라는 나누어진 나라가 아니고 본디 일찍이 한 나라였던 것을 애석하게도 힘이 없어져 이웃강도 일본에 침탈당한 후 당시 미소 강대국의 입맛에 맞게 남북으로 재단되었던 통한의 비원(悲冤)이야말로 우리 배달겨레가 가장 원하지 않은 천추의 비극으로서 온 세상 천지에 공지된 엄연한 사실(史實)이 아니던가? 통일의 방법은 한 번 겪은 6·25와 같은 동족상잔의 전쟁은 저 멀리하고 배달겨레의 반만년의 은근과 끈기가 서린 은은한 평화의 방법이 될 것이다.

그리고 원시반본(原始返本)이 돼서, 구한말(舊韓末)의 위정척사(衛正斥邪)가 한 세기여가 지나 제대로 구현되고 항구적인 극일(克日)을 이룬 9천 년 전의 환국(桓國)으로의 위상에 걸맞는 지구촌의 중심국이 될 것이다.

동양의 노스트라다무스 남사고가 『격암유록(格庵遺錄)』에서 '天下文明始於艮 禮義東方(천하문명시어간 예의동방)'이라고 예언하고 있으니, '대저, 천하의 문명이 세계의 동북방인 간방(艮方)에서 시작하니, 바로 동방예의지국인 조선 땅이니라.'고 풀이됨에서 나는 감히 그렇게 장담할 수 있게 되었다. 하늘과 바다의 길은 비행기와 배로 지구촌이 일일생활권이 된 지 오래지만 육로도 그에 버금가게 된다. 즉, 우리의 땅끝 부산에서 출발한 철도와 도로가 유라시아 대륙을 통과하여 스페인의 남단 그리고 영국의 스코틀랜드 북단까지 연결되게 되는데, 통일되어 부강해진 우리나라를 수많은 지구촌인들이 선호해 앞다투어 스스로 찾고 즐기는 복된 세상이 될 것이다.

유라시아 대륙을 연결한 철로와 도로교통망의 성공으로 더 나아가, 아메리카 대륙으로의 연결교통망도 만들자는 국제간의 여론이 높아져, 목포에서 출발하여 소련의 블라디보스토크와 알류샨열도를 지나 남북아메리카를 관통하여 칠레의 남단 푼타아레나스 그리고 브라질의 상파울루까지의 대륙 간 철도와 도로의 연결 개통도 시도될 것이다. 그렇게 됨을 바꾸어 말하면, 풍수지리상 우리나라가 지구의 핵인 혈(穴)자리라는 것이 하나의 설(說)로서 그치지 않고 진실로 현실화된다는 뜻이다.

그런가 하면, 원시반본력(原始返本力)의 복원은 세계 4대 문명보다 시기적으로 앞선 배달겨레의 홍산문화(紅山文化)를 국제적인 협력하에 새롭게 조명하는 학문적 분위기를 조성하게 돼 종합적 체계적으로 발굴하고 연구하는 열린 체제가 됨으로써 배달겨레의 홍산문화가 세계 5대 문명으로 확고히 공인되게 될 것이다. 거기에는 배달국의 고대문자인 '녹도문자(鹿圖文字)'가 발견되고 해독되는 절차가 선행되거나 병행됨으로써 배달겨레의 홍산문화 공인과정의 진척도에 탄력성을 점증케 할 것이다.

우연한 로제타석의 발견이 시발점이 돼, 19세기 프랑스의 샹폴리옹이 3,500년 후에야 고대 이집트의 신성문자(Hieroglyph)의 해독에 성공하는 물꼬를 틈으로써 이집트고대사의 비밀이 만천하에 벗겨진 '좋은 선례[善先例]'가 있는 것처럼 우리 배달겨레의 고대사도 누군가에 의해 어디에선가 파묻혀진 배달겨레의 오랜 문자를 발견하고 해독하게 되어 9천 년 전의 환국(桓國)인 오롯한 빛의 나라를 온 천하에 밝히게 되는 때가 올 것이고 그래야만 소망하는 배달겨레의 원시반본이 제대로 되기 때문이기도 하다. 이로서 지구촌의 진정한 중심국으로 자리 매겨지게 됨은 불문가지인 것.

또한, 자타공인의 선진국이 된 지 20여 년이 지난 2050년까지에는 2007년 아시아인 최초로 LPGA 명예의 전당에 입회한 박세리 골퍼나 금년에 칸영화제에서 '기생충'으로 황금종려상을 탄 봉준호 감독처럼, 각 분야의 지구촌 1인자들이 부상하여 스포츠를 비롯해서 예술, 학문, 문화 등 각종 세계대회나 자리마당에서 금메달을 타거나 수위(首位)를 하는 재사(才士)들이 매년 다수 배출되는 현상이 자연스럽게 나타나게 되어 지구촌 중심국답게 국위를 선양하는가 하면, 노벨상에서도 문학상을 비롯한 각 분야의 수상자가 30명 선에 육박할 것이다.

그 즈음이 되면, 명실상부한 우주시대가 열릴 것이다. 황홀감을 자아내는 지구 밖 궤도에서의 지구 구경 여행은 드는 비용이 물경 천문학적이어서 지구 밖의 머나먼 어둠만큼이나 캄캄한 제로베이스 상태로서 지금은 지구촌의 특별한 거부나 겨우 꿈꾸는 정도이지만 2050년에는 바야흐로 우주여행시대가 도래하여 웬만하면 보통의 지구촌인들도 지금의 우리나라 해외여행처럼 성황리에 구경하는 세상으로 다분히 변하고 한 걸음 더 나아가 달나라와 화성 등 다른 혹성여행도 시도될 것이다.

그리고, 우리나라의 경우 100세 이상의 노령인구가 50만 명 이상이 될 것이다. 의료기술과 장비의 눈부신 발전과 노령인에 대한 복지시설의 향상, 다양한 레저의 확산과 영양가 높은 음식문화의 번성 그리고 안성맞춤의 여가선용의 지혜를 통한 몸과 마음건강의 전반적인 건전화를 지속함으로써, 이 세상에 태어나면 누구나 대부분이 100세 즈음한 세상을 살아가는 '휴먼 헌드레드' 즉, '인간백세' 시대가 실제로 도래한다는 말이다.

이제 시선을 좁혀 나의 가족들을 보려고 한다. 우선, 사랑스런 나의 손자들을 본다.

첫째 외손자 열두 살 김송민 군은 용모가 잘생긴 금년 초등 5년생으로서 매사에 뭔가를 하려는 열정이 많고 의지가 강한 편이고 머리도 명석하고 체격도 큰 편이므로 자라서 대학은 자신이 원하는 MIT나 하버드대학에 가는 건강한 청년으로 성장해 해외에서 사업이나 학계에 종사할 것으로 생각해 본다.

둘째 외손자 다섯 살 김강민 군은 해맑은 장난기를 갖춘 이제 어린이집 3년차로 귀여운 어린애지만 몸놀림의 끼가 매우 돋보이고 활발한 근성도 있는 편이어서 성장해서는 대학을 나온 후 탤런트 등의 예능 분야에서 특히 일을 낼 놈으로 생각해 본다.

그리고 친손자 네 살 김해솔 군은 부처님귀의 부티 나는 얼굴로 이제 어린이집 2년차로 귀여운 어린애지만 침착하면서도 기억력이 비상한 걸로 보아 머리가 명석한 편이니 자라서 예일대 등을 나와 학계나 연구소의 큰일에 종사할 것으로 생각해 본다.

다음으로, 자녀 내외를 본다. 딸인 누리네는 두 아들을 건강히 잘 키워 내고 김기철 사위가 어려움을 의지로 해쳐내어 하던 사업을 업종을 수정해서라도 꾸려 나가 성공한 중소 기업인으로 자리매김하고 아이들을 어느 정도 키워 내게 되면 딸 누리도 사회복지업계에 종사하는 등 자신들이 원하는 대로 모두 노년을 잘 보내리라고 생각해 본다.

아들 한해네는 지금 다니는 연구기관과 증권사에 잘 근무하다가 해솔이가 학교 갈 때쯤이면 한해가 원하는 미국 등으로 나가 해외 생활을 할 것이다. 해외 경험을 쌓은 뒤 통일된 조국에 돌아와서 사업을 하겠다는 아들 한해의 희망이 며느리 한나의 내조로 소망한 대로 잘 이루어지고 안정된 노년을 잘 보내리라고 생각해 본다. 한해는 자기를 있게 한 부모 등 조상들에 대해서도 의미있게 생각해 보게 될 것이다.

끝으로, 우리 내외를 본다. 앞으로 3년이 지나면 아내의 폐암은 완쾌 판정을 받을 것이고 시간이 좀 흐르면 나와 같이 실버타운으로 이전하여 건강히 살게 될 것이다. 아내와 더불어 파크골프를 치면서 건강관리에 신경을 써 보면서 삶을 유지할 것이고 아내와 난 100세까지 건강히 살면 좋겠지만 그것은 소망하는 바이고 그래도 어머님 나이인 85세는 넘어 90세까지는 생존해서 세 손자들이 결혼하는 모습까지를 보았으면 하고 생각해 본다.

이상으로 내가 만 100세가 되는 2050년까지를 나름 그려 보았다. 모두에서도 밝혔듯이, 예언은 나의 능력 밖이므로 내가 할 수 있는, 나의 원하는 바의 일부 청사진을 소박하게 근접하여 그려 본 것에 다름 아니다. 써 놓고 보니 어려운 숙제 하나를, 그것도 정답을 모르는 커다란 숙제 하나를 드디어 풀어냈다는 후련한 마음이 드니 어인 일인지 모르겠다는 생각만 든다. 세상사란 바로 한 치 앞의 것도 모르는데, 31년 후까지의 세상사를 생전 처음으로 그려 보자니 그러한 것이리라.

나의 조상 탁영공 김일손

"같은 김(金)씨군요. 반갑습니다. 본관은?"

"김해(金海)입니다."

"아, 그래요? 혹시 파(派)는?"

"전 삼현파(三賢派)입니다. 어떻게 되시죠?"

"전 경파(京派)입니다."

공무원으로 현직에 있을 때 명함을 주고받을 기회가 되면 곧잘 나누었었던 대화의 한 대목이다.

두메산골 전라도 출신인 난 어릴 제부터 설날이나 추석 등 명절이 되면 차례를 지내거나 세배를 하는 자리에서 집안 어르신들이 조상 숭배를 잘해야 한다면서 몇 대조 할아버지는 누구신데 어쨌다는 둥 조상님들과 우리 가문(家門)에 대한 이야기를 진지하게 들려주곤 하면서 본관이니 파니 하는 생소한 얘기를 빠뜨리지 않으신 것을 기억하고 있다. 그 전까진 무슨 의미인 줄도 모르고 가만히 듣거나 무조건 암기하는 식이었으나 초등 6년쯤 되니까 어르신들이 해 주셨던 말씀들에 차츰 관심을 기울이게 됐고 후손의 한 사람으로서 내가 몸담고 있는 집안 가문에 대한 생각도 좀 하게 되었다.

여러 어르신들 가운데서도 집안 대소사를 챙기신 분이 몇 분 계셨는데 그중에서도 우일자(尤一者)는 공무원으로 바쁘신 와중에서도 매사에 빠지지 않고 솔선수범하신 오촌(五寸)인 김병곤(金秉坤) 당숙님이시다.

그분은 후손으로서 숭고한 조상음덕(祖上蔭德)에 깊이 감사해야 함과 동시에 조상의 얼을 후대에 선양·계승하도록 해야 하는 것이 후손으로서의 당연한 도리라는 나름의 가문에 대한 기본 철학을 지니시고 몸소 전범적(典範的)으로 실천하시는 분이셨을 뿐만 아니라 조상을 더 잘 모시기 위해 족보 관리는 물론 풍수지리를 익혀 준(準)풍수 소리를 듣는 등 가문적(的) 카리스마가 자양(自養)된 분으로서, 비록 작은 가문이지만 가문에 대한 자긍심을 갖고 나아가 그러한 가문을 사랑하신 분이셨다. 참가문사랑에 대해 그분으로부터 많은 문중인이 깨우치고 배웠듯이 나도 많은 걸 배우게 됐음은 물론이다.

50여 년 전의 일로 기억된다. 집안 대소사의 하나로서 초등 6년 때 나의 중학 진학 문제에 대해서도 당숙님께서 자문해 주신 후에, 시간을 내시어 한번은 가문의 삼현파에 대해 비교적 자세히 설명해 주셨다. 삼현파는 절효 선생(김극일), 탁영 선생 김일손님(1464~1498)과 삼족당 선생(김대유)의 세 할아버지들인 삼현(三賢)을 우리 파의 시조[派之始祖]로 모셔서 삼현파라 한다고 하시며, 그중에서도 우리 현(現)가문은 탁영 선생 김일손 할아버지를 중시(中侍)하신다는 말씀이셨다. 경청해서인지 파 개념이 어느 정도 이해가 되는 듯…. 나중에, 머리가 커진 성인이 돼서 회고해 보니 나에게 가문의 파(派) 개념을 심어 주기 위해 일부러 그리하셨던 것으로 생각됐다.

청소년인 중학생이 돼서 국사 시간에 사대사화(四大士禍)를 배우게 됐다. 1498년에 발생한 최초사화인 무오사화(戊午史禍)에 김일손(金馹孫)이 주역사관(主役史官)으로 등장하는 것을 접하고 나는 깜짝 놀랐었다. 바로 우리 삼현파의 시조 할아버지 그분이 아니신가 말이다. 그 후부터 우리 집안 문중 이야기가 나오거나 생각나면 중학교 시절 겪었던 국사 시간의 충격이 우중(雨中)의 번개 치듯 나의 머리를 때리곤 했다.

사건의 전말은 이러했다. '무오사화는 발단이 김일손의 사초(史草)에 있다 하여 사화(史禍)라 부른다. 근세조선 창업 이후 연산조에 이르기까지 백 년 동안은 평화가 계속되어 왔다. 이때에 이르러 고려 말기 대학자들의 제자들이 벼슬에 올라 신진세력을 형성하는데 그 중심인물이 김종직(金宗直)이었다. 김종직은 임금의 신망이 두터워 그의 제자 김일손, 김굉필 등 당당한 학자들을 등용하여 삼사(三司)에서 세력을 형성하게 되니 삼사에서는 영남 선비들의 독무대처럼 되어 갔고, 세월이 흐름에 따라 영남 학자들은 기성세력과의 대립이 노골화되어 가기에 이르게 된다.

그러한 과정에서 유자광의 현판 이야기가 나온다. 일찍이 유자광은 서얼 출신이었으나 무예가 출중하여 공신이 되어 무령군으로 봉작을 받은 사람이다. 그가 함양 명승지를 돌아다니며 한 수의 시를 지어 군수에게 현판을 만들어 달게 하였는데 공교롭게도 다음 해 김종직이 함양군수로 부임해 왔다. 김종직이 유자광의 현판을 보고는 유자광 같은 인물이 쓴 현판을 감히 걸어 둘 수가 없다고 하면서 즉

시 떼어 불살라 버렸다. 유자광의 현판은 결국 일 년 만에 사라졌다.

헌데, 이극돈이 전라감사로 있을 때 국상이 났는데도 향을 올리지 않고 장흥 기생과 놀았다는 사실을 당시 사관으로 있던 김일손이 사초에 일일이 기록하였던 것. 이러한 일로 유자광과 이극돈은 김종직 일파를 증오하는 마음이 일치하여 보복을 결심하게 된다.

연산왕 4년에 성종실록의 편찬이 시작되었다. 실록청의 당상관이 된 이극돈은 김일손이 기초하여 사초에 삽입된 김종직의 '조의제문(弔義帝文)'이 세조가 단종으로부터 왕위를 빼앗은 사건을 비방한 것이라 하여 이것을 문제 삼아 유자광과 함께 학자들을 싫어하는 연산왕에게 고하였다. 영남학자들의 잔소리가 싫었던 연산왕은 즉시 유자광을 시켜 문초토록 하였다.

사건을 확대하여 김일손 일파의 가택 수색이 단행되었고 그 관련자들을 잡아들였는데 관련된 사람들은 김종직의 제자들로서 권오복, 권경유, 이목, 김굉필, 정여창 등 30여 명이 피살되거나 쫓겨났다. 그리고 이 일파의 죄악은 김종직이 선동한 것이라 하여 이미 죽은 김종직을 부관참시(剖棺斬屍)까지 하였다. 이 사화를 계기로 그야말로 유자광의 위세는 당당하였으나 일반 사람들의 사기는 떨어졌다.'

설상가상으로, 경상도 청도생의 김일손 탁영(濯纓) 선생은 후사도 없이 순절하였으므로 예안김씨 할머니가 돌아가시면서 탁영 선생의 큰형 김준손의 둘째 아들 김대장(金大壯)을 양자로 삼아 가계가 이어지게 됐음을 나는 나중에야 알게 되었다. 그리고, 선조 삼현파의 고향이 경상도 청도인데 현재의 우리 가문은 어떻게 돼서 전라도의 순창인지가 늘 마음에 궁금한 채로 살았었는데 어느덧 결혼도 하는 성인이 되자 여느 가문에나 그 가문을 존재케 하는 주로 장손들 집에 보관된 족보인 가승보가 있는 것처럼 우리 가문에도 있는 대곡정사 발행의 『김해김씨가승보』의 설명을 집안 어른들로부터 듣고서야 이주(移住)에 대해서 대충 이해를 하게 되었다.

무오사화 때 탁영 선생의 큰형 동창공 김준손은 전라도 남원으로 유배되고, 탁영 선생의 양자인 현감공 김대장의 후손들도 남원 월곡(月谷)을 중심으로 유배 생활을 하던 중 중종반정으로 탁영 선생이 복권되자 김준손 등 종가(宗家)는 고향인 청도로 복귀하고 현감공의 후손들은 그대로 남원에 남게 되어 호남인으로 살아가게 된 단초가 되었던 것이다.

가승보에 의하면 김수로왕으로부터 58세손인 남양공 김치윤 할아버지가 정유재란을 피하려고 남원에서 경기도 남양으로 이주하셨다는 기록이 나오는데, 그 할아버지의 묘소를 찾아야 한다면서 김병곤 당숙님과 사촌형인 당숙님을 도와 궂은일을 도맡으셨던 저의 숙부인 김기곤 님이 경기도청에 근무하는 나와 수도권의 서울우유에 근무하는 김종배 사촌형에게 1980년대 말 남양공 할아버지 묘소를 찾아내라는 공동하명을 내려 불철주야 찾아 다녔었는데, 다행히 마당발인 종배 형님이 찾아내는 쾌거를 이룬 덕택에 과거 우리 조상들이 순창으로 내려온 고리가 풀린 일화가 있었다.

나는 그 당시 하도 찾기 힘들어서 원래 조선시대의 양반은 전체의 10%에 불과한 희소 상태였다는데, 지금은 세상에 양반 아닌 사람이 없으니 남양공 김치윤 할아버지가 이주한 임진왜란 시에는 평민들에게 공명첩 등으로 돈 받고 팔아서 바닥난 국가재정을 메웠었다는 설이 있는 것으로 보아 우리 가문도 그러한 못된 범주에 속하는 것은 아니었었나…, 혼자서 씁쓸히 허허허 비탄에 잠겼던 일도 있었다.

각설하고 그럼, 탁영공 김일손 할아버지의 일대기를 더듬어 기려 보자. 탁영 선생은 1464년(세조 10년) 1월 7일 경상도 청도군 상북면 운계리 소미동에서 3남으로 출생하였다. 고조부는 도제고판관(都制庫判官) 항(伉)공이시며, 증조부는 의흥현감 서(湑)공, 조부는 절효선생(극일), 부친은 사헌부집의 맹(孟)공이시다. 탁영 선생의 휘(諱)는 일손이고 자(字)는 계운(季雲)으로서, 호는 탁영, 이당, 운계은사, 소미산인, 영귀학인, 와룡초부, 반계거사 등이다.

선생은 8살 때 외가인 용인에 살면서 소학을 배우기 시작하였고 15살 때 성균관에 입학하였다. 그리고 23세 때(성종 17년) 식년정시(式年庭試) 문과 초시 3장에 수석 합격하고 복시 대중흥책(對中興策)의 제1인으로 합격하였으며 전시 친현원간장 갑과에 제2인으로 급제하셨다. 또 24세 때(성종 18년) 승문원 권지부정자(承文院 權知副正字)로 시작하여 요동질정관(質正官), 사관(史官), 홍문관박사 겸 경연사경, 세자 시강원 설서 등을 거쳐 조봉대부(朝奉大夫) 홍문관 수찬, 지제교 경연검토관, 춘추관 기사관으로 승직하였다.

탁영 선생은 28세 때(성종 22년) 진하사 서장관(陳賀使 書狀官)으로 연경[중국]에 다녀오면서, 『소학집설(小學集說)』을 가지고 와 인쇄를 하여 반포하였고, 병조좌랑에 제수되었으며 이조정랑 등에 보임되었다. 30세 때(성종 23년)에는 통훈대부 홍문관 교리, 사헌부지평으로 제수되었고 반유어사로 일하며 민생과 관련된 시정(時政)을 성종에게 아뢰었으며 어제 48영(咏)에 화답하는 시를 짓고 발문을 지어 올리기도 하였다. 또 32세 때(연산군 1년) 충청도사로서 시무이병(時務利病) 26개조를 상소하였다(『연산군일기』 수록).

선생은 35세 때(연산군 4년) 무오사화로 순절(7월 27일)하여 양주 석교원에 안장되었다가, 사후 8년만인 중종 1년에 억울한 죄가 사면되고 관직이 회복되면서, 산소도 목천(木川)으로 개장되었고 그다음 해에 수야산으로 반장되었다. 선생의 유품으로는 손수 만드신 거문고로 탁영금(보물 957호)과 성종이 하사한 매화벼루, 교지 5매와 문적(유형문화재 27호) 등이 있고, 저서로는 『탁영집』이 있고 추회부 등 26편이 『속동문선』에 수록되어 있다. 선생의 묘소는 경북 청도군 이서면 수야리 산110번지에 있다.

나아가, 순창으로 이주해 오신 국사공(菊史公) 김재록(金載錄) 할아버지를 입향중조(入鄕中祖)로 모시는 소파(小派)를 만들고 영효재를 지어 관리해 오신 김병곤 문장님의 뒤를 이어 김해김씨삼현파국사공후손종친회장을 지내신 김종세 재종형님과 총무이사인 재종동생 김종옥은 선대의 조상상(祖上像)을 올곧게 연계시킨다는 취지로 공편저로 『김해김씨 삼현파 국사공종중 550년사』를 2019년 발간했는바 그 주요 내용은 다음과 같다.

국사공종중의 역사는 대가락국을 창건하신 수로왕의 49세손인 고려시대 판도판서(版圖判書)이신 중조(中祖) 김관(金管)으로부터, 2세손 김문숙(金文淑), 3세손 김항(金伉), 4세손 김서(金湑), 5세손 김극일(金克一), 6세손 김맹(金孟), 7세손 김일손(金馹孫), 8세손 김대장(金大壯), 9세손 김장(金鏘) 등으로 내려온 바, 구체적인 내용은 중조의 7세손 탁영 선생 이후 시대부터 조명해 본다.

대가락국 수로왕의 55세손인 탁영 선생(일손)의 증손자 남양공(치윤, 사과공의 3남, 58세손)은 임진왜란 때 남원에서 수원성 남양(현재의 화성시 남양)으로 가족과 같이 피난을 떠나 그곳에서 4대에 걸쳐 120여 년간 세거하였다.

남양공의 증손자인 국사공(재록, 61세손)은 가화 때문에 남양에서 전라도 순창으로 이거하여 김해김씨 삼현파 순창 입향중조(淳昌 入鄕中祖)가 되었다.

남양공의 증조부 탁영 선생은 조선의 연산군 때 이조정랑과 사관(史官)으로 봉직하면서 사초(史草)에 스승 김종직 선생의 '조의제문(세조 때 단종 왕권 찬탈을 규탄하는 글)'과 전라감사 이극돈의 '중대비행'을 기록한 사실이 있었다. 사초는 임금님도 볼 수 없도록 국법으로 만들어 놓았는데도, 유자광 등이 이를 어기고 탁영 선생이 기록한 내용을 보고 이 중 조의제문과 전라감사 기록을 삭제하여 달라고 탁영 선생에게 간청하였지만, 거절당하자 연산군에게 고발 형식으로 그 내용을 보고하여 연산군 4년에 소위 무오사화를 일으켜서, 탁영 선생이 35세의 젊은 나이에 순절하게 되어, 그 집안들이 전라도 남원으로 유배되었다.

유배 생활 8년 만에 중종반정이 성공되자 탁영 선생이 해원 복권되면서 장손집안만 청도의 원래 집안으로 귀향한 후 사액서원(임금이 서원 이름을 써서 내려 주는 서원)인 자계서원을 건립하고, 종택 안에 유희당, 부조묘, 영모각 등을 보존하면서 명문가의 훌륭한 전통을 굳건히 계승하고 있다. 남원에 남아 있는 탁영 선생의 아드님인 현감공과 손자 사과공의 후손들은 감모재종중으로 성장하면서 사동서원을 건립하고 탁영 선생의 학문과 사상을 널리 현양하면서 크게 흥성하고 있는데, 국사공종중은 사과공의 3남 남양공(58세손)의 후손들이 조직한 감모재종중의 작은 집 종중인 것이다.

국사공종중은 세칭 '조선의 맹자'로 불리는 대성리학자 대곡 선생(석구, 67세손)을 배출하여 스승이신 노사 기정진 선생과 같이 장성의 고산서원에 배향되어 대성리학자 가문으로 우뚝 서 있게 되었고, 대곡 선생의 문하인인 성제 선생(용묵, 69세손)은 훌륭한 육영사업(오산학원 설립)과 견실한 위선사업(종중 중흥사업)을 하며, 민족운동의 인재를 양성하고 국민 교육의 사표를 육성하면서 국사공종중의 활성화와 조상 묘소의 원활한 관리를 위하여 많은 위토를 마련하고 지역의 현안사업에도 적극 앞장서서 해결하는 등, 애족애민의 선도자로 성장함으로써 국사공의 영예를 더욱 빛나게 하였다.

국사공의 후손들은 조상님의 따뜻한 숨결이 살아 있는 종중의 성지인 전북 순창에 문화재급의 영효재(국사공 제각)를 건립하여 그곳에서 매년 춘향제와 추향제를 봉행하고 종중의 정기총회를 개최하며 종중의 발전과 총화를 꾸준히 다져 오고 있다.

수로왕의 71세손(종자 항열)을 기준으로 보면 절효 선생(극일, 53세손)은 18대조이며, 탁영 선생(일손, 55세손)은 16대조로서 국사공의 후손들은 모두 절효 선생과 탁영 선생의 직계 후손임을 깊이 명심하고 명가의 후손들답게 고결한 품격과 숭조와 애족의 미덕을 생활화하도록 적극 노력하는 사람이 되어야 하겠다.

끝으로, 김해김씨 삼현파의 후손들은 삼현(三賢)이 아래와 같이 기재된 세분의 파조(派祖) 때문에 생긴 이름임을 잘 알아야 한다. 삼현파의 후손들은 절효 선생의 효우(孝友) 정신과 탁영 선생의 유직고절(唯直高節) 정신 그리고 삼족당 선생의 숭조(崇祖) 선양정신을 계승할 의무가 있는 혈족들이다.

아 래

- 절효 선생(극일 – 53세손, 탁영 선생의 조부)
- 탁영 선생(일손 – 55세손, 절효 선생의 손자)
- 삼족당 선생(대유 – 56세손, 탁영 선생의 큰집 조카)

조상을 숭배하는 과거 집성촌의 모습들이 지구촌 시대가 됨으로써 뿔뿔이 흩어져 살게 되어 자신들의 뿌리인 조상들이 누구인지 모르고 살아도 전연 괘념치 않은 오늘날의 세상이 됐지만 그러할수록 자신들의 뿌리를 잊어서는 안 된다는 생각이 든다. 이러한 내가 현시대의 흐름에 뒤처진 고리타분한 소인배(小人輩)일지도 모르겠지만 말이다.

헌데, 역사를 잊은 민족에겐 미래가 없다고 하는 금언(金言)이 있음을 꼭 기억하고 명심하여야 한다는 생각이 더 든다. 국가의 역사를 환원해 보면 국가를 구성하는 개인이라고 볼 때 개인들의 집합체인 가문의 역사의 소중함도 재음미해 봐야 할 때라고 집착이 되는 걸 어이해야 한단 말인가.

그러한 궤에서 우리 김해김씨 삼현파 가문의 구성분자인 죽사공파를 시간을 내어 더듬어 간추려서 나름 기려 보았다. 칠순의 나로선 의미 있는 시간이라고 생각되어서….

로제타석과 샹폴리옹

내가 로제타석(Rosetta Stone)을 처음 접한 것은 중학교 세계사 시간이었다고 기억된다. 그 후 30여 년 전 공무원 신분으로 석 달간의 해외 집단연수프로그램에 선발되어 영국을 방문했을 때 몇 연수생 동료들과 함께 일부러 귀중한 시간을 내어 대영박물관(The British Museum)을 관람할 기회를 만들어, 보게 되었으나 당시 나로서는 수많은 미라관 등 신비하고 경이로운 볼거리가 너무 많은 상태에서 제한된 서너 시간 내에 보아야 했기에 그것을 주시하질 못하고 그냥 스쳐 지나가 버렸었다.

헌데, 나이가 들어 이집트에 관심을 가지게 되자 로제타석의 중요성이 여느 사람들처럼 나에게도 크게 부각돼 왔던 것. 사실 따지고 보면 로제타석으로 인해 5천 년의 고대 이집트의 나일강 문명의 베일이 완전히 벗겨진 계기가 됐다고 해도 과언이 아니라는 뜻밖의 생각이 어느새 나의 머리에 오롯한 깃을 틀었었기 때문이다.

그러한 로제타석은 길이 114㎝, 폭 72㎝의 모양이 다듬어지지 않은 검은 현무암으로, 오랜 세월에 마모된 채로 깊이 잠자고 있다가 1799

년 8월 나일 강 삼각주인 알렉산드리아 북동쪽 약 56㎞ 지점의 로제타 마을 부근에서 나폴레옹 원정대 소속의 부샤르라는 이름의 프랑스인에게 발견되었던 것이었으니….

헌데, 프랑스군이 패하자 1801년 영국 외교관이 전리품으로 압수했다. 그러나 프랑스 학자들은 빼앗기기 전에 복사본을 만들어 두었다. 샹폴리옹(Champollion, 1790~1832)은 12세 때 이 복사본을 보고 해독을 결심했다고 한다. 영국인의 손에 들어간 그 돌은 지금은 대영박물관에 소중히 보존되어 있음은 세계가 다 알고 있는 공지의 사실이 됐다. 그러니, 칠순 기념으로 금년 4월 이집트 여행 시 내가 이집트 고고학박물관에서 보았던 것은 진품이 아닌 모조의 전시품이라고 표시되어 있는 것이 이해가 되었던 것이다.

외관상 멤피스의 사제들이 쓴 듯한 비문은 프톨레마이오스 5세(BC 205~180)의 은혜를 요약하고 것으로, 그의 재위 9년째에 쓰인 것으로 확인됐다. 이집트어와 그리스어의 두 가지 언어와 상형문자 · 이집트 상형문자의 필기체인 민용문자(民用文字)로서의 콥트어(Coptic) · 그리스 알파벳의 3가지 필기 방식으로 쓰인 이 비문은 추후 열정적인 관련 학자들의 지속적인 연구용으로 기여해 그야말로 이집트 상형문자를 해석하는 결정적인 열쇠로서의 역사적인 작용을 하게 되었다.

여기서 우리는 세계 4대문명의 하나인 유프라테스강과 티그리스강의 문명인 메소포타미아의 고대 근동의 오리엔트 문명에 눈을 돌릴 필요가 있다고 본다.

콧대 높은 유럽인들에게 고대 문명은 그리스나 로마 역사가들, 혹은 성서학자들이 제공하는 이차적이며 다소 왜곡된 정보가 고작으로서 그것이 전부였던 때가 있었다. 그러나 유물을 연구하는 고고학(archaeology)과 문헌을 연구하는 고전 문헌학(philology)에 대한 끈질긴 노력으로 인하여 자기들의 정체성이라 할 수 있는 두 가지 사상적인 기둥인 '헬레니즘'과 '헤브라이즘'의 뿌리와, 신약성서와 구약성서 사상의 모체가 점점 드러나기 시작한 충격을 보게 되었다.

유럽인들의 '고대 근동' 발견은 우연이었다. 이들이 '오리엔탈리즘'이라는 이데올로기를 가지고 접근한 중동 지방에서 뜻하지 않게 자기들의 모습을, 그것도 오롯한 모습들을 발견한 것이다. '오리엔트'를 발견하면서 아하, 자기들의 정체성을 새롭게 더불어 인식하게 되고, 헬레니즘과 헤브라이즘의 근간을 이루고 있는 '고대 근동(ancient Near East) 문명'의 실상(實像)을 발견하고 실로 놀라지 않을 수 없게 되었던 것이다.

인간문명의 필수 요건인 '도시', '문자'가 세상 처음으로 창조된 곳이 바로 '고대 근동'이기 때문이다. 그렇다고 '고대 근동' 혹은 '오리엔트'는 단순히 지형적인 개념은 아니라는 점이다. 미국에서 '오리엔트'하면 한국을 포함한 동양을 의미하지만 유럽의 전통적 입장에서는 '오리엔트'는 이집트, 시리아, 팔레스타인, 터키, 이라크, 그리고 이란을 포함한 '근동지방'을 중심으로 일어난 총체적인 문화 현상을 의미하고 있었기 때문이다.

18세기 말부터 본격적으로 서양인들의 연구 대상이 되기 시작한 오리엔트는 '아랍'일 뿐만 아니라, 고대 근동(수메르, 바빌로니아, 앗시리아[지금의 이라크]), 이집트, 히타이트(지금의 터키 또는 소아시아), 페르시아(이란)였다. 이들은 지중해를 중심으로 생겨난 인류 최초의 문명들이 일어난 이른바 '비옥한 초승달(fertile crescent)'이라고 불리는 지역이다. 유럽인들에게 오리엔트는 명확하게 경계가 그어진 지형적인 개념이 아니었지만 당시 그들의 오리엔트는 '고대 근동(ancient Near East)'이었던 것이다.

'오리엔트'에 관한 연구는 고대 근동이 위치한, 두 강들 사이의 지역을 의미하는 메소포타미아(Mesopotamia)의 연구에서 비롯되었다. 유프라테스강과 티그리스강 사이에서 시작된 인류 문명의 가장 오래된 발상지 수메르, 바빌로니아, 앗시리아 연구에서 시작하였다는 말이다. 현재 이라크의 남부에 자리 잡았던 수메르인들은 지금부터 약 오천삼백 년 전인 기원전 3300년부터 문자를 사용하고 도시를 건설하기 시작하였으니….

이 수메르인들은 자신들을 '키.엔.기(ki.en.gi)'라고 불렀다고 한다. '키.엔.기'는 나중에 남부 바빌로니아와 북부 앗시리아에게 그 문화를 넘겨주어, 그 역동적인 문화가 지중해를 중심으로 훗날 태어날 그리스의 헬레니즘과 팔레스티나의 헤브라이즘에 기저로서의 주요한 근간을 마련해 주었던 것.

'오리엔트'를 대상으로 고전문헌학적인 본격적으로 연구한 최초의 오리엔탈리스트는 명실공히 독일 괴팅겐의 한 고등학교 라틴어 교사였던 G. F. 그로테펜트(Grotefend, 1775~1853)이다. 그는 1802년 괴팅겐 대학에 있는 '왕립과학원'에서 고대 페르시아 제국의 수도였던 페르세폴리스(Persepolis)에서 발견된 비문을 연구하였던 바, 고대 페르시아 비문들은 대부분 세 가지 다른 쐐기문자로 쓰여 있음을 밝혀냈다. 즉, 인도-유럽어의 일종인 고대 페르시아어(Old Persian), 셈어의 일종인 아카드어(Akkadian), 그리고 세상의 어떤 언어와도 연관이 없는 고립어인 엘람어(Elamite)였다.

특히, 그는 중기 이란어인 임금에 관한 관용구를 중심으로 아베스타어 및 산스크리트어와 비교 연구하여 40여 쪽에 달하는 논문을 발표함으로써 고대 페르시아어 판독과 해독에 크게 기여하였다. 또한, 그는 이 비문들에 쓰인 글자 모양이 '못'과 비슷하다는 의미로 '쐐기문자(cuneiform)'라 칭하여 오늘날 설형문자로 불리게 된 장본인이 되었다.

그런가 하면, 고대근동에서 발견된 60만 장 이상의 쐐기문자 토판문서들이 처음으로 유럽인 학자들에게 소개되기 시작한 후 그로테펜트의 애쓴 공(功)에 의해 해독 가능하게 됨으로써 오리엔트의 오묘한 신비들이 서서히 드러나기 시작한 역사적인 쾌거를 맞을 수 있었던 것이다.

위에서처럼 이집트 상형문자에 대해서도 이를 어떻게 해독하여야 하는가에 대하여 당시 학자들로서는 초미의 최대 관심사가 되었다. 해독 작업에는 영국과 프랑스가 상호 협력적이면서도 경쟁적이었다.

해독 작업은 먼저 로제타석을 가지고 있는 영국에서 시작되었다. 영국의 의사이자 물리학자인 토머스 영(Thomas Young, 1773~1829)은 로제타석의 상형문자 본문에는 상형문자를 둘러싼 타원형으로서 후에 까르또슈라고 불리는 6개의 똑같은 테두리가 있는데, 그가 테두리를 프톨레마이오스의 이름으로 해독해 다른 비문에서 발견된 이 같은 테두리가 오랫동안 짐작해 온 대로 왕의 이름이라는 것이 추후 증명되었던 것이다. 또한 새나 동물이 바라보는 그림의 방향을 조사해 상형문자의 부호 읽는 방법을 알아냈다.

다음으로 프랑스의 위대한 언어학자인 장 프랑수아 샹폴리옹이 그 배턴을 이어 받았다. 그는 이집트의 상형문자를 해독하기 위하여 밤낮으로 진력하면서 이집트의 고대 현장을 수차례 방문할 정도로 열정적이었다.

카이로에서 남으로 나일강을 거슬러 올라가는 배를 타고 석양에 빛나는 나일강의 민낯을 그윽이 비껴 보면서 수천 년을 유유히 흐르는 아름다운 나일강에 마냥 취해 보기도 하고, 기자나 사카라의 피라미드와 스핑크스, 오벨리스크를 본 후 남진하여 룩소르와 카르나크의 하늘을 찌르는 아름드리 열주(列柱)가 가득한 거대한 신전들 그리고 아부심벨에서의 람세스 2세의 거룩하고 웅장한 4대좌상의 면모에 수차 매료되고 벽과 천정에 빼곡히 조각된 아름다운 상형문자들의 황홀한 감상에 또한 매료되어 꼭 판독해 내고야 말겠다는 굳은 의지를 새삼 다지면서 언어학자로서의 학문적 열정에 끝없이 불탔던 것이다.

그리고 한 걸음 더 나아가, 그의 절실한 연구를 더욱 진척시키기 위해서 신전의 벽면이나 천정 그리고 오벨리스크 등에 신성이 깃든다며 정갈한 몸과 마음으로 기도하듯 온 정성으로 상형문자를 새기는 이집트인들이 되어 보기도 하면서, 그러한 순화된 한마음으로 그는 14년 동안이나 이집트의 고대 상형문자 해독 연구에 외곬으로 몰두를 지속한 결과, 지성이면 감천이라고 했던가. 드디어 상형문자 해독에 큰 획을 긋는 역사적인 업적을 빚어냈던 것이다.

말하자면, 1821~1822년 샹폴리옹은 영이 다 못한 부분에 로제타석 연구에 바탕을 두고 출발해 일면 그리스어의 이두식 표기랄 수 있는 콥트어의 탁월한 실력으로 무장하여 상형문자 해독에 관한 주목할 만한 논문들을 발표하기 시작했으며, 마침내 각 이집트 상형문자 부호에 해당하는 그리스어 전체 목록을 만들어 냈다. 그는 이집트학 학자 가운데 최초로 이들 부호 중 일부는 알파벳이고 일부는 음절을 이루며 또 다른 일부는 전체 개념이나 앞서 표현한 대상을 나타내는 한정사(限定詞)라는 것을 알아내 상형문자 해독연구사에 당시 혁명이라 할 수 있는 전기(轉機)를 만들어 냈던 것으로 유명하다.

환언하면, 이집트 문자가 표음문자(phonogram), 표어문자(表語文字 · logogram)와 한정사(determinatives)의 3요소의 혼합으로 이루어진 복잡한 체계라는 사실을 발견하기에 이른 것이다. 그리고 표음문자에 해당되는 기호는 24개의 알파벳으로 구성되었다는 것을 밝히고 그 음가를 정확히 재구성해 내었던 거. 1822년! 이집트의 고대사가 개벽되는 순간이었던 것이다. 고대 이집트의 24개의 알파벳 시스템은 페니키아 알파벳에 영향을 주었고, 그것이 오늘날 서구문명의 알파벳의 시원이 되었던 것이다. 또한 그는 로제타석의 상형문자 본문이 그 당시 지금까지 생각해 왔던 것과는 반대로 그리스어를 번역한 것이라는 점도 밝혀냈다.

성각문자(聖刻文字)라고도 불리는 이집트의 상형문자(Hieroglyph)는 문자는 신성(神聖)한 것으로서 새긴 문자에는 신성한 힘이 깃든다고 전통적으로 굳게 믿고 있는 당시의 이집트인들은 신전, 피라미드 내부, 오벨리스크, 장제전과 무덤, 비석 그리고 미라관의 안팎 등엔 그들의 뜨거운 기도와 진실한 염원을 담아 정성껏 조각(彫刻)하고 채색하는 정자체인 인쇄체로 새기고, 파피루스 두루마리엔 사제체의 필기체로 썼기 때문에 기원전 4세기엔 그리스어에 밀려 쓰이지 않게 된 상형문자들이 후세에 오래도록 보존될 수 있도록 한 것도 해독 연구하는 데에 도움이 됐던 것으로 보인다고 학자들은 말하고들 있다나.

이 두 사람의 업적은 그 뒤 모든 이집트 상형문자 문서 해석의 기본 바탕이 되었음은 물론이고 특히, 샹폴리옹의 업적은 너무나 커서 후학들에 의해 걸맞는 예우로서 '이집트학의 아버지'라고 칭송되기에 이르렀다. 메소포타미아의 설형문자엔 독일의 그로테펜트요, 이집트의 상형문자엔 샹폴리옹이라는 두 거인의 대학자가 고대의 '오리엔트 연구사(History of Oriental Studies)'에 길이 빛나고 있는 것은 어쩌면 너무나 당연한 것이리라.

지난 4월 말에서 이달 초까지(2019 4.29~5.07) 자식들이 보내준 칠순기념으로 외손자 송민이를 데리고 아내와 함께 평소 가보았으면 하고 꿈꾸어 온 이집트 여행을 하면서 구경했었던 숱한 여러 장면들이 기억되지만, 이집트고고학박물관의 어느 입구에 설치된 가짜 로제타석과 이를 해독해 낸 샹폴리옹의 검은 흉상 앞에서 의미 있는 기념촬영으로 그에 대한 숭모의 정을 나름 표했던 것이 나로서는 나의 경험사(經驗史)에 가장 기억에 남는, 남을 한 장면이기도 하다.

무궁화 유감

언제부턴가 4월만 되면 나에게 생각나는 시 구절이 있다. "4월은 잔인한 달(April is cruel)"이라는 시구 말이다. 4월만 되면 나이가 들수록 더욱 강하게 그리고 오래도록 그 시 구절이 생각나곤 한다. 때론 어인 일인지 분노까지 치밀기도 한다.

그래서랄까, 최근 그 시 구절을 낳은 영국의 시인작가이자 1948년 노벨문학상 수상자인 T. S 엘리엇(Thomas Streams Eliot, 1888~1965)의 『황무지』를 검색해 보니 "4월은 가장 잔인한 달(April is the cruellest month)"로 한 술 더 뜨고 있음을 보았다. 거친 겨울의 끝자락에서 눈부시게 빛나는 4월의 향기도 그 향기에 취할 수 없는 어떤 사람에게는 괴로움일 수 있기에 외적인 화창함에 아직 적응하지 못한 내면을 가진 이에게는 4월은 속절없어서 그가 그렇게 가장 잔인한 달이라고 절규했었는지는 영 알 수 없지만….

삭풍이 가고 남풍이 불기 시작하는 4월이면 봄의 꽃들도 피어난다. 만물이 기지개를 펴며 여기저기 소생하는 삶의 내음이 나고 소리가 들리는 것이다. 새로움의 이러한 축복스러운 봄의 찬란한 모습들 속에서 나는 왜 4월의 잔인함이 무겁게 다가온단 말인가? 그것은 뭇 사람들을 축제의 마력에 빠뜨리게 만드는 벚꽃 때문이다.

과거엔 4월 초였던 것이 지구온난화현상 때문인지 빨라져서 3월 말이면 남부 지역부터 피기 시작되어 4월이면 전국으로 번지는 벚꽃의 개화 시기에 맞추어 벚꽃이 만발하게 되면 어느 지역이고 벚꽃을 즐기려는 사람들로 인산인해를 이루는 모습들을 두 눈으로 보게 된다. 곳에 따라서는 구미 당기게 하는 벚꽃축제도 벌이고 또한 새로운 축제의 장을 고안하여 벚꽃 즐기기를 부추기기도 하면서 전국이 시간 차이를 두고 경쟁적인 벚꽃축제를 연이어 벌여 대는 것이다.

구경꾼들 모습은 밤낮없이 즐거움에 마냥 취해 한결같이 무어라고 지껄이며 그윽한 정취에 젖어 눈부신 벚꽃군(群)을 배경으로 귀한 사진 박기에 시간 가는 줄 모르는 듯, 밤이 되면 더욱 그 밀도들이 진해져 그야말로 바로 천국에 온 환상적인 모습들을 연출한다. 새봄을 맞아 피어나는 벚꽃이 장대하고 흐드러지게 아름다운 꽃이라서 그 향기에 취해 그러한 현상들이 매년 때만 되면 빚어지는가? 빚어져야만 하는가? 벚꽃이 피는 한때지만 온 나라가 온통 벚꽃법석에 빠져 버리는 우리나라만의 현상, 그것을 어떻게 해석해야만 할까?

그것은 소인(小人)인 내가 보기엔 정도(正道)를 벗어난 일종의 집단 일탈의 기현상(奇現象)이라는 생각이 든 지 오래다. 그러한 현상들이 해마다 이어져 수십 년의 세월이 흐른 후에는 벚꽃 집단감상이 소리 없이 야금야금 체화되어 벚꽃의 혼[櫻花之魂]까지 우리들 몸에 영원히 깃을 틀어 버리게 될 것이다. 먼 미래에 우리 배달겨레에 나타나게 될 이 현상이 정말 끔찍하지 않다면 그 무엇이란 말인가? 아름다운 꽃을 혼자든지 몇 명이든지 또는 일시에 어디서든지 집단 감상하는 게 좋은 것이지 무슨 쓸데없는 소리냐고 할 분도 있을 것이지만….

헌데, 가만히 생각해 보면 봄이면 우리 배달겨레가 집단으로 취해 빠져 버리는 그 벚꽃이 대저 어느 나라의 꽃이란 말인가? 우리나라 사람이라면 성인 대부분이 이웃 일본 나라의 국화(國花)라고 알고 있을 것이다. 그렇다! 일본의 나라꽃이다. 벚꽃이 만개하는 4월만 돌아오면 우리는, 우리 배달겨레는 우리 자신도 모르는 사이 4월 한 달이라지만 도국인(島國人)인 일본인이 되어 가는 것은 아닐까? 좀 심한 말을 한 건가?

우리는, 우리 배달겨레는 불행히도 1910년 8월 29일부터 1945년 8월 14일까지 35년 동안 나라를 잃고 일본의 식민지시대의 3등 일본 국민이 되어야 하는 기나긴 천추의 한을 겪었다. 일본은 허무맹랑한 내선일체(內鮮一體)라고 떠들면서 우리를, 우리 배달겨레를 잔악무도하게도 지구상에서 영원히 그 흔적을 지우려고 벌겋게 혈안이 됐었던 것. 그러한 못돼 먹은 시도는 여러 가지로 끈질기고도 집요하게 자행되었는데, 그중의 하나가 그들의 국화로 우리 강토를 뒤덮어 버리는 일이었다. 이러한 일이 역사에 있었다는 것을 단군성조의 후예인 우리 배달겨레로서는 절대로 꿈속에서라도 잊어서는 안 된다.

쪽바리 일본 놈들이 우리나라에 오기 전에도 어떤 벚꽃은 원산지가 우리나라로서 우리 산하에 허다히 자생하고 있었다. 그저 일반 꽃들과 동일한 차원에서 말이다. 지금처럼 4월이면 전국 곳곳에서 최면성의 집단축제를 벌이는 일이란 아예 없었다. 무궁화(無窮花)를 근화향(槿花鄕)이니 해서 조상대대로 무궁화를 바로 곁에서 우리 꽃으로 대우해 왔을망정, 우리 배달겨레의 풍습엔 벚꽃예우 같은 것은 원래에 없었기 때문이다.

그럼에도, 그들은 그 벚꽃을 그들의 국화로 정한 뒤 우량종으로 개량해서 신성화하기 시작한 것. 요샛말로 벚꽃 즉, 그들 말로 사꾸라꽃에 거룩한 국격을 부여하였던 것이다. 그리고는 자기 나라 요소요소에 대대로 식재하여 국민들에게 애국심을 고취시키는 데 성공하였듯이 새로이 병탄한 식민지 조선반도에서도 성공한다는 교활한 의지를 가지고 그러한 작업을 밀어붙였던 것. 즉 벚나무를 마을, 길, 냇가, 도로, 시가지, 관공서 등, 말하자면 궁(宮)을 원(苑)으로 격하시켜 창경원에도 그들 나라의 꽃인 벚나무를 집단 식재해서 '무궁화 삼천리'가 아니라 '사꾸라꽃 삼천리'로 조선반도를 만들어서 본격 식민지화하려는 대목표가 검은 그들의 불타는 야욕이었으니…. 2차 대전으로 패망은 했지만 그들의 사꾸라꽃 야욕은 현재진행형으로 봐야 한다고 본다. 그들이 이제 와서 벚꽃 감상의 좋은 기회를 주기 위했던 거라고 말하는 자가 있는 모양인데 그들의 얄팍한 진짜 속내를 간파할 줄 모르는 우리도 아니다.

그럼에도 불구하고 왜정(倭政) 시 그들이 조성해 놓은 벚꽃단지를 중심으로 대한민국 곳곳에 4월이면 벚꽃이 만개되어 그들의 나라 안에서 자국민이 성황리에 하는 벚꽃축제라는 짓거리를 독립한 한국이라면서 70여 년이 지난 현재에도 그대로 재현해 주고 있는 것을 대마도 건너편에서 그들은 매년 회심에 젖어 미소 지으며 보고 있을 수 있게 됐다. 그러니 음흉한 검은 그들 중엔 속으론 목이 터지는 쾌재를 부르고 있을 것이라는 짐작이 가고도 남는다는 말이다.

내가 시골서 자랄 때에는 마을 동구 밖 언덕이나 밭뙈기 언덕 때로는 논배미 등에 그리고 초등학교 화단이나 교정에 나라꽃 무궁화가 아름답게 많이 피고 지는 것을 보았었는데, 지금은 고향에 가 보면 그러한 모습은 사라진 지 오래다. 그러니 그 많던 우리나라 꽃인 무궁화는 다 어디로 갔단 말인가?

현재, 우리 국민들이 무궁화를 나라꽃으로 제대로 대우하기는 하는가, 라는 크나큰 불만에다 벚꽃 잎이 온 하늘에 휘날리는 만큼이나 매년 4월이 되면 대단스런 벚꽃축제의 물결로 전국 곳곳이 성대히 뒤덮이는 자존심 상하게 하는 희한한 꼴을 하도 목도(目睹)하게 되니, 오호통재라! 원래 그렇지 않았던 4월이 나에게는 점점 잔인한 4월(Cruel April)로 되어 버리기에 이른 것이다.

헌데, 그럼에도 불구하고 예로부터 우리 민족의 사랑을 받아 온 무궁화(無窮花)는 우리나라를 상징하는 꽃으로 '영원히 피고 또 피어서 지지 않는 꽃'이라는 뜻을 지녀 고대 환국(桓國)에서도 신성시되던 식물로 하늘에 제사를 지내는 신단 둘레에 많이 심어졌다는 사실에 우리는 필이 주목하여야 한다고 본다.

옛 기록을 보면 우리 민족은 무궁화를 고조선 이전부터 하늘나라의 꽃으로 귀하게 여겼고, 신라는 스스로를 무궁화 나라인 '근화향(槿花鄕)'으로 부르기도 하였던 것이다. 중국 최고(最古)의 지리서 산해경(山海經)에서는 우리나라를 예로부터 "군자의 나라에 훈화초가 있어 아침에 피었다가 저녁에 진다(君子之國 有董花草 朝生夕死)."라고 칭송하고도 있다. 훈화초란 다름 아닌 우리 배달겨레의 무궁화를 가리키는 말인 것이다.

이러한 내역을 갖고 있는 무궁화의 식물분류는 쌍자엽식물/강-아욱/목-아욱/과-무궁화/속-무궁화/종-무궁화로서, 원산지는 한국, 인도, 중국이고 학명은 'Hibiscus syriacus L.'이며 영명은 'Rose of Sharon, Shrub Althaea'이다. 무궁화는 7월 초순에서 10월 중순까지 매일 꽃이 피고 보통 한 그루에 2천~3천여 송이가 핀다. 꽃은 제법 큰 편이며, 꽃잎은 흰색 내지는 분홍색을 띠며 5장이 잔처럼 벌어진다. 가운데 붉은 테가 있고 거기서 노란 수술이 솟아 있는 것이 특징이다.

보편적으로 흰 꽃이 유명하지만, 본래 무궁화는 붉은빛이 도는 꽃이고 오늘날의 흰 무궁화는 우리 한국에서 개량된 것이라 한다. 또한 옮겨 심거나 꺾꽂이를 해도 잘 자라고 공해에도 강한 특성을 지니고 있어 우리 배달민족의 근면과 끈기를 잘 나타내 주고 있다. 헌데, 관리를 소홀히 하면 벌레가 생기기 쉬우며, 벌레가 생긴 꽃은 매우 흉해지기 때문에 꼼꼼한 관리가 필요하다는 점을 특히 유념하여야 한다.

배달계, 백단심계, 적단심계, 청단심계, 자단심계, 아사달계 총 6가지 종류의 무궁화가 있으며 색에 따라 구분하고, 국내 품종 100종을 포함, 200여 품종이 있다고 한다.

배달계는 배달품종과 그 아종. 개량종으로 꽃의 형태는 흔히 아는 무궁화이나 꽃잎이 완전한 백색이고 중앙에 붉은 테가 없다. 비교적 최근에 개량된 종류이며 기본적으로 홑겹이나 아종으로 다양한 형태가 있다. 꽃이 크고 꽃잎이 완전한 흰색인 게 공통점이며 이름에서 보이듯 민족적 상징성을 염두에 둔 종류이다.

백단심계는 가장 보편적으로 널리 알려진 무궁화의 형태. 흰 꽃잎에 붉은 단심, 노란 수술이 특징이다. 백단심을 베이스로 많은 아종이 있으며 방사맥의 형태, 꽃의 크기, 색상 등으로 가장 다양하게 분화된 종류이다.

적단심계는 과거에 자단심계와 함께 홍단심계로 불렀으나 적단심계와 자단심계로 분류되었다. 꽃에 붉은빛이 돌며 색상과 모양이 가장 화려하다.

청단심계는 꽃잎에 청색이 도는 개량형. 배달과 더불어 비교적 최근에 개량된 종류이며 이쪽은 유럽의 개량종을 베이스로 했다고 한다. 형태나 모양은 자단심계와 유사하기도 하나 전체적으로 청색의 꽃만을 피우며 다른 색의 꽃이 피지 않는다고 한다.

자단심계는 적단심계와 함께 홍단심계에 속했으나 새로 독립 분류되었다. 적단심계에 비하여 꽃잎이 자주색에 가까우며 모양은 적단심계와 유사하다. 역시 화려하며 아종도 다양하다.

아사달계는 아사달품종과 그 아종. 백단심계와 기본적으로 유사하나 꽃잎이 더 가늘며 아사달 무늬라 부르는 독특한 무늬가 나타난다. 이 아사달 무늬가 나타나는 것을 아사달계로 분류하며 이 무늬는 꽃마다 조금씩 차이가 나는 것으로 알려졌다.

여기서 좀 더 과거로 거슬러 가 보면, 여느 꽃에서처럼 무궁화에도 전설이 하나 있는데, 일편단심과 절개를 강조하는 전설이다. 옛날에 재주도 많고 아름다운 어떤 여자가 눈먼 남편과 함께 살았다. 남편이 맹인이었지만 아내가 남편을 잘 돌봐 준 덕에 주변 사람들에게서 그녀는 평판이 매우 좋았다. 한편, 이 여자를 탐낸 많은 남자들이 여자에게 남편 대신 자신을 택하라고 재혼 요청을 많이 했지만 여자는 매번 남편을 위해 다른 남자들의 재혼 요청을 거절했다.

그런데 어느 날 그 마을의 원님이 여자의 소문을 듣고 그녀를 관아까지 불러냈다가, 그 여자의 용모와 태도, 행실에 그만 반해 버리고 말았다. 여자를 탐내게 된 원님은 자기 아내가 되어 달라고 여자에게 졸랐다. 그러나 여자는 옛날에 다른 남자들에게 그러했던 것처럼, 자기에겐 눈먼 남편이 있으니 안 된다고 거절했다. 원님은 원하는 것이라면 뭐든 주겠다는 식으로 여자를 끝없이 꾀려 했지만, 끝내 이마저도 거절한다. 그리고 여자는 원님의 부탁을 거절하면서 계속 집으로 보내 달라고만 요청했다.

이에 화가 난 원님은 "네가 내 말을 안 들으면 죽여 버리겠다."라고 위협한다. 그러나 여자가 끝내 말을 듣지 않고 남편에의 절개를 지키기를 택하자, 그는 마침내 화를 참지 못하고 여자를 죽이라고 명령한다. 결국 여자는 포졸들에게 끌려 나가 죽게 되었는데, 죽기 전 그녀는 "제가 죽거든 저를 꼭 우리 집 울타리 밑에 묻어 주세요."라고 포졸들에게 간곡하게 부탁했단다.

포졸들은 그녀가 죄가 없음을 알기에 죽이고 싶지 않았지만, 상관의 명을 받았으니 하는 수 없이 그녀를 죽이고 부탁대로 시신을 그녀의 집의 울타리 밑에 고이 묻어 주었다. 그러자 여자가 죽은 다음 해, 울타리 밑에서 웬 꽃나무 한 그루가 자라나더니 집 안에 있는 눈먼 남편을 보호하듯이 집을 둘러싸는 식으로 자라기 시작했단다. 이것이 바로 무궁화라는 이야기로서 꽃말과 같은 '일편단심', '은근과 끈기', '무궁' 등이 읽히는 것도 느낄 수 있게 된다.

위 전설이 있을 정도로 오랜 세월 동안 우리 민족과 함께해 온 무궁화를 지속하여 기리고 선양하기 위해서 우리나라의 대표적인 국가 상징인 국기를 게양하는 깃대의 깃봉을 무궁화 꽃봉오리로 하고 있으며, 무궁화대훈장을 비롯한 나라문장과 대통령표장도 무궁화 꽃으로 도안되어 있음과 동시에, 열차 명으로 무궁화호를 오랫동안 사용하고 있음도 보게 된다.

앞에서 나는 그 많았던 우리나라의 꽃 무궁화는 어디로 가 버리고 일본 꽃인 벚꽃만이 우리 강토에서 활개를 치느냐는 식의 유감스런 개탄을 차마 속 터지게 쏟아 냈는데, 2017년부터 개정된 '산림자원의 조성 및 관리에 관한 법률'에 따라서, 산림청에서 무궁화진흥계획 및 그 연차별 시행계획을 수립 · 시행하게 되었고, 특히 국가기관의 장, 지방자치단체의 장, 공공기관의 장, 각급 학교의 장은 무궁화에 대한 애호정신과 국민적 자긍심을 높이기 위하여 그 소관에 속하는 토지에 무궁화를 확대 식재하고 이를 관리하도록 노력하여야 한다고 강하게 전향적(前向的)인 법적 장치화하였다고 하니, 비록 만시지탄이나 나라꽃 무궁화를 위해 매우 다행스럽고 잘된 처사라고 고무적인 생각과 희망이 든다.

조선 말 개화기를 거치면서 "무궁화 삼천리 화려강산"이란 노랫말이 애국가에 삽입된 이후 더욱 국민들의 사랑을 받아 왔던 우리나라의 꽃 무궁화가 언제부턴가 무궁화대훈장 등 관념에만 남았지 실제 우리 삶의 주변에서는 눈에 보이지 않게 돼 몸씨 개탄스러웠고 4월이면 왜화(倭花)의 벚꽃축제에 빠져 버린 오늘의 우리 현실이 잔인스럽고 분노까지 치밀었으나 위처럼 노력도 하게 된다니 마음이 좀 놓인다.

한편으론, 찬비가 내리는 '제80회 순국국선열의 날'의 기념식을 오늘, TV로 지켜 보면서 우리 대한민국의 국화 무궁화에 순국선열의 거룩한 선혈들이 서리는 모습이 그리도 겹쳐 보이니 그간의 무궁화 유감이 각별히 더 다가오기도 하는구나.

카르페 디엠

인구(人口)에 회자(膾炙)되는 말이 항상 있기 마련이지만 요즘 회자되는 '카르페 디엠(carpe diem)'이라는 말에 나는 퍽이나 관심이 많이 간다. 아마도 칠순이 되어 나이가 들어가니 더욱 그러한 게 아닌가 하는 생각이 든다.

'카르페 디엠(carpe diem)'은 "지금 살고 있는 현재 이 순간에 충실하라."는 뜻의 라틴어로 호라티우스(Quintus Horatius Flaccus, B.C65~B.C8)의 "현재를 잡아라, 가급적 내일이란 말은 최소한만 믿어라(Carpe diem, quam minimum credula postero)."는 라틴어 시(詩)의 구절로부터 유래된 말이다. 그는 고대 로마의 유명한 서정시인으로, 초대황제 아우구스투스(B.C63~B.C27)에게 바쳐진 시라고 알려져 있다. 즉, 우리말로는 "현재를 잡아라(Seize the day 또는 Pluck the day)."로 번역되는 라틴어(語)이다.

라틴어 카르페(carpe)는 본래, 단어 그대로 '카르페(carpe)'는 '뽑다'를 의미하는 '카르포(Carpo)'의 명령형이었으나, '즐기다', '잡다', '사용하다'라는 의미가 되고, 디엠(Diem)은 '날'을 의미하는 '디에스(dies)'의 목적격이자 목적어로서 '날', '오늘'을 의미한다. 지구촌의 요새 사람들이 2천여 년 전(前)의 말에 왜 그토록 쏠리는 걸까. 2천여 년 전이나 지금이나 뭔가 공통적으로 관통하는 시대의 흐름이나 어떤 정신이 그렇게 만드는 것은 아닐까?

그 유래를 보면, 로마 제국의 대정치가였던 카이사르에게는 옥타비아누스라는 조카가 있었고, 카이사르는 자신이 죽은 뒤 자신의 자리를 옥타비아누스에게 물려주고 싶어 했지만 심한 반대에 부딪혀 결국 옥타비아누스는 다른 두 사람과 함께 로마를 다스리게 되었다. 로마 제국이 계속 전쟁을 하느라 백성들은 힘든 나날을 보내던 중 옥타비우누스가 이집트의 여왕 클레오파트라와의 전쟁을 승리로 이끌며 로마에서 가장 강력한 권력을 손에 쥐게 되자 그가 황제가 되는 것에 반대할 사람이 아무도 없게 되었다.

그제야 로마에는 로마의 평화를 뜻하는 팍스 로마나(Pax Romana)가 찾아오기에 이르렀던 것. 이러한 현상을 목격한 시인 호라티우스는 자신의 시집에 '카르페 디엠(현재를 즐겨라)'이라는 말을 써 그동안 끔찍한 전쟁을 겪으며 슬픔과 공포에 치를 떨었던 로마 시민들이 이제 마음 편히 쉬어도 된다는 뜻을 그렇게 피력했던 것이라고 한다.

현대로 내려와서, 1989년 개봉된 미국 영화『죽은 시인의 사회(Dead Poet's Socity)』에서 로빈 윌리엄스의 캐릭터(John Keating)가 학생들에게 "카르페 디엠, 오늘을 즐겨라, 소년들이여, 삶을 비상하게 만들어라."라고 자주 외치면서 더욱 유명해진 '카르페 디엠'은, 전통과 규율에 도전하는 청소년들의 자유정신을 상징하는 말로 쓰였던 것이다. 키팅 선생은 영화에서 이 말을 통해 대학 입시나 좋은 직장의 미래라는 미명하에 현재의 삶인 학창 시절의 낭만과 즐거움을 포기해야만 하는 학생들에게 지금 살고 있는 이 순간이 무엇보다도 가장 확실하며 중요한 순간이니 맘껏 즐길 것을 일깨워 주었던 것.

또한, 욜로(YOLO)도 현재를 즐기며 사는 태도를 일컫는 신조어다. 한 번뿐인 인생(You only Live once)의 이니셜을 따 만들었는데, 흔히 오늘을 즐기라고 인용되는 카르페 디엠(carpe diem)과 맥이 통하는 표현이라 할 수 있다. 욜로(YOLO)라는 말이 대중화된 것은 2010년대 들어서다. 2011년 래퍼 드레이크(Drake)가 발표한 더 모토(The Motto)의 노래 가사에서 'You only Live once'와 'YOLO'가 등장한 것이 계기였다. 더 모토는 발매 첫 주에 빌보드 핫 100 차트 18위로 데뷔했으며 이후 14위까지 올랐었다. 그리고, 2012년 2월에는 미국 랩 차트에서 1위를 기록했다. 노래가 인기를 끌면서 욜로 역시 유행하기 시작했으며 하나의 트렌드로 자리 잡게 되었다.

현재를 중시하는 20·30세대의 가치관이 욜로 문화로 나타났다고 보는 시각도 있다. 전 세계적으로 저성장 기조가 장기화하면서 미래를 준비하기보다 오늘에 보다 집중하려는 태도가 20·30세대를 중심으로 자리 잡았기 때문이다. 오늘의 즐거움보다 미래를 위해 투자했던 우리 또래의 기성세대와는 다른 삶의 방식이 그들의 두뇌를 시대적으로 점령했다고나 할까. 말하자면, 아끼고 모아 부자가 되는 시대는 지났으며 지금 가진 것으로 자신들의 삶을 풍요롭게 만들겠다는 풍의 태도의 변화가 욜로 라이프에 반영되었던 것이리라.

전 세계적으로 20·30세대를 중심으로 경험과 가치를 중시하는 문화가 한층 발달하면서 욜로를 포함한 다양한 신조어들이 등장했다.

욜로의 기조에 맞게 현재를 즐기는 생활은 욜로 라이프라고 하며 이를 실천하는 사람들은 욜로족 혹은 투데이(Today)족이라 한다. 어찌 보면, 오늘에 더욱 충실하게 살아간다는 의미다.

단순하고 간결한 생활을 통해 의미 있는 일에 집중하는 생활 방식인 미니멀 라이프 역시 욜로와 관련이 있음은 물론이다. 적게 소유하는 삶을 통해 만들어진 시간과 공간의 여유를 진짜 하고 싶은 일이나 여행, 취미 등 마음에 맞는 활동에 실컷 집중하고 보람을 느끼려는 것이기 때문이다.

이와 같이 인터넷상에 나와 있는 자료들을 간추려 언급한 것은 표제의 '카르페 디엠'의 뜻을 제대로 파악해 보기 위한 나의 노력의 한 일환인 것이다. 호라티우스의 시 구절이 로마의 전쟁이 끝났음에도 그 실은 전쟁으로 말미암아 잉태된, 전쟁전선(戰線 · War Line)에 있었던 것이고, 1989년 영화 속의 학생들에게는 입시전선이나 직장전선이 가로놓여 있었으며, 젊은 욜로족에겐 경제전선이나 생활전선에 봉착해 있는 면이 고찰되니, 성급한 판단이 될지는 모르겠으나 개인이나 집단 간에 모두들의 공통점으로 전선(戰線 · War Line)이 있다는 점이 나의 뇌리에 들어와 길게 똬리를 틀었다는 것을 지적하지 않을 수 없다.

그러고 보니, 카르페 디엠(carpe diem)의 뜻은 '지금 · 바로 · 현재를 즐겨라'라는 의미를 가지고 있는 것으로 해석된다. 인생은 한 방이니 지금을 즐겨라! 그렇지만 너무 즐기면…, 생각지도 못한 후폭풍을 맞는다는 것!

사실 젊을 땐 하루하루 사는 것이 즐겁고 하고 싶은 것들이 정말 많으리라. 하루하루 오늘을 위해 최선을 다한다면 그만큼 보람된 일은 없는 것 같기도 하리. 먼 미래를 보고 사는 사람이라면 하루하루 최선을 다하는 거였기에.

여기서 하루를 즐긴다는 의미가 진짜로 즐기기만 한다는 의미가 아니라, 목표를 위해 노력한다는 뜻이고 현재에 안주하지 않고 긍정적인 마음으로 산다는 것. 결국 허투루 살지 않는다는 것을 의미한다는 말이외다. 분명 즐기긴 즐기되 자신이 목표로 한 것은 절대 멈추지 말고 착실한 노력을 병행한다는 걸 기본적으로 포함해서 하는 얘기리라.

부연하자면, 자신이 하는 일에 있어서 즐겁게 일한다는 것으로 그 마음가짐 한 가지만 잃지만 않으면 된다. 어느 순간 인내의 한계점에 다다를 때가 있을 때, 그땐 뒤의 에너지 축적을 위해 잠깐 쉬어 줘야 하는 게 유익하고 맞다고 본 것. 그럴 때 내 자신이 쉼 없이 달려왔으므로 잠깐 눈을 붙여 주는 것도 좋으니까 말이다.

즐기되 가끔은 노력은 필수적으로 해야 한다는 사실을 항시 염두에 두고 본인만의 기준을 바르게 세우고 위의 카르페 디엠의 뜻을 몸소 받아들이면서 이 세상을 그런대로 의미있게 살아가자는 젊은 세대들의 이야기들을 적어 봤다.

그럼, 칠순을 맞은 나와 같은 또래 위아래 세대들인 시니어 세대들은 어떻게 해야 할까? 어떻게 해야만 할까? 어떻든 위에서 지적한 공통점인 전선(戰線)이 있어야 할 것이다. 다소 차이는 있을 수 있겠지만 직업전선이나 경제전선 그리고 치열한 생활전선을 뒤로하고 은퇴해서 손주들의 재롱을 보거나 여생의 삶을 사는 등 저만치의 제2선에 머무르는 삶이 대부분일 거라고 생각된다. 따라서 삶의 제1선에 맞는 전선이 전부여서 쉽게 잘 떠오르질 않는다.

그래도 곰곰 생각해 보니, 하나 있기는 하다. 시니어세대에게만 해당되는 건 아니지 않느냐고 이의(異議)를 다는 사람들도 있을 것 같다. 고심 끝에 건강전선(健康戰線)을 택하기로 해 본다. 따지고 보면 건강전선은 모든 세대에 다 해당된다. 하지만 나이 들어가고 늙어 감에서 오는 어쩔 수 없는 자연스런 아픔들이 제일 많은 세대들이니 큰 무리는 아니라고 보기 때문이다.

무어니 해도 건강은 모든 개인이나 집단세대에게 제일 중요하다. 누구나 건강을 잃으면 삶의 전부를 잃어버리지 않는가 말이다. 아무리 발버둥 치더라도 소중한 사람들을 남겨 두고 이승을 영원히 하직하고 캄캄한 저승으로 가야만 되는 천리(天理)를 어길 수 없으니…. 건강을 유지해도 종국에는 그러한 거를 맞고 마는 것이 인간사이지만 누구나 사는 동안은 건강한 모습으로 살기를 소망하는 것이 인지상정임을 어떠랴!

실로 늘그막에 건강전선에 직면한 시니어 세대들! 하루하루를 건강관리에 최고 최선의 신경을 써야 하리라. 처한 환경과 사람에 따라서 여러 가지 대처 방안이 있을 것이나 누구나에게 통용될 수 있는 방안이 있긴 하다. 그것은 바로 '지금 · 바로 · 현재를 즐겨라'라는 카르페 디엠을 한시라도 머뭇거리지 않고 실천하는 것이다. 자신에 최적(最適)하게 해야 함은 불문가지다.

나의 카르페 디엠 실천은 이렇다. 무슨 뾰족한 비법이 있는 건 아니고 공개하기에 좀 민망하지만….

우선 지금처럼, 어비산 자락에서의 가평살이를 계속하려는 것이다. 물론 아내와 같이 계속 사는 건 두말할 나위도 없다. 아침에 일어나 어비천이 흐르는 길을 맑은 공기 속에 산책하고 우리 집 텃밭에서 일군 신선한 채소로 아내가 만들어 준 아침을 먹고, 병풍 진 주위의 멋진 풍광을 바라보며 간단한 운동을 하며 쉬다가 점심 후 다섯 시가 되면 아내와 둘이서 텃밭에 물을 주고 석식 후 TV를 보다가 취침에 드는 하루하루를 건강히 보내는 생활 그 자체를 감사하고 만족해하며 즐기는 누구나 할 수 있는 가정생활을 우리 내외도 한다는 말이다. 나아가, 금상첨화는 딸과 아들 내외가 놀러오면 손자들의 재롱을 보는 재미와 즐거움을 맛보기도 하는 때도 더러 있다는 점이다.

외곬으로 가평에서만 지내는 것에 변화를 주기 위해, 때론 서울의 도시에 나아가 친구들과 지기들을 만나 소주 한 잔을 기울이면서 세상 돌아가는 이야기로 친목을 도모한다. 특히, 매월 둘째 주 토요일 고교 동기 동창의 산우회에 나가는 것이 나에겐 즐거움의 공장 역할을 하기도 한다. 막걸리 한 잔으로 마음 맞는 친구들과 농담도 가능한 허물없는 교제를 할 수 있기 때문이다.

그리고 가끔은 아내와 함께 설악면 소재지에 나가 유쾌한 외식을 하거나 C빌리지에 가서 파크골프 치기로 서로의 심신을 다지기도 한다. 그러면서 서울의 N실버타운에서 그곳 실버타운으로 금년 4월에 입주해 오신 노령의 장인 · 장모님께 문안 인사를 드리기도 한다.

그런가 하면, 가끔씩 서울의 서점에 들러 기호에 맞는 책을 사서 독서를 지속해 지식의 갈증을 풀고 노트북 앞에서 계속해 온 수필을 쓰기도 한다. 이젠 고희가 되니, 눈이 흐려지는 걸 어이할 수 없지만 수필 쓰는 재미와 희열이 나에겐 있기 때문이다. 그래서 생이 다할 때까지 글을 써 보고 싶은 작은 소망을 항시 가져 보는 것이다.

또한, 시간이 되면 아내와 함께, 혹은 가족 등과 함께하는 해외여행도 해서 심신에 새로운 에너지를 주는 일을 계속하고자 한다. 이렇게 건강관리에 최선을 다하며 우리 내외에게 더 맞는 '카르페 디엠'을 생이 다하는 날까지 계속 찾아보면서 이승에서의 남은 삶의 궤적을 오롯이 그려 가 보려고 하는 것이다.

스페인어 공부

내가 스페인어를 제대로 공부해 보려고 착수한 것은 5년 전인 2014년 초이다. 아내의 회갑 기념 해외여행을 우리 내외가 꼭 가 보았으면 한 중남미로 정하고 같이 가기로 전년도 말경 아내와 약속했기 때문이다. 아내가 교직에 종사하고 있던 관계로 아이들 수업에 지장을 주지 않는 여름방학을 이용하기로 했던 것. 그래서, 시간 나는 대로 나는 도서관이나 서점에서 중남미 여행서적들을 뒤적이곤 했는데, 그러다가 이왕이면 현지에서 토막말이라도 할 수 있게 스페인어를 공부해 보자고 이순의 나이인데도 굳게 마음먹어진 것이다.

사실은 스페인어를 처음 접한 건 그때가 아니라 공무원 초창기 시절 상공부에서 근무했을 때였다. 같은 건물인 정부종합청사의 외무부에서 공무원을 대상으로 서비스 차원에서 아침 일찍 근무시간 전에 무료로 1시간씩 가르쳐 주는 스페인어 특별강좌를 6개월간 개설해 운영한다는 공문이 벽보에 게첨됐던 것이 눈에 띄었던 것. 부처불문이어서 내가 담당한 통상 업무에 도움이 될 것 같고 평소 외국어에도 관심이 있었기에 젊은 마음에 자신감을 가지고 선뜻 참여했는데,

그 당시 바쁜 업무에 쫓기다 보니 생각보다 진도를 따라가기에 벅차고 지금과 같은 자료도 없는 데다 흥미도 떨어져서 중도하차할 수밖에 없었다.

초빙강사는 외국어대 교수였고 60명이 넘었던 수강생이 열 명 정도 최종 이수했었던 것 같다. 대부분이 직접 업무와 관련이 깊은 외무부 출신들이었었다. 나는 그저 스페인어의 초보 맛도 보지 못한 상태에서 그만두었던 것이니 그 뒤에 어쩌다 그 생각이 나면 패배자인 양 입맛이 쓰기만 했던 것이다.

그런 후에도 마음만 좀 독했더라면 시간을 앞당겨 조금은 스페인어를 배울 수도 있는 기회가 아주 없었던 건 아니었는데…, 그라나다의 알함브라 궁전을 보고 플라멩코 춤을 감상하는 등 스페인을 두 번 정도 앞선 여행을 했었기 때문이다. 헌데, 자유여행이 아니고 여럿이 가는 패키지여행인 데다 잘하지 못하는 나의 영어로도 스페인에서 소통하는 데 별 지장을 못 느끼게 된 것도 스페인어 공부를 지연시킨 연유가 됐던 것 같다.

그러나 중남미는 스페인과는 달라서 영어가 거의 통하지 않는다는 이야기도 들리고 하니 아내 회갑 여행 기회마저 잘 활용하지 못하고 놓쳐 버리면 영 스페인어 공부는 물 건너갈 것만 같은 불안이 엄습했기에 나로서는 객기를 부려 보았던 것이다. 차라리 첨부터 스페인어에 발을 담그지 않았더라면 그렇지 않았을 터인데, 시작하고선 결실을 못 맺으니 사서 바보가 된 것 같아 뒷맛이 개운치 않았었던 게 솔직한 나의 심정이었다.

그런 후, 서점에서 여행자용 포켓 최신 스페인어회화 소책자와 두

툼한 책을 구입해서 자학(自學)에 들어갔던 것이다. 나의 경험에 의하면 외국어는 조금씩이라도 꾸준히 하는 것밖엔 별 도리가 없는 것 같다. 첨엔 이해가 안 되더라도 반복해서 꾸준하게 지속하다 보면 번뜩 이해가 오는 순간이 있고 입에서는 발음 소리가 나오고 그러는 사이 속도도 빨라지고 때로는 성취감이 생겨서 즐거움도 수반되는 것이려니….

공부하다가 생각이 안 나면 영어의 'Thanks'가 스페인어로 뭐더라? 아, 'Gracias'지 그리고 'How are you?'는 'Hola', 'Sorry'는 'Lo siento/La siente', 'Good bye'는 'Hasta la vista'로 아르헨티나의 수도는 'Buenos Aires(좋은 공기들)' 하는 식으로도 곰곰 생각해 보면 답이 나오게 되니 재미도 솔솔 붙어 가는 값진 경험을 해 보았던 것이다.

헌데, 우리는 왜 스페인어를 배우려고 할까? 예나 지금이나 스페인어를 배우려는 분들은 매우 다양하다고 생각된다. 유학을 준비하는 대학생들은 먼 미래를 내다보고 젊은 패기로 자신감 있게 어학연수 등을 통해 스페인어 학습에 매진하고, 스페인과 남미 등으로 이민을 준비하는 사람들은 이민의 필수 조건인 스페인어를 공부하면서 부족한 부분을 서로 챙겨 주며 미래의 터전을 향해 출발할 것이고 나처럼 미지의 세계를 눈으로 보고 현지인들의 생활상에도 관심을 기울이는 보다 알찬 여행을 하기 위한 경우도 있을 것이다.

그리고 한국 경제가 세계로 활발히 진출하면서 스페인어권 국가들과 다방면에서 교류가 이루어지면서 해외 출장 및 파견을 준비하는 직장인들도 넥타이를 맨 차림으로 시내 서점에서 스페인어 교재들을 꺼내 보면서 미음의 준비를 하는 모습도 이제 많이 보이기도 한다.

21세기 현재 스페인어 자체가 당장 필요해서 배우고자 하는 분들은 예전과 마찬가지이고 더 나아가 스페인과 라틴 아메리카 문화에 대한 관심이 커져 이 지역 문화의 맛을 직접 느끼고 체험하려는 사람들이 늘었음을 본다. 외국에 체류하면서 알게 된 스페인어권 사람들과의 접촉을 유지하고자 스페인어를 배우려는 분들 또한 많아졌다. 살아가면서 새로운 기회를 찾고 우리의 시야를 넓혀 주는 데에 현지 언어와 문화지식의 습득이 중요하지 않을 수 없기에 말이다.

오늘날, 세계화 시대를 맞이하여 영어는 물론, 바야흐로 제2외국어 교육의 중요성이 날로 부각되고 있음을 누구나 느끼는 세상이 됐다. 이러한 외국어 중에서 스페인어는 현재 점점 중요성이 더 커 가는 중으로서 브라질을 제외한 라틴아메리카 대륙의 대부분의 국가들(아르헨티나, 볼리비아, 칠레, 콜롬비아, 쿠바, 코스타리카, 에콰도르, 과테말라, 온두라스, 도미니카, 멕시코, 니카라과, 파나마, 파라과이, 페루, 엘살바도르, 우루과이, 베네수엘라, 푸에르토리코)과 스페인에서 모국어로 사용하고 있는 언어이다.

그 이외에도 미국의 남부 지역, 필리핀, 아프리카의 북부 지역과 적도 기니 등에서 스페인어가 폭넓게 사용되고 있다. 전 세계의 스페인어 사용 인구는 대략 4억 명 이상으로, 중국어, 영어 다음으로 사용자 수가 많다는 데 우리는 놀라지 않을 수 없다.

또한, 스페인어는 유엔을 비롯한 주요 국제기구들이 공용어로 채택한 언어로서 외교, 통상, 문화 등 국제 교류 활동에서 사용이 보편화되어 있음을 본다. 영어를 위협할 정도로 스페인어가 날로 위세를 떨치고 있는 미국에서 외국어 강좌를 수강하는 전체 대학생들 중에서 절반 이상이 스페인어를 선택하고 있다는 사실은 세계 속의 스페인어의 위상을 여실히 보여 준다고 하겠다.

특히, 멕시코에서 아르헨티나에 이르기까지 광활하고 자원이 풍부한 라틴 아메리카 대륙은 21세기에 우리나라가 지속적으로 진출해야 할 지구상의 마지막 보루로서, 최근 우리나라와의 교역이 날로 증대되어 가고 있는 상황에 있다. 이러한 증대되는 중요성을 감안한다면, 국내에서의 스페인어 교육과 연구는 아직도 미진한 실정에 처해 있는 것이 아닌가 생각되기도 한다.

따라서, 외국어를 공부하겠다 하면서, 심하게는 정복하겠다고 하면서도 목표의식도 없이 무작정 재미로만 외국어 공부를 시작한다거나, 남들이 하니까 나도 해 봐야지라는 얄팍한 생각만을 가지고 외국어 공부를 시작한다면, 마라톤의 42.195㎞를 '그냥 달리면 끝까지 갈 수 있겠지'라고 생각하는 단순함보다 오히려 더 무모할 짓이라는 말이 있다.

외국어 공부는 자국어 습득 과정에 비해 당연히 어려울 수밖에 없는 것이, 각 나라별로 언어 구조뿐만 아니라 생활양식 및 사고방식이 다 다르기 때문이다. 그러므로 외국어를 공부하는 데 있어서, 즉 스페인어를 배우는 데 있어서 나름의 투철한 계획과 목표의식을 가지고 꾸준하게 공부해야 한다는 말은 틀린 말이 아니라고 애써 강조할 필요도 없을 것이다.

이러한 생각의 연장선상에서 볼 때, 6개월여의 스페인어 공부로 아주 기초적인 과정을 어느 정도 마치고 2014년 과테말라, 엘살바도르, 쿠바, 페루, 아르헨티나, 파라과이, 브라질과 멕시코의 중남미 8개국을 아내와 함께 패키지여행을 했었다.

다행히도 단기간이지만 서반아어인 에스파뇰을 공부했기에 현지의 안내판이나 길 표지판 등을 보고 어느 정도 이해를 할 수 있어서, 과테말라의 아즈텍 거석문화 관람, 원시 상태인 아마존의 원주민촌 방문, 쿠바에서의 헤밍웨이 흉상조우와 데킬라 시음, 장관(壯觀)의 이구아수폭포 구경 겸 물벼락맞는 나룻배 타고서 아리랑 합창하기, 페루에서의 하늘열차를 탄 후의 불가사의한 마추픽추 관광과 쿠스코의 재규어 모습 관람, 유적지에서의 찬란한 잉카유물 구경, 아르헨티나에서의 탱고 춤 감상과 아사도 맛보기, 브라질 코르코바도 언덕의 30m 높이 거대 예수상 구경의 감동 그리고 멕시코에서의 아즈텍이 남긴 거대 피라밑 관람 등을 잘 마쳤다.

특히, 아내는 현란한 동작의 탱고춤판을 카메라에 담느라 시간 가는 줄도 모를 지경으로 자신의 회갑 여행을 살뜰히 만끽하는 등 굉장히 흥미롭고 추억에 남을 20여 일간의 여정을 보냈었다. 우리 일행 중엔 아내처럼 자신들의 회갑 여행을 온 대전여고 동기 동창 4 여성들도 있었는데 모두들 돈독한 우정을 나누는 만족스런 모습들이었다. 그만큼 중남미 여행이 우리나라 여행 마니아들의 인기 있는 관광 상품이리라.

허지만, 내가 스페인어를 좀 더 일찍 공부하여 영어정도의 수준이 됐었더라면 더욱더 여행의 참묘미를 즐길 수 있을 것이고 따라서 아내의 회갑 여행에도 보다 더 보탬이 되었을 텐데 하는 진한 아쉬움이 들었고 지금도 그러한 생각엔 변함이 없는 상태에 있다 하겠다. 허나, 외국어학은 단기간에 되는 것은 아니고 인내심을 가지고 꾸준히

해 나가야 하는 것이기에 작심하고 긴 시간을 투자하지 않으면 이루어 낼 수 없다고 본다.

중남미 여행을 마치고 돌아와 몇 달 후 강남의 어느 결혼식을 가게 됐다. 어느 큰 교회에서 치러진 고교 동창의 자녀 결혼식이었는데 그 교회의 앞 강단의 천장 모서리에 알파벳으로 쓰인 경건한 문구가 보였다. 으레 영어인 줄 알았는데, 자세히 보니 스페인어였다. 하느님의 성전(聖殿)에 오신 여러분을 환영한다는 내용이었던 걸로 기억한다. 믿음의 교회 건물에 영어나 라틴어가 아니라 스페인어인 것이 좀 특이하고 의아스럽기도…. 헌데, 식사 시간에 하객참석자 몇 명과 말을 나눠 보니 그 교회를 다니는 신도들임에도 뭔지 모르고 있는 듯했다. 영어가 아니니 모르겠다는 투였다.

이런 일도 있었다. 작년 여름, 딸네 식구와 아들네 식구를 포함하여 우리 가족 9명이 나들이로 모처럼 제주도에서 며칠간 힐링하고 돌아온 적이 있었다. 한번은 바다를 접하는 함덕 해변에 운치 있게 커피를 마시는 카페가 있어서 가 보았는데 그 옥호가 'Cafe del Moondo'였다. 남녀노소로 문전성시를 이루고 있었다. 스페인어로 'Cafe del Mundo(세계의 카페: Cafe of the World)'라는 말인데 영어식으로 좀 기교를 부려 약간 변형시킨 듯…. 주위를 가만히 살펴보니 이용객 가운덴 무슨 말인지 모르는 사람들이 대부분인 것 같았다. 바로 앞의 검푸른 망망대해를 바라보면서 새로운 세계를 꿈꾸며 큰맘으로 감상하라는 집주인의 의미 있는 주문이었으리라.

그런데, 요새는 어떻게 된 건지 우리의 간판은 외국어 세상이 돼 버렸다. 아름다운 우리말 간판은 보기가 드물게 됐다. 허다히 외국어 간판뿐이다. 멋 낸 커피숍과 상점, 가게뿐만 아니라 하늘에 치솟는 매머드 건물이나 아파트들의 이름도 낯선 외국어들 투성이다. 과거엔 외국어 간판이라면 대체로 영어가 주류였으나 이제는 어디를 가나 영어외의 외국어가 많아져서 무슨 말인지 모르는 경우가 태반이 된 것이다. 몇 년 전 소형공동주택관리소장으로 있을 때 프레체 오피스텔명이 궁금해 설립 관계자에게 물으니, 이름의 뜻을 묻는 사람은 처음이라고 하면서 이태리 말이라고 한 적이 있었다.

한국 속의 세계화란 말인가. 그래도 내가 늦게나마 스페인어를 좀 배웠기에 일부 알게 되는 곳이 있어서 그나마 다행이란 생각이 들었다. 앞으로 나는 외국어인 스페인어의 공부는 계속하려고 한다. 5년 전 마음먹음을 새롭게 다시 한 번 다짐해 보자는 것이다. 물론 영어 공부도 계속할 것이다. 내년부터 어쩌거나 꼭 하려고 한다.

올해에는 칠순 기념 수필집을 목표한 대로 2권 출간하는데 온 정성을 쏟아붓고 내년부터는 생이 다하는 날까지 시(詩)를 쓰려고 한다. 언젠가 나의 졸(拙) 시집이 나오게 되면 지구촌 시대에 걸맞게 영문판과 스페인어판도 같이 내려고 하는 생각을 계속해 오고 있기 때문이다.

에스페란토 語

내가 세계어인 에스페란토(Esperanto)란 말을 처음 들은 건 50여 년 전인 초등학교 5학년 때라 아스라이 기억된다.

가을쯤이라 기억되는데, 교생 실습을 나온 전주사범학교의 젊은 학생으로서 하루 중 일부 시간은 직접 수업을 맡아 두 달간 우리 반을 열정으로 열심히 가르쳐 우리들의 형님뻘인 예비 선생님과 정(情)도 많이 들었었는데, 그날은 우리 반을 직접 가르치는 시간으로서, 어느 사회생활 수업 시간인가에 세계의 여러 나라 이야기를 하는 중에 폴란드란 나라 어떤 사람이 한 가지 말로 세계 공통으로 쓸 수 있는 말인 에스페란토어를 만들어 냈다는 이야기를 해 주시는 게 아닌가.

나로서는 그 당시 상상이 가지 않는 신기한 얘기였다. 그 언어를 만든 사람은 자기가 살고 있는 나라에 여러 나라 사람들이 섞여 모여 살고 있어서 말이 서로 달라 의사소통에 서로들 애로를 많이 느낀 큰 불편을 겪고 있으면서 불화의 원인이 되는 것을 꼬마 시절에 여러 번 보고서 이를 근본적으로 해소할 수 있는 방안은 없을까 고심해 오다가 성인이 되어서는 자신이 스스로 에스페란토라는 세계어를 만들어 냈다는 거였다. 단지 한국어밖에 아는 말이 없었던 어린 나로서는 세상에 그런 말도 다 있나 하고 깜짝 놀라게 감동을 받았었던 대사건으로 새처럼 작은 나의 가슴속에 깊게 각인되게 되었던 것이다.

그러던 차, 전주신흥중에 입학하여 우리 글자와는 전연 다른 알파벳을 접하는 등 난생처음으로 외국어인 영어를 배우게 되었고, 서울로 유학한 경복고 시절엔 제2외국어인 독일어 · 불어도 배우게 되었는데, 나는 독일어를 택했었다. 우리가 성인이 되는 미래엔 바야흐로 국제화시대가 도래될 것이고 따라서 거기에 부응하기 위해선 누구나 주요 외국어를 하나 이상은 구사해야 한다는 문교정책의 일환으로 그렇게 외국어교육의 틀이 짜여 시행되었었던 것이리라.

1학년 4반인 나는 시간이 좀 지나자 여느 반원들처럼 60명 반원들의 이름들이 머리에 익혀지게 되었다. 헌데, 매우 특이하고 퍽 생소한 이름이 있었다. 나뿐만 아니라 많은 반 친구들이 특이하고 생소하다고 생각하고 있었던 것 같았다. 경복중 출신의 반원들은 이미 알고 있는 터라 그렇지 않았었지만….

'정수나모(鄭守羅模)'라는 이름이다. 우리에게 특이하고 생소한 이름임이 분명하지 않은가? 간혹 외자 이름도 있으나 이름은 보통 두 자의 한자어(漢字語)인데 세 자로 된 것부터가 나는 퍽이나 특이하다는 생각이 들었고, 두 자를 벗어나면 순 한글 이름일 수도 있을 텐데 한자 표기였기에 그렇지도 않은 것 같아 그 이름의 뜻이라든지, 부친이 지어 준 이름일 터인데 왜 그렇게 지어 주었는지 등이 매우매우 궁금했었다.

경복중(景福中)을 나와서 알 만하다고 생각되는 한 친구에게 물어보니, 우리나라엔 에스페란토어를 하는 사람이 극소수인데 그의 부친이 에스페란토를 사랑하고 잘하는 분이라 에스페란토로 자식의 이름을 지어 주었다는 정도의 이야기를 들려주었다. 아, 에스페란토의 이름이구나! 어쩐지….

시간이 어느 정도 지나 반원 서로 간에 친숙감이 들게 되자 나는 본인에게 직접 물어봤다. 그랬더니 평소 과묵한 그는 자주 그러한 질문을 들어와 귀찮은 면도 있어서인지 내가 먼저 어느 한 친구에게 들은 정도를 확인해 주는 수준의 얘길 하고선 그만이었다. 기대했던 본인한테도 더 진전된 이야기를 듣질 못한 상태로 그저 그렇게 많은 세월이 지금껏 흘렀던 것이다.

국어국문과를 나온 터라 나는 다른 언어에 대한 관심도 좀 있는 편이다. 그래서 우리 한반도를 둘러싼 나라인 중국과 일본 그리고 미국과 러시아의 나라말을 배워 보려고 일찍이 시도한 적이 있었다. 잘은 못하지만 영어는 중학교 때부터 배운 언어라서 외국인을 만나서도 겁나지 않고 그냥 하는 편이고, 일본어와 중국어는 관광할 때 소통할 정도는 자학(自學)으로 하는 편, 그리고 러시아어는 옛날 좀 자학(自學)하다가 중지해 겨우 철자법이나 익히는 정도이다.

나아가, 독일어는 고교 시 배운 상태에서 머물렀으니 녹슨 상태요, 다만 스페인어는 집사람 회갑 기념으로 남미 8개국 여행을 위해 반년여(半年餘) 자학(自學)한 후, 실제 현지에서 간단히 사용한 게 좀 남아 있는 편이다. 그러니, 에스페란토어도 당연히 관심을 가졌었으나 게으르고 능력이 달려 실제 배우려고 시도해 보진 못하고 무심한 세월만 보내고 만 것이 나의 숨김없는 사실이다.

에스페란토 이야기가 나왔으니, 할 수 없이 인터넷을 검색해 에스페란토 관련 자료를 더듬어 보기로 해야겠다. 에스페란토(Esperanto)는 세계에서 가장 많이 쓰이는 인공어(artificial language)라고 한다. '에스페란토'라는 이름은 1887년 발표한 국제어 문법 제1서에 쓰였던 폴란드의 안과의사 라자로 루드비코 자멘호프의 필명인 'D-ro Esperanto(에스페란토 박사)'에서 유래한 것이란다. 따지고 보면 Esperanto는 본래 '희망하는 사람'이라는 뜻. 국제적 의사소통을 위해, 배우기 쉽고 중립적인 언어를 기본 목표로 하여 만들어져서 원래는 국제어(Lingvo Internacia)라고 불리었던 것이다.

다시 말하자면, 에스페란토는 말이 서로 다른 민족 간 의사소통과 상호 이해, 나아가서 인류 평화를 위해 만들어진, 중립적이고 배우기 쉬우면서 모든 표현이 가능한 언어로서, 국제적으로 제 기능을 다할 수 있게끔 고안되었던 것. 그러나 '정말 배우기 쉬운가?'라는 질문에 대해서 이견이 많다. 지금까지 몇몇의 개선안들이 제안되었으나, 세계에스페란토협회(UEA)에서 거부당하였으며, 자멘호프가 만든 문법을 수정 없이 고수하고 있는 상황이다.

그리고 에스페란토를 쓰는 사람을 '에스페란티스토'라고 부른다. 에스페란티스토는 국제어를 쓰는 사람들 중 세계적으로 가장 널리 퍼져 있으며 우리나라에도 에스페란토 협회인 한국에스페란토협회가 있음은 물론이다. 전 세계 에스페란티스토는 라 에스페로를 언어가(歌)로 사용하고 있으며, 언어기(旗)도 '라 에스페로'라고 부르고 있기도 하다.

현재 에스페란토는 여행, 의사교환, 문화 교류, 편지, 언어교육 등 많은 곳에서 사용되고 있다. 전 세계 200만 명의 사람들이 에스페란토로 대화할 수 있다. 그중에서 약 2,000~3,000명은 에스페란토를 말할 줄 아는 부모 사이에서 에스페란토를 모어로 습득하였다고 한다.

헌데, 엊그제 수락산 4월 산행에서였다. 능선의 산행로 양측에 살포시 분홍색 옷으로 단장한 진달래 봄 아가씨들의 갸웃한 반김의 미소를 한껏 받으며 목적지인 동막봉(520m)에 오른 우리 경복 45회 산우 16명은 적당한 자리를 잡아 휴식 겸 점심식사에 들어갔다. 더불어 막걸리와 맥주 · 와인 등을 마시니 약간 노곤해진 몸에 생기가 감도는 모습들로 변신해 산정에 올라 식사시간이면 늘 그렇듯이 즐겁게들 떠들어 댄다.

푸른 하늘이 저만치 가까워진 산정에서 시원해진 산들바람 속에 봄의 싱그러운 향기를 듬뿍 만끽하는 호연지기의 모습들과 이 얘기 저 얘기로 피어나는 대화의 꽃들, 아주 보기에 좋았다. 그러는 와중에 이야기가 50여 년 전의 고교 시절로도 돌아가니 나는 갑자기 에스페란토 이야기가 떠올랐었다. 바로 앞에 '정수나모(鄭守羅模)' 산우가 있잖은가.

Y대를 졸업하고 현직에 있을 때는 KBS 1TV에 'TV쇼 진품 명품'을 기획하고 수행했던 장본인으로서 방송계에 굵직하게 종사했던 그는 가끔씩 우리 산행에 얼굴을 내보이는 산우다. 그래서 더욱 그랬었던 거 같다. 여느 산우들처럼 소주 등으로 기분이 업된 나는 정 산우에게 갑작스럽지만 짐짓 진지하게 그의 이름의 뜻에 대해서 물었다. 그

전에도 산행에서 만났을 때 그의 이름에 대해 묻고 싶었으나 안타깝게도 번번이 그 기회를 놓치곤 했었는데….

그도 앞의 고교 시절의 그답지 않게 '수나모'는 '태양/해 사랑'이라는 뜻이라며 구두로 풀이를 친절하게 해 주는 게 아닌가. 'SUNO(태양)+AMOR(사랑하다)+模(동래 정씨의 항렬) = SUNAMO(수나모/守羅模)'라면서 에스페란토는 명사가 'O'로 끝나기 때문에 'SUNO(해)'와 'AMO(사랑)'인데 줄여서 'SUNA'에다, 종친회의 유림 어르신들이 거창한 집안의 이름에 불충스럽고 도저히 맞지 않는다면서 한사코 반대해서 한국 이름에도 맞추기 위한 지혜를 발휘해야 했기에, 한자로 '守羅'로 하고 여기에 씨족항렬인 '模(MO)'를 덧붙인 것이라 한다.

고교 시와는 달리 자상한 해설을 해 주니 산우들 모두 바로 이해가 됨과 동시에 잠깐이나마 에스페란토어를 배우는 맛도 갖게 됐으며, 그러면서 모든 것을 감안하고 배려한 부친의 높은 탁견에 감복할 따름이었다. 세계를 감싸는 부친의 에스페란토어에 대한 높은 사랑의 결정체가 다섯 자녀의 에스페란토 이름을 포함한 친구의 이름으로까지 나타났던 사실을 우리는 알게 됐던 것.

그러면서, 친구는 세계어인 자신의 희귀한 이름이 매우 자랑스러우며 그러한 이름을 어렵사리 지어 주신 고집스런 자신의 부친이 자랑스럽고 고맙게 됐다는 일담(逸談)도 덧붙이며 호탕하게 웃어 댔고 경청한 우리 산우들은 그에게 동막봉도 울리는 큰 박수를 보내 화답을 했던 것이다.

시대를 앞서간 사람들은 당시에는 세상으로부터 이해를 받지 못해 큰 어려움을 겪게 되지만 세월이 흐른 뒤에는 제대로 된 평가를 받듯이 친구의 부친도 그러한 인물임이 틀림없을 것이란 생각이 지펴 왔던 것이다.

또한, 정수나모 산우는 이런 말도 덧붙였다. 지금 TV에 'TV쇼 진품 명품'이라는 장수프로가 진행 중임을 알고 있을 것인데 그 프로는 원래 자신의 아이디어로 창안한 것으로서, 당시의 스텝들 대부분이 얼마 안 가 실패할 게 뻔하다며 극력 반대를 해 왔으나 성공할 수 있다는 자신감과 뚝심으로 밀고 나갔었고 그때는 지금과 같이 오래도록 잘나가리라고는 생각 못 했는데 지금도 잘 나가는 장수프로가 된 것이 퍽이나 자랑스런 자신의 업적이라고 하면서, 이러한 면에서 보면 자기 이름을 에스페란토로 지어 준 부친의 강한 고집을 아마도 자기도 닮은 것 같다며 껄껄껄 웃어 대기도….

헌데, 앞에서 언급한 바와 같은 에스페란토어가 이젠 명실공히 전 세계에서 가장 널리 사용되는 인공어의 지위에 있게 됐다는 점을 강조하고 싶어진다. 이 언어를 구사하는 사람들은 유럽의 북부와 중부 지역과 동아시아에 가장 많은데, 특히 도시 지역에 집중되어 있다. 사람들은 자신의 지역에서 에스페란토 클럽을 만들기도 하는데, 우리나라 대한민국도 위에서 언급한 협회가 있는 등 비교적 많이 사용하는 나라에 속한다고 한다.

주지하듯이, 에스페란토는 상술(上述)한 인공어이므로, 어떤 자연어와도 친족 관계가 없는 것이 특징이기도 하다. 어느 나라 말도 아니기 때문에 언어로 인해 민족감정 문제가 발생하지 않고, 특정 민족에게 유리하거나 불리하지도 않기 때문에, 어떤 의미에선 어느 사용자라도 혜택을 받는다고 여겨지고 있다.

그러나 문법, 어휘 모두 유럽의 제어(諸語), 특히 로망스어의 영향을 많이 받았기에, 비유럽인들에게는 언어의 습득이 어렵다고 하는 지적도 있어 왔다. 그러나 완전히 중립적인 언어는 자연어와 거리가 있고, 제작자를 제외하고 '누구에게나 어려운' 불평등의 언어가 될 수도 있으므로, 어느 정도의 불평등은 받아들일 수 있다는 현실적인 의견도 많은 편이다.

발음체계는 창안자인 자멘호프가 슬라브계여서인지 슬라브어의 영향을 받았으나, 어휘는 주로 프랑스어, 스페인어 등 로망스어(약 75%), 독일어, 영어 등 게르만어(약 20%)로부터 채용하였다. 자멘호프가 정의하지 않은 문법상의 언어 사용은 초기 사용자의 모어였던 러시아어, 폴란드어, 독일어, 프랑스어의 영향을 받은 것으로 보인다. 또한, 라틴어나 그리스어처럼 비교적 어순이 자유로우나, 관습적으로 영어와 동일한 SVO형 구조가 대부분이며, 형용사가 명사 앞에 오는 경우가 많다. 전치사를 사용하며, 교착어적 성질도 가지고 있음이 눈에 띄기도 한다.

나아가, 에스페란토는 성이 없고, 규칙적으로 동사가 변화하는 교착어이다. 명사와 형용사는 주격(主格)과 대격(對格), 즉 2개의 격을 가진다. 수는 단수와 복수가 있고, 형용사의 복수형이 존재한다. 동사의 인칭변화는 없고, 대격어미(-n)는 이동을 나타내거나, 전치사를 대신하기도 한다. 대격이 있으므로 러시아어, 그리스어, 라틴어, 한국어, 일본어와 같이 비교적 어순이 자유로운 편에 속하는 것으로 학자들은 말하고 있다.

현대는 세계 전체가 일이 일권 내에 살게 된 지구촌 시대가 됐다.

지구촌에 사는 사람들은 자기 나라의 언어를 사용하지만 다른 국가들의 사람들과 접하게 되면 세상에 보편적인 언어가 되고 있는 영어 등 UN 공용어가 현재 많이 사용되고는 있지만 언젠가는, 자멘호프가 창안한 세계어인 에스페란토어가 통용되었으면 하는 개인적인 소망을 가져 본다.

자국의 언어는 그대로 존속시키되 또 하나의 언어인 오롯한 세계어 에스페란토로 지구촌 사람들이 원활하게 소통하게 되면 주요국의 언어를 배우느라 쏟게 되는 지구인 모두의 에너지가 대폭 절약됨과 동시에 그만큼 언어장벽에서 오는 불편과 불안이 제거되어 지구촌인 서로가 더욱 가까워지게 되는 것이 아니겠는가 말이다.

넷째 마당

돈으로 살 수 없는 것들

'돈'이라는 생각으로 무장된 돈 잘 버는 소수의 부자들은

세상의 돈을 빨아들여 더욱 부자가 되는 길에 익숙해져 있다.

그러나, 가만히 생각해 보면 그들에게도

돈으로 살 수 없는 것들이 있다.

인간이 인간답게 살아가는 행복한 생활 말이다.

노년문화(老年文化)

금년이 칠순인 나로서는
'휴먼 헌드레드' 인간 100세 시대를 맞이하여

나에게 '남은 삶'이 여생(餘生)이지만
승생(承生)이나 계생(繼生)으로 살고 싶어진다.

그러기 위해선, 진정으로 품위 있는 노년인
품격이 높은 사람, 남모르게 일을 즐기는 사람
통섭적인 지식을 갖춘 사람,
다른 사람들과 잘 어울리는 사람이 되는
노년문화가 됐으면 한다.

무릇 청년들에게 그들만의 청년 문화가 있듯이
우리 노년들에게도 우리만의 노년문화가 있기를
오롯이 꿈꿔 본다.

2019년 금년은 황금돼지의 해인 기해년(己亥年)! 살다 보니 나는 '인생칠십 고래희(人生七十古來稀)'라는 고희를 맞는 칠순의 해가 되었다. 옛말에서처럼 '고래희'라고 느껴야 함에도 불구하고 나는 오래 산 희귀한 나이가 되었다는 생각이 전혀 들지가 않으니 어인 일인가. 아마도 100세 시대가 인구에 회자되는 오늘날의 시대적 흐름이 부지불식간에 나에게도 그 영향을 미친 결과이리라.

칠순 생일을 맞아서 아내로부터 보청기와 파크골프채의 선물을 받았다. 나이가 든지라 떨어질 청력과 약해지는 체력의 건강보전을 위한, 40년 가까운 사랑이 담긴 아내의 소중한 선물인 것이다. 물론 보름여 전 자식들로부터의 칠순 선물로 우리 내외는 외손주 김송민 군을 데리고 꿈에 그리던 이집트 여행을 잘 다녀온 바도 있다.

고희를 맞고 보니, '앞으로의 삶을 어떻게 살아야 할까? 앞으로의 나의 삶이 어떻게 전개될까?'라는 묘한 궁금증이 부쩍 든다. 그러면서 앞으로의 나의 삶이 '남은 삶'인 '여생(餘生)'임에도 그러한 표현이 아니라 계속 '이어지는 삶'인 '승생(承生)'이나 '계생(繼生)'으로 표현하고 싫어진다. 좀 더 나아가, 욕심을 부리자면 신앙인들의 전유어인 '영원한 삶'인 '영생(永生)'이라는 표현을 쓰고도 싶지만 그것은 인간세상 위의 신에게나 있을 수 있는 불가능한, 정말 한낱 욕심에 불과한 말임을 나도 너무나 잘 알고 있으니….

앞으로의 삶을 그저 덤이 아닌 지금까지의 삶이 이승을 하직하는 그날까지 계속 살아 있는 삶이 되고 싶은, 되어야 한다는 진솔한 소망이 담긴 오롯한 '승생(承生)'이나 '계생(繼生)'이었으면 한다는 말이다. 휴먼 헌드레드, 즉 인간 100세 시대를 맞아 그러한 삶의 연장선에서 지나온 반세기 때는 어땠었는가? 나의 또래를 포함한 50년 전인 1970년대의 젊은 삶들은 어떠한 모습들이었는가를 타임머신을 타고 한번 더듬어 보게 되었던 것.

거슬러 올라가는 삶의 연장선상의 궤적(軌跡)에서 삶에서 가장 에너지가 넘쳤던 피 끓는 젊은 세대인 청년 시절의 전반적이고 총체적인 모습을 일컫는 것이다. 그때엔 청년문화(靑年文化)가 있었다는 새삼스러운 기억이 난다. 요즘의 젊은 세대에게 K팝으로 지구촌을 떠들썩하게 하는 한류문화가 있다면 그 당시에는 대학생들인 젊은 세대를 중심으로 청년문화라는 흐름이 온통 나라 안에 일렁이고 있었다는 말이다.

청바지에 장발의 젊은이들이 종로거리를 한가한 듯 바쁜 듯 무슨 개선군(凱旋軍)처럼 쏘다니고, 통기타의 슬픈 소리를 벗하면서 싼 막걸리 잔을 기울이며 뭔가를 토(吐)해 내는 젊은 지성들이 무교동에 빼곡했던 시절이었다. 요즘 젊은이들이 본다면 좀 투박하고 촌티 나는 세련되지 못한 모습들이었지만…. 밤이 되면 통금시간(CURFEW) 전에 귀가하려고 막차 시내버스를 놓치지 않기 위해선 후다닥 한 잔씩 우정의 막걸리로 젊은 목을 축이고는 서로들 자리를 뜨기에 바쁜 시절이기도 했다.

걸핏하면 대학교에 군의 탱크와 총검을 들이댄 유신체제를 조국과 민족을 위한 구국운동이라는 당시 정권의 서슬 퍼런 대성일갈(大聲一喝)을 속으로는 황당한 기만이라 비웃으며, 국민들의 인권을 극도로 짓눌러 온 장기 유신체제에 염증을 느껴 온 대다수의 정의감에 불탔던 피 끓는 대학생들은 교련반대 등의 정의로운 저항운동을 지속했으나 바위에 계란 던지는 정도였으니, 결국에는 스스로들 초라해져 자괴감이 들 수밖에 없었다.

그러니 청바지에 장발을 하고 통기타 반주에 맞춰 양희은의 '아침이슬'을 합창하는 조용하면서도 큰 울림을 준 집단적 움직임이 일어난 것은 어떤 의미에선 유신체제를 절대 지지하지 않는다는 암묵적 의사표시이기도 했었기에 마음이 통한 젊은이들이 대거 그러한 물결의 활동에 동참했던 것이다. 삼수 끝에 서울대생이 된 나의 입장도 마찬가지였음은 물론이었다.

청바지 · 장발 · 통기타가 무슨 문화냐고 반문할 수도 있을 것이다. 그렇다! 그렇게 말할 수도 있으리라. 허나, 당시엔 앞선 세대에선 볼 수가 없었던 새로운 모습들이었으므로 불온하다며 정부는 경찰을 앞세워 강력 단속했던 웃지 못할 해프닝이 자행되던 시절이었으니 말이다. 허나, 거기엔 분명히 젊은 청춘 세대들의 바른 뜻과 정이 담긴 오롯한 집단정신이 있었고 젊은이들 스스로들 모두 공감하고 동참했던 하나의 새로운 시대적 물결임이 분명했었던 것이다.

'문화'를 사전에서 찾아보니, '진리를 구하고 끊임없이 진보 · 향상하려는 인간의 정신적 활동 또는 그에 따르는 정신적 · 물질적인 성과인 학문 · 예술 · 종교 · 도덕 따위를 말한다.'로 풀이되어 있다. 내가 볼 때는 위의 지난 세기 70년대의 우리나라 젊은이들의 새로운 활동들이 사전적 정의와 맥이 통한다고 판단되어 하나의 문화로 볼 수 있다는 데 뜻을 같이하며 그러한 나의 입장에는 지금도 변함이 없다.

동참했던 젊은 시절에 청년문화가 있었으니, 고희를 맞은 노년기에도 무슨 문환가 그런 게 있었으면 하는 생각을 해 보게 되었다. 노년문화가 있으면 앞으로의 나의 삶이 '여생(餘生)'이 아니라 인생은 70부터라는 말도 생겨나고 있으니 '승생(承生)'이나 '계생(繼生)'으로 살아갈 수 있다는 희망이 들겠기 때문이다. 그럼, 그러한 견지에서 노년문화를 나름 탐색해 보기로 한다.

「이제는 '노년이 방황하는 시대'가 되었다. 질풍노도의 청소년들이 낯설고 빠른 변화의 흐름 앞에서 머뭇거리는 것처럼, 인생의 3막을 맞이하는 우리시대의 노년도 갑작스런 환경 변화와 낯선 상황 앞에서 힘겨운 방황의 시기를 맞이하게 된다. 빠른 속도로 고령화 시대에 진입한 우리 사회, 노년의 시간은 길어지고, 평생을 고수해 온 가치관과 익숙한 패러다임이 휙휙 뒤로 물러나면서 과거의 유물처럼 낡은 것이 되어 버리는 사회 속에서 노년은 머뭇거리게 된다. 노년은 뒤따르는 세대와의 소통 방식의 차이 때문에 오히려 세대갈등의 원인 제공자로 인식되고, '버릇없는 젊은 것들'이라는 말 대신 '개념 없는 노인', '말 안 통하는 노인'이라는 말이 더 익숙한 상황 속으로 던져지게 되었다.」라고 평생을 노인복지와 노년학에 매진해 온 노년학자 김동배 교수는 그의 저서『제3의 인생 설계, 신노년문화』에서 지적하고 있음이 눈에 띈다.

이러한 상황 속에서, 노인품격과 노년문화는 무릇 사람들이 지금까지 하루하루 살아온 소중한 삶의 집적된 결과로서 고령화 사회에서 '성공적인 노화(successful aging)'야말로 이 시대의 주요 화두가 되고 있다. 성공적인 노화는 노화 과정이나 노년기 생활을 어떻게 하느냐의 문제이기도 하다.

최근 신노년학(new gerontology)이 발전하면서 건강한 노화, 생산적 노화, 혹은 긍정적 노화 등의 개념들이 소개되고 있는 바, 이들 개념 속에는 다분히 노년기 삶의 성공은 노화생활에서 최대의 만족과 행복을 느끼는 감정, 즉 생활의 안정감이나 높은 삶의 질, 개인적인 행복감 등이 특히 부각되며 노년기의 생활계획을 포함해 죽음에 대한 문제까지를 아우르는 개념이다.

하지만 신노년문화 개념이 새로운 관심 대상으로 떠오르고는 있어도 우리나라는 아직 그 개념조차 정립되지 않은 초보 상태이다. 국내에서는 2000년 초부터 노년학계를 중심으로 노인이 생산적이며 활동적인 생활, 독립적인 노인 이미지를 강조하는 성공적 노화에 관한 담론들이 이야기되어 왔던 것.

따라서 노년층의 점유율이 무시할 수 없이 증가하는 사회가 되어 가자 특유의 노인문화 형성이 필요시 된다는 이야기가 우리나라에서도 나오게 되었고, 노년문화는 그동안 살아온 지혜와 경험, 연륜이 진솔하게 묻어나는 노인 품위 만들기와 그 맥을 같이한다는 의미이기도 한 것이다. 말하자면, 2000년 초부터 성공적 노화연구가 활발하게 이뤄지기 시작했지만, '노년문화'의 발전은 아직도 가야 할 길이 먼 미흡한 상태에 처해 있으니….

그러면 '노년문화(culture of aging)'란 무엇인가? 상기(上記)한 바도 있지만, 원래 문화란 사람들이 살아가는 의미를 규정한다. 사회 구성원에 의해 공유되는 지식, 신념, 행위의 총체를 말하는 것이다. 따라서 노년문화는 노인집단의 정체성에 따라 나타나는 구성원들의 생각, 행동, 존재감을 의미한다. 또한 노년문화는 자신들의 문화에 대한 헌신, 이해, 도전, 정신적 유대감 등을 포함한다. 그래서 노년문화는 젊은 시절부터 노인에 이르는 전 과정을 통해 개발되고 평가되어야 할 영역인 셈이다.

특히, 노년문화를 구축하는 데에는 노년층의 건강은 물론 복지 시스템의 불균형을 교정하는 것을 목표로 한다. 노인들의 건강한 문화생활에 대한 정부와 사회의 역할을 강조하고 노인들의 긍정적 정체성을 형성하기 위한 것이기에 말이다. 구체적으로 노년문화는 개인이 늙어 가면서 사회 속에서의 지위와 역할, 갈등, 재산정도, 신앙 등과 관련돼 있음은 불문가지. 이런 요소들은 노인 공동체 속에서 융합되고 응집되어 시간이 흐르면 노인문화, 노년문화로 잔잔한 물결처럼 드러나게 마련이다.

이를테면 긍정적 노인들의 우아한 품위를 만드는 일은 건강, 실력, 매력, 열정, 우아함 등이다. 진정으로 품위 있는 노인들은 1) 품격이 높은 사람, 2) 남모르게 일을 즐기는 사람, 3) 통섭적인 지식을 갖춘 사람, 4) 다른 사람들과 잘 어울리는 노인들이라 할 수 있다.

반면에 품위가 없고 무능한 노인은 1) 움직이지 않는 사람, 2) 머리를 쓰지 않는 사람, 3) 몸 관리를 하지 않는 사람, 4) 자신의 목적을 설정하지 못하고 우왕좌왕하는 사람들의 생활 태도로서 이런 부정적인 태도는 결국 노년문화 형성에 나쁜 영향을 미치게 된다. 더구나 늙으면 노인들이 권위주의적이고 보수화되어서 강압적인 위계질서, 단선적 사고, 예스/노의 명확성이 모호해지기 쉽게 되는 등 그로 인한 문젯거리가 발생하기 십상이다.

때로는 울컥하는 공격성도 보이는데 노인들이 공격적이 되는 이유는 안전, 사랑, 자기 존재감 같은 기본적인 욕구를 충족시키지 못할 때 나오는 반작용이 대부분이다. 그렇게 되면 노인이 되어 인간관계에서 불화가 잦아지게 될 소지가 다분히 커진다. 자신이 늙어 간다는 사실과 그 의미를 잘 깨닫지 못한다면, 자신뿐만 아니라 가족 등 주위의 다른 사람들에게까지 중대한 파문을 일으키게 되고 결국은 긍정적 노년문화를 형성하는 데에 걸림돌이 되기에 이르고 만다.

결국, 노년문화는 이처럼 복잡한 문제에 속하기는 하지만 어느 정도 노력해서 위에서 언급한 우아한 품위를 만들게만 되면 성공적 노화의 조화로운 삶이 앞에 기다리고 있게 되는 것이다. 이와 같은 맥락에서 '조앤 치티스터(Chittister, 2008)'는 노인들이 얼마나 긴 삶을 살아왔느냐가 아니라 얼마나 품위 있게 늙어 가느냐가 중요하다고 강조했다.

사소한 언행에서 나타나는 교양 수준이 상대방을 좋게 혹은 기분 나쁘게 한다. 특히 노인이 돼서는 다른 사람들에게 폐를 끼치지 않는 올바른 행동이 노인들의 품위이고 인격이 된다는 것이다. 세상은 변하고 있는데 달라진 세상을 자기 방식대로만 이해하고 행동하는 것도 사회적 적응을 잘 못하는 노인에 속한다. 늙음과 '어른 됨'을 구분하지 못한다면 결국은 어리석은 노인 됨에 다름 아니기 때문이다.

따라서, 노년기를 '인생의 종말'기로 보기보다는 이 시기를 '자기 기회의 실현' 혹은 '제3의 인생'이라고 여기는 긍정적인 삶으로 살아가야 할 것이다. 살다가 나이가 들다 보면 누구에게나 어느새 노년기는 다가오기 마련인 것이 천리(天理)이다. 노년문화의 주인공은 바로 우리 시니어들 나이 든 노년들이다. 그러므로 인생의 황혼기임에도 긍정적인 우아한 품위를 만들도록 끊임없이 노력하는 것이 지혜롭고 현명한 노인들의 도리임을 자각하고 몸소 실천하여야 한다. 그리하면 노년문화를 자연스레 창출해 나가게 될 것임은 두말하면 잔소리가 될 뿐이다.

이러한 면에서 나는 KBS TV의 교양프로그램 '황금연못'에 나오는 시니어들로부터 젊은 세대에선 볼 수 없는 우아한 품위의 노년들을 보며 마음이 포근해지는 우리 또래의 미래를 보는 것 같아 시청하게 되면 항시 매우 고무되곤 한다. 나아가, 나는 그러한 노년문화를 실제로 만들어 가고 있는 한 실례(實例)로서 경복고 동기 동문인 주정서 친구가 열정적으로 참여하고 있는 5인조 보컬 그룹 '지오아재'를 소개하고 싶다.

현역에서 은퇴한 다섯 할아버지로 이루어진 중창 그룹 지오아재(G. O. Age)는 노익장을 뜻하는 영어 표현 '그린 올드 에이지(Green Old Age)'에서 영감을 얻은 팀명으로 노래 앞에서만큼은 여느 젊은이들과 같은 열정과 노익장을 과시하는 서로를 보며 몇 해 전 지은 이름이란다. 그들은 KBS1 교양프로그램 '인간극장'에 '이제서야 사랑을'로 작년에 출연한 데 이어 금년에는 위의 '황금연못'에도 초청되어 노익장으로서의 기염을 토해 뜨거운 박수를 받는 노년문화의 한 역사를 써가고 있으니…. 나이 든 노년으로서 얼마나 대단하고 고마운 일인가! 우리 노년 세대들도 이 세상을 주역으로 살아갈 수 있다는 큰 용기와 희망의 밝은 복음을 세상에 환하게 던져 주고 있으니 말이다.

오늘도 나는 고맙게도 그들로부터 나의 향후 소망인 '승생(承生)'이나 '계생(繼生)'의 오롯한 삶을 반추하고 있으니 나이 들어가는 칠순에 즈음해서 더없는 행복해(幸福海)에 빠져 있는 셈이다.

돈으로 살 수 없는 것들

'돈으로 살 수 없는 것들'이란 제목을 써 놓은 지 한 열흘이 지났지만 도통 글이 써지지를 않는다. 며칠째 지속된 비로 염천지절의 무더위가 한풀 꺾여서 글 쓰는 데에 그래도 도움이 되리라 여겼었는데도…, 돈이면 뭣이든 할 수 있고 뭣이든 살 수 있는 극도의 황금만능의 세상이 돼 버려서 이제는 바야흐로 돈으로 살 수 없는 것들마저 다 없어져 버려서 그러한 것인가.

가끔 하는 식으로 한 달 전쯤 서점에 들러 두리번거리고 있을 때 마이클 샌델 교수의 저서『돈으로 살 수 없는 것들-무엇이 가치를 결정하는가』가 시야에 들어와 퍼뜩 나의 글감이 되겠다 싶어 그 책을 구입하고 귀가해 몇 순 지나서 수필 제목 리스트에 표제의 제목을 올렸을 때만 하더라도 노트북 앞에 앉기만 하면 술술 써지리라 생각했었는데 말이다.

그 책을 읽으면 나만의 글 아이디어를 천착하는 데에 분명히 도움이 될 것 같아서 무조건 구입하고 봤었다. 그런데, 막상 펼쳐 보니 생각보다 어려운 데다 너무 학문적인 접근방식의 책이라서인지 잘 읽어지지도 않고 해서 덮어 버리고 표제 건에 대해 집사람과도 이야기를 나눠 보기도 하면서 어떻게든 당초의 의도대로 써 보려고 시도해 보았는데….

이러할 때마다 나는 정말 글쓰기의 어려움을 느끼곤 한다. 그러면서 본디 문재(文才)가 없음을 재삼 확인하는 매일의 괴로운 몸살의 시간을 갖게 되고 만다. 그러면 으레 하루 아니 며칠쯤 쉬어 본다. 그렇게 하다 보면 또 신기하게도 막혔던 게 써지기도 하기 때문이다.

12살인 외손자 송민이는 물론이지만 5살인 강민이와 4살짜리 친손자 해솔이를 만날 때면 우리 내외 중 특히 아내가 더 잘 손자들에게 신사임당이 그려진 용돈을 주며는 귀여운 우리 손자들을 한결같이 그렇게 좋아하게 만드는, 그야말로 마술을 부리곤 하는 돈은 언제 생겨나게 된 것일까? 그리고 돈의 기능이란 도대체 무엇일까란 말인가? 즉, 돈의 기원은 언제이고 돈의 기능은 무엇일까 하는 등의 돈 관련한 궁금증이 꼬리를 물고 일어난다는 말이다.

인류 4대 문명 가운데 황하문명권에서는 춘추전국시대에 구리로 만들어진 금속화폐인 돈이 많이 출토되고 있단다. 오늘날 중국 랴오둥 반도 지역에 있던 연(燕)나라에서는 청동으로 칼 모양의 명도전(明刀錢)을 만들었다. 기원전 8세기경 만들어진 이 명도전은 연나라 밖인 우리의 옛조선에서도 발견될 정도로 동북아시아 지역에서 널리 유통된 것으로 보인다. 그런 점에서 명도전은 청동기시대의 국제통화라고 할 수 있을 것이다.

그런가 하면, 돈의 조건을 아주 엄격하게 설명하는 서양에서는 기원전 7세기경 오늘날 터키 서쪽에 있던 소아시아 지방에서 금과 은을

섞어 만든 일렉트럼(electrum)을 화폐의 출발이라고 본다. 청동기시대가 끝나 갈 당시 초보적인 금은 세공 기술을 가지고도 무게를 표준화하고 무게에 따라 가치가 정확히 비례하도록 하려는 노력이 돋보이기 때문이란다. 지중해 동쪽에서 발견되는 수많은 일렉트럼은 디자인이 다양한 것에 비해 무게는 놀랍도록 표준화되어 있는 것이 퍽이나 눈에 띈다.

일렉트럼이 만들어질 무렵, 앗시리아제국 서쪽의 에게해 지역에서는 그리스어를 쓰는 사람들이 있었고, 동쪽의 내륙에는 히타이트어나 라디아어를 쓰는 사람들이 있었다. 일렉트럼은 본래 좁은 지역에서 서로 다른 언어를 쓰는 사람들끼리 물건을 교환하기 위해 만들어졌다. 그래서 무게와 가치를 정확히 비례하도록 만들 필요가 있었던 것. 일렉트럼의 가치는 무게나 크기를 직접 재서 확인할 수도 있었겠지만, 네모꼴의 뒷면의 디자인을 통해 확실히 구분되기도 했다.

서양 사람들은 돈의 기능이 대충 다음과 같은 것이어야 한다고 믿어 왔다. 첫째로, 돈은 '계산의 기본 단위(unit of account)'다. 무게를 재는 저울과 길이를 재는 자가 각각 무게나 길이의 기본 단위와 불가분의 관계에 있듯이 가치를 측정하는 돈은 계산의 기본 단위와 불가분의 관계를 갖는다는 의미이다.

둘째로, 돈은 교환의 매개물(medium of exchange)이다. 예를 들어 어떤 이가 직장에서 일한 대가를 받아 식당에서 음식을 사 먹는 상황에서 노동을 제공한 직장의 사장과 식당 주인은 전혀 관계가 없는 사람들이다. 유일한 연결 고리가 있다면, 직장 사장에게서 받은 돈을 식당 사장이 받아들인다는 점이다. 이때 직장에 제공한 노동력과 식당에서 제공받는 식사 사이에 교환의 매개물로 쓰이는 것이 돈이다.

셋째로는, 돈은 지급수단(means of payment)이다. 누군가에게 경제적으로 갚아야 할 것이 있어 무엇을 주었는데, 그것으로 끝나지 않고 다시 무엇을 요구받게 되면 그것은 지급수단이 아니다. 예를 들어 청소년들이 인터넷 가상공간에서 쓰는 전자화폐('카카오톡'의 '초코'나 '네이버웹툰'의 '쿠키')나 백화점의 상품권 등은 실생활에서 그대로 유통되는 것이 아니다. 다시 돈 또는 물건으로 바뀌어야지 최종적인 결제가 끝난다는 점에서 전자화폐나 상품권을 정상적인 지급수단이라고 하기는 어렵다는 지적에 유의하여야 한다.

동양에서는 이런 기능 내지 조건을 그다지 심각하게 받아들이지 않는다. 중화문화권에서는 서양에서 내세우는 돈의 기능 내지 조건에 상관없이 볍씨나 조개껍데기 같은 것을 돈의 기원이라고 설명하기도 하니 말이다.

하지만 조개껍데기에는 계산의 기본 단위가 있을 수 없다. 크기와 강도가 전부 다르다. 아마도 고대 문명의 발상지에서 출토되는 조개껍데기는 단순히 채무 채권 관계를 기억토록 하는 징표[token]였을 것으로 보인다. 이 도령과 춘향이가 헤어질 때 춘향이가 사랑의 정표로 떼어 주던 옷고름과 다를 바가 없는 것이다. 두 사람 사이의 기억을 상기시키는 옷고름이 돈이 아니었다면, 계산의 기본 단위를 배제한 조개껍데기도 돈이라고 하기는 어렵다고 보아야 할 것이기에.

볍씨도 마찬가지다. 농경 사회에서 가장 중요한 물자였던 볍씨는 각광받는 지급수단이었을 것이다. 그러나 농사철에 볍씨를 빌려주고 추수기에 돌려받았다는 사실은 로빈슨 크루소의 생활과 같은 자급자

족경제가 아니라 물물교환[barter]경제라는 것을 시사할 뿐이다. 화폐경제는 교환의 매개물로 돈을 사용하는, 물물교환보다 진화한 경제 시스템이다. 그렇기 때문에 서양에서는 그 지역에서 조개껍데기와 곡물의 흔적이 수없이 발견됨에도 그것들을 돈의 기원이라고 보지 않고 있다.

나아가, 돈이 무엇을 하는가? 돈의 양을 조절하거나 가격, 즉 금리를 조절하면 소비와 투자에 변화가 생기고 그 결과 경기와 물가가 영향을 받는 것으로 이해된다. 또한 고용 수준도 달라진다. 케인즈주의자(Keynesian)라는 경제학자들이 특히 이런 과정을 강하게 믿는다. 하지만 케인즈주의자를 포함한 대부분의 경제학자들은 훨씬 근본적이고 형이상학적인 문제, 즉 그 많은 변화들이 과연 돈 때문인가, 그렇다면 왜 그런가에 대해서 아직까지도 제대로 된 대답을 내놓지 못하고 있는 것이 오늘날의 엄연한 실상이기도 하다.

한편, 돈에 대해서 이러한 시각(視角)도 있음을 유의하여야 할 것 같다. 칼 멩거(Carl Menger, 1840~1921)는 주류 경제학자들이 제대로 설명하지 못한 돈의 기원에 대한 과학적인 대답을 제시했다. 전형적인 주류 경제학은 물물교환의 문제들을 열거하고 나서 어떻게 돈이 이 문제들을 극복했는지 설명한다. 하지만 이것만으로는 돈이 실제로 어떻게 탄생했는지 설명할 수가 없다고 본다. 마치 연애가 얼마나 좋은지 설명한다고 해서 바로 여친이 생겨나는 건 아니지 않은가 말이다.

과연 돈은 어떻게 생겨나느냐? 돈은 제한적인 지식을 가진 개인 거래자들이 사리(私利)를 추구하는 작은 선택 단계에서 나타난다고 하는 주장이 매우 주목된다.

첫째, 물물교환을 하는 개인들이 직접 교환이 어려울 때, 간접 교환을 통해 원하는 것을 얻을 수 있다는 사실을 깨닫는다. 내가 원하는 물건을 상대방이 갖고 있고, 상대방도 나의 물건을 원하는 사람을 찾는 것보다, 그냥 내가 내 물건을 원하는 사람을 찾으면 된다. 그리고 그 물건으로 내가 원하는 것과 바꾸면 된다. 이 물건이 거래 매개체라고 한다.

둘째, 어떤 거래 매개체는 다른 것보다 더 쉽게 거래된다. 약삭빠른 거래자들은 이러한 상품을 모으고, 다른 거래자들도 더 쉽게 거래되는 공통 거래 매개체가 있음을 깨닫게 되어 점점 하나의 공통 거래 매개체에 수렴하게 되는데 이것이 바로 돈이 아니고 그 무엇이냐는 투다.

주류경제학은 아무튼 중앙은행이 경제의 중심으로 존재해야 한다고 말하는 데 반하여, 멩거의 이러한 이론은 의식적인 계획이 없어도 돈이 어떻게 진화할 수 있는지를 보여 줄 뿐만 아니라, 돈의 진화는 법령이나 중앙은행에 의존할 필요가 없다는 것도 보여 준다. 돈의 출현에 국가의 개입과 정부의 보증, 즉 '중앙은행'이 반드시 있어야 할까에 대해 아니라고 그와 그의 추종자들은 주장한다.

중앙은행들이 대규모 양적 완화를 통해 화폐발행량을 확대하는 이 어려운 시대에 멩거의 이론은 과거 그 어느 때보다 적절하다고 생각된다. 이 이론은 현재의 유로존 위기에 대한 반응을 잠재우기 위해 반드시 중앙 집권화를 더 강화시킬 필요는 없으며, 대신에 모든 은행에서 자유롭게 자신의 은행권을 발행하고, 중앙은행이 아닌 시장의 힘으로 돈의 공급을 조절하는 제도를 추구하는 현재와 반대 방향의 조처가 필요할 수 있다고 강한 톤으로 촉구하기도 한다.

가상화폐의 등장이 돈의 진화일까, 아니면 광기일까? 언젠가 TV '그것이 알고 싶다'에서는 비트코인과 별개로 블록체인(Block Chain)의 기술에 중점을 둬야 한다고 말했지만 어떤 젊은이들은 오히려 돈으로서의 가상화폐에 더 가치를 두어야 한다고 생각한다는 주장도 힘을 얻는 세상이 됐다.

이처럼 돈에 대한 다양한 생각들이 펼쳐지고 엉클어진 현대의 지구촌 사회에서는 돈은 돌고 도는 것이라서 '돈'이라는 생각으로 무장된 돈 잘 버는 소수의 부자들은 그들만의 촉이 잡히는 안테나를, 상시적으로 돈이 돌면서 모여드는 황금알을 낳는 길목에 은밀히 세워 두고 블랙홀처럼 세상의 돈을 빨아들여 더욱 부자가 되는 길에 익숙해져 있는 것이다. 세상의 모든 것 중 최고는 바로 돈이요, 세상의 모든 일 중의 최고는 바로 돈 버는 일(Job)이 그들의 관심사요 생활 철학이다. 다시 말하면, 돈을 신(神)이라고 신봉하는 요상한 자들이란 말이다.

돈을 벌기 위해서 도움이 된다면 무슨 수를 쓰더라도 괜찮고 돈신의 신도라서 그런지 운도 따르니 그들이 하고 싶은 대로 잘된다. 그러니 그 외의 것은 아예 안중에도 없는 자들로서 가득한 욕심으로 오로지 돈만 보고 달리는 눈이 시뻘개지고 배때기는 남산이 되어 있는 몸골인 무도덕한 자들이 대부분 그들이다. 대부(大富)를 달성한 데에는 더불어 사는 공동체인들의 공이라며 빌 게이츠나 워렌 버핏처럼 사회에 통 큰 기부를 하는 그러한 모습은 통 보이지 않은 자(者)들이다.

우리 조상들은 이승에서 '부귀영화(富貴榮華)'를 누리고 살고 싶어 했다. 부귀하면 영화를 누린다는 말인데, 부(富)를 귀(貴)보다 먼저 쓴 것을 보면 부(=재산)를 귀(=지위 · 권력)보다 중시한 것으로 풀이된다. 즉, 오늘날로 해석하면 정치인보다 사업가인 부자로서 대회사의 총수 등 재벌을 뜻하는 것으로 보아도 무방할 것이다. 그래도 과거의 우리 조상들은 한편으론 환난상휼 등 항시 공동체인들을 돕는 미덕을 가졌었다. 헌데, 돈으로 뭐든지 살 수 있다고 돈의 만능만을 신(God)처럼 믿는 오늘날의 부자들은 자신들의 커다란 부(Richness) 속에 파묻히고 푹 취해서 그렇지를 못하다는 생각이 든 지 오래다.

그러나, 가만히 생각해 보면 그들에게도 돈으로 살 수 없는 것들이 있다. 인간이 인간답게 살아가는 행복한 생활 말이다. 물론 그들도 누구나처럼 행복한 생활을 할 수도 있다. 헌데, 매스컴에서 들리는 얘기로 볼 때 큰 부를 둘러싸고 회사 운영 및 상속 문제 등과 관련하게 되면 부자(父子)간 또는 형제자매간에 골육상쟁하는 가족끼리의 민망한 소송사건만 부각되는 안타까운 사례가 허다히 나오고 있음을 보니….

우리의 삶에 소중한 건강도 돈으로 살 수 없다. 물론, 돈으로 건강을 지키는 것들을 살 수는 있을 것이나 건강 그 자체를 살 수는 없다는 말이다. 앞에서 언급한 마이클 샌델 교수는 사람들 간의 우정도 돈으로 살 수 없다고 설파한다. 만약 돈으로 사는 우정이 있다면 그것은 바로 우정의 본질을 변질시키거나 훼손하는 것이 되기 때문이라는 그만의 이론을 내세우고 있음을 본다. 나아가, 또한 인간관계의 큰 덕목의 하나인 정직도 우정과 동궤(同軌)일 것이란 생각이 든다.

나는 아내의 폐암 완치 케어를 위해 공기 맑은 이곳 가평의 어비산 자락에 깃을 튼 지 3년이 돼 가고 있다. 아내의 병이 점점 호전되고 있는 공기 좋고 산자수려한 가평살이도 그것을 만들기 위해 돈은 좀 들였지만, 아내와 나의 늘그막의 포근한 안정과 평화, 마음의 따뜻한 안정과 평화도 하나의 축복으로서 돈으로는 살 수 없는 소중한 것이라는 생각에 젖어서 우리 내외는 요즘의 하루하루를 한층 여유롭고 즐겁게 지내고 있다.

나의 도라지 타령

오늘은 고대하던 텃밭의 도라지를 캐는 날이다. 오후 2시가 되니 약속한 대로 서울서 사는 집사람의 언니 내외가 가평의 설악면 어비계곡의 한 자락에 자리한 우리 집으로 왔다. 며칠 전 전화로 집사람이 언니 내외와 우리 내외와 함께 텃밭의 도라지를 캐기로 약속을 한 모양이다.

바로 얼마 전에도 서울서 본 사이지만 가평서 다시 만나니 또 새로워 반가운 인사를 하며 잠깐 휴식을 나눈 동서지간의 우리들은 머리엔 볕 가리개 모자를 쓰고 발엔 고무장화를 신고서, 집 앞 아래의 100여 평 남짓한 텃밭에 심겨진 도라지 캐기에 들어갔다. 어여쁜 꽃을 피워 열매를 맺어 생을 다하고 그야말로 허옇게 바래고 헝클어진 수없는 줄기다발들이 밭을 뒤덮었었는데 그것을 내가 지난겨울에 전부 치워 버린 상태였으므로 겉보기엔 도라지 밭으로 보이지도 않는 그저 밋밋하고 황량한 밭이 돼 있었던 것. 우리의 연장은 단출해서 호미와 삽 그리고 캐낸 도라지를 담을 비닐 자루 등이다. 우리 넷은 저쪽 끝에서부터 작업을 시작했다.

며칠 전 서울의 아들 집에서 겨울 대부분을 지내다 이제 봄이 왔다고 가평 집에 함께 돌아와 보니 다른 집들은 벌써 나무들에 검은 거름을 듬뿍 주고 비축용 거름도 밭에다 쌓아 놓는 등 봄맞이 모습들이 여기저기 눈에 들어왔던 것이다. 우리도 서둘러야 할 거 같아 적당량의 거름을 확보해서 우선 앞마당의 감나무와 대추나무 등에 거름을 주고, 작년 초에 도라지와 더덕 씨를 뿌려 대 온통 도라지와 더덕 밭이 됐던 아래 텃밭의 사과나무나 모과나무 등에도 거름을 주기 위해 나무들의 밑동 자리의 공간을 약간씩 파게 되었는데 생각지도 못한 상당히 굵직한 도라지 뿌리들이 시야에 들어와 보여서 캐 보았던 것.

사실은 2, 3년이 되면 캐려고 했었는데, 망설이다가 캐내지 않으면 나무뿌리가 먹어야 할 양분을 도라지가 다 가져갈 것 같아서 캐 보았던 것이다. 캐낸 도라지 뿌리가 의외로 상당량이 되자, 아내는 그것을 깨끗이 씻어 빨간 고추장에 버무린 무침으로 식사 시 반찬으로 내놓았다. 한번 먹어 보았더니 신선하고 상큼한 맛과 향이 향기로워 혀의 감촉에 그만이었다. 우리가 작년에 씨 뿌려서 애써 키워 내 캔 도라지 뿌리의 독특한 자연의 맛과 향에 그만 우리 내외는 한바탕 매료당해 버렸다는 말이다.

통상 하곤 하는 자매간의 안부전화에서 아내로부터 이러한 이야기를 들은 처형은 도라지 캐기를 제안했고 서로 의기투합(意氣投合)해서 동서지간의 두 부부들이 오늘 실행에 옮기게 된 것이다. 첨엔 의욕이 앞섰던지 파는 깊이와 간격 등에 균형감각의 미비로 뿌리를 가르는 등 상처를 내기도 했으나 좀 시간이 지나자 어느새 익숙한 준(準)농사꾼들이 됐다고나 할까.

우리 남자 둘은 앞에서 삽으로 조심스럽게 흙을 파헤치면 여자 둘은 호미로 뿌리들을 순간순간 추려내 자루에 넣는 식으로 일이 진행됐다. 허리를 구부렸다 펴거나 쪼그려 앉아서 뿌리들을 추려 내거나 하는 움직임들이 어쩔 수 없이 반복되다 보니 허리나 다리들이 슬슬 아파 왔음은 당연지사. 살다 보니 우리 넷은 이순 대에서 고희대의 나이 든 세대들이 된 게 아닌가 말이다.

급할 것도 없어서 주스나 막걸리로 목을 축이면서 서서히 일을 해 나갔다. 막걸리로 목을 축이니 남자 우리 둘은 도라지 타령이 절로 나오는 게 아닌가. 옛날 고향 시골에서 일하면서나 대보름 등을 맞이해서 동네잔치가 벌어지면 어른들이 모두 어울려 즐겨 부르고 불렀던 것을 개구쟁이였던 우리 꼬맹이들은 옆에서 살짝 듣고선 으레 따라 불러 댔던 기억들이 난 것이다.

도라지 도라지 백도라지
심심산천(深深山川)의 백도라지
한두 뿌리만 캐어도
대바구니 철철철 다 넘는다.
(후렴)
에헤요 에헤요 에헤야
에이라 난다 지화자 좋다
얼씨구 좋구나 내 사랑아.

구성진 도라지 타령이 공간을 가르고 어비계곡에 울려 퍼진다. 우리가 불러서인지 우리들 마음속에도 저 멀리 메아리쳐진다. 오늘 같은 날 도라지 타령을 어비계곡에서 흥얼거리면서 부르게 되다니…, 산들바람이라도 스쳐 지나가면 헤아릴 수 없는 분홍색 도라지꽃으로 밭이 온통 사뿐히 흔들리고 간간이 하얀 도라지꽃도 수줍은 듯 고개를 내밀었던 작년의 도라지 꽃밭이 머리에 아름답게 아련히 영상 지어 오는 게 아닌가.

남자 농부가 부르니 여자들도 어느새 저절로 흥이 일어난 모양이다. 한번 부르니 계속해서 도라지 타령이 이어진다. 자못 한껏 목청을 가다듬고 불러 대며 즐거운 듯 화답하여 타령을 지속하나니….

도라지 도라지 백도라지
은률(殷栗) 금산포(金山浦) 백도라지
한 뿌리 두 뿌리 받으니
산골에 도라지 풍년일세.
(후렴)

도라지 도라지 백도라지
강원도(江原道) 금강산(金剛山) 백도라지
도라지 캐는 아가씨들
손 맵시도 멋들어졌네.
(후렴)

사실 작년 이맘때, 우리 내외는 아래 텃밭에 무엇을 심어야 하나

고민 중이었다. 아내가 우리 부부를 가평으로 오게 한 안사돈과 얘기를 나눠 보니 돌멩이가 많아 배수가 잘되는 땅이니 도라지나 더덕을 심는 것이 좋겠다는 권고를 해 주기에 우리 내외가 그대로 해 본 것이다. 옹벽 쪽엔 20% 정도의 더덕의 씨앗을 뿌리고 그 나머지의 땅엔 도라지 씨앗을 정성껏 뿌렸던 것이다.

농사전문가인 가일1리 이장(里長)의 조언대로, 씨앗을 뿌리고 부드러운 플라스틱 갈퀴로 살살 휘저어 가볍게 덮었다. 그리고 기다렸다. 4월 중순쯤 되니 미세한 싹들이 나오기 시작했다. 첨엔 도라진지 더덕인지 잡촌지 잘 분간이 안 됐다. 좀 지나 싹이 커지니 잡초와는 구분이 돼 잡초들은 제거하면서 밭에 꽤 신경을 썼던 것이다. 6월이 되고 7월이 되니 잘 자라서 촘촘하다 못 해 발 디딜 틈이 없는 엄청난 도라지와 더덕 밭으로 변했다.

나는 눈에 보이는 숨어 있는 잡초를 뽑으면서 조석으로 호스로 물주기를 했다. 물론 밭 가장자리 주위로 심어 놓은 사과나무나 모과나무 등에게도 물주기 했음은 물론이다. 헌데, 어떤 곳까지에는 분사된 호스 물이 닿지 않아 물줄기가 닿도록 하려면 촘촘한 도라지나 더덕의 줄기나 잎사귀를 밟지 않으면 안 될 정도여서 제대로 물을 주기 위해 30㎝의 폭으로 두 군데 길게 길을 내기도 했다. 길을 내느라 뽑힌 상당량의 도라지는 좀 성긴 곳으로 옮겨 심었다.

어느 정도 물을 주다 보니 물 주기 효과를 가늠할 수 있었다. 뙤약볕에 며칠 물을 주지 않으면 시들시들해지는 모습으로 변하니 말이다. 좀 덜 자란 곳은 물의 양을 많이 하고 잘 자라나는 곳엔 양을 줄이는 등 물 주는 것을 조절하면서 물을 줬던 것이다. 30㎝ 이상의 다

자란 모습들이 보이자 도라지와 더덕이 확연히 구분되어 더덕 쪽에는 1.5m 정도의 쇠막대기를 군데군데 세우거나 덧을 세워 타고 올라가도록 해 주었다. 나중에 보니 구불구불한 가는 머리줄기들이 설치물을 타고 올라들 가는 모습들이 나타났으니, 아! 정말 신기하구나 하는 소리가 절로 나왔었다.

7월 말경이 되니 푸른 밭에 하나둘 도라지꽃이 보였다. 분홍색이다. 8월 이후부터는 온통 분홍색의 도라지꽃밭으로 변했고 귀하다는 흰색 꽃도 군데군데 보였다. 100여 평 밭이 도라지꽃으로 장관을 연출한 것이다. 정말 아름답고 환상적인 장관이었다. 또한 달빛 어린 밤에 도라지꽃밭을 보았더니 신선들이 너울너울 춤추는 은은한 선경(仙境) 바로 그것들이었다! 우리가 거주하는 행복마을 사람들뿐만 아니라 시원한 어비계곡으로 피서를 온 사람들도 어쩌다 우리 도라지밭을 보고는 장관이라며 감탄들을 해 댔음은 물론이다.

그러한 사람들 가운덴 도라지 밭에 들어가 영원한 사랑을 하는 양 해맑은 미소로 행복한 스폰 사진 찍기에 몰입하는 사람들도 있었다. 그러한 광경을 보는 우리 내외도 더불어 행복해졌음은 두말할 나위가 없었으니…. 온 텃밭에 도라지꽃이 피고 피어 만개해서 향이 절로 진동하는 분홍빛 별천지를 이루니 우리 내외는 몇 달 동안을 취한 듯 보냈던 것이다.

헌데, 그 아름다운 도라지꽃에는 슬픈 전설이 내려오고 있다고 하니. 그 전설인즉슨 이러하다. 옛날 한 마을에 '도라지'라는 한 아리따운 소녀가 외롭게 살아가고 있었는데 어느 날 건너 마을 미청년에게 한눈에 반하게 됐단다. 그런데 어느 날 그 청년이 멀리 공부하러 떠

난다는 말에 한걸음에 달려가서 자신의 진솔한 사랑을 고백하게 됐다나. 다행스럽게도 그 청년도 소녀의 마음을 받아들이고 공부를 마치고 돌아올 때까지 꼭 기다려 달라고 하고 길을 떠나게 된 것.

오랜 세월을 기다렸지만 그 청년은 끝내 돌아오지 않았단다. 하지만 일편단심(一片丹心)의 그 소녀는 그 청년이 돌아오기만을 오매불망 운명처럼 기다리고 기다리게 된다. 그러던 어느 날, 그 청년이 부르는 소리에 자석에 끌리듯 이끌려 달려 나가다 소녀는 그만 안타깝게도 바위 아래로 떨어져 아까운 목숨을 잃고 말았으니…, 오호통재라!

그 후 그 소녀가 떨어져 목숨을 잃은 그 자리에는 신기하게도 흰색과 보라색을 가진 꽃이 해마다 피어났는데 후세의 사람들은 이를 그 소녀의 이름을 따서 '도라지꽃'이라 불러 온 것이라 한다. 그 후 이것을 먹으면 가래를 제거하고 폐를 건강하게 하는 놀라운 도라지 효능이 나타나기 시작했고 지금도 이어져 나타나고 있으니.

글쎄 그 청년이 돌아오지 못한 이유는 가슴에 병이 생겨 돌아오지 못한 거라는데, 그래서 그 소녀가 가슴 병을 고치는 좋은 약으로 이승에 환생하였다고 전해져 오고 있다는 것이다. 얼마나 사랑이 간절했으면 그 청년의 병을 고치는 귀한 약제로 환생하였을까. 그래서 도라지 꽃말도 '영원한 사랑'이라고 하니, 죽어서도 그토록 지키고 싶었던 '영원한 사랑'이고 보니 도라지 꽃말에 딱 어울린다고… 생각해 보지 않을 수 없다.

영원한 사랑이라는 도라지꽃이 보면 볼수록 영원한 사랑의 꽃처럼 우리 텃밭에 마구 흐드러지듯 아름답게 피어 대니 늦가을만큼이나 슬픈 위의 도라지 전설도 함께 피어나는 것 같은 묘한 감회에 젖게 되기도….

모름지기 자라나면 어떤 결실이 있어야 하는 법. 어느새 10월이 되니 그 아름다운 꽃들은 서서히 자취를 감추고 통통한 열매들이 맺기 시작한다. 이미 씨앗들을 터지도록 간직한 도라지들로 변신되어 갔다. 도라지보다 땅의 규모가 작은 더덕의 경우도 마찬가지였다. 한 해의 생을 다한 도라지들의 마지막인 누런 모습들이 여기저기 즐비하다. 어느 날인가는 아내와 함께 도라지 씨앗을 수거하고 더덕 씨앗도 일부 수거해서 내년을 위해 모아 두기도 했다.

위에서처럼 이런저런 상념들로 머리를 채우면서 캐다 보니, 날이 저물어 가고 저녁이 가까워 오자 산골인지라 추위도 찾아오기 시작했다. 모두 열심히 캤더니 20리터들이 비닐봉지 세 개가 도라지 뿌리로 가득 차게 됐다. 전체 면적의 4분의 1 정도 캐낸 것 같다. 캐낸 땅에도 너무 작은 뿌리들은 남겨 뒀으니 도라지 밭으로 계속 이어질 것이다. 우리는 이 정도에서 멈추기로 했다.

평소 요리를 잘하는 처형은 신선한 도라지 맛을 그대로 유지하기 위해선 곧바로 씻어서 내일 정도는 도라지무침을 만들어야 한다고 한다. 도라지를 재료로 해서 만들 수 있는 요리는 전, 장아찌, 강정, 김치, 무침 등 여러 가지가 있지만 손쉬운 무침을 할 모양이다.

우리는 앞마당의 수돗가에서 차례차례 씻기를 시작했다. 생각보다 흙물이 많이 나와, 씻고 또 씻기를 반복했다. 무더기로 씻었지만 한 뿌리당 예닐곱 번씩은 족히 씻어 댄 것 같다. 그렇게 되자 씻는 모두들 하얗고 깨끗하다고 한다. 씻는 작업은 처형과 아내 두 여자가 주도하고 우리 두 남자는 이미 씻은 걸 딴 데로 옮긴다든지 등의 보조 역할로 도와주었다. 씻는 데 거의 두 시간이 소요됐다. 씻은 도라지 무더기는 몇 소쿠리에 담아 마루 위에서 물이 빠지도록 하고 오늘 일을 마쳤다. 오후 내내 도라지 캐기와 씻기의 일을 하니 몸은 나른했지만 기분은 모두 한껏 좋은 모습들이다.

밤을 새고 나니 어제의 노곤한 몸이 좀 풀린 것 같다. 설악면에 가서 점심을 해결한 후 도라지무침을 위한 양념으로 고추장과 물엿, 소주 등과 형제와 자식들에게 주기 위해 담을 그릇을 산 후 집으로 돌아왔다. 앞마루에서 어제 씻어 놓은 도라지 뿌리 무더기를 큰 양푼에 고추장과 물엿 소주 등으로 버무려 도라지무침을 만드는 오롯한 요리 작업이 이루어졌다. 성격만큼이나 정성을 다하는 이러한 지성(至誠) 작업은 우리 가족들이 평소 요리의 달인이라 불러온 처형이 주관이 돼서 익숙한 솜씨로 일사분란하게 진행됐다.

만들어 놓고 보니 아내의 형제들과 아들과 딸들에게도 줄 분량이 나왔다. 4분의 1가량밖에 캐지를 못했는데에도 그 양이 너무 많은 걸로 보아 앞으로 인터넷 판매도 가능하겠다며 농담이나마 막연한 미래의 꿈도 꾸면서 말이다.

그날 저녁밥을 먹는데 서울에 잘 도착해 오늘 만든 도라지무침 요리 때문에 저녁을 두 분이서 아주 잘 먹었다는 처형의 전화가 왔다. 우리 내외도 저번에 이어서 처형이 만들어 준 도라지무침으로 저녁을 더욱더 맛있게 먹었음은 물론이다.

처형의 아들 둘에게 그리고 형제들에게 도라지무침이 선물로 각각 전해졌고 우리의 아들과 딸에게도 전달돼 맛있게 잘 먹었다는 전갈이 며칠 후에 우리 내외에게 왔다. 또한 다른 집들에서도 맛있게 잘 먹었다는 기분 좋은 전갈이 이어졌으니.

그러고 보니 우리 내외가 애써 기른 도라지가 무공해 도라지무침으로 변신하여 여러 집에서 모처럼 유쾌한 무침잔치를 하도록 한 것 같아 앞의 도라지 타령이 끊이지 않고 덩실덩실 여흥으로 나의 귓가에 머물고 있으니 새봄을 맞아 이 아니 좋을손가.

주기도문과 태을주

과거에 좀 알고 지냈거나 어떤 모임 등에서 새로 만난 사람들이거나 간에 여느 사람들과 만나서 서로 대화를 나누다가 이야기가 어느 정도 진척되다 보면 종교가 무엇이냐는 질문을 당하는 경우가 종종 있다. 그러한 경우는 묻는 상대방이 특히 신자(信者)인 경우가 대부분이다. 내가 신앙인이기를 내심 기대하는 눈치임에도 나는 사실대로 무종교라고 대답하곤 했고 앞으로도 그러한 나의 대답엔 변화가 없으리라는 생각을 해 보곤 한다.

그럼에도 종교라는 믿음에 전혀 관심이 없는 것은 아니다. 나의 종교가 무엇이냐는 질문을 받을 때마다, 나는 정말 오래전의 채플시간이 떠오르곤 하기 때문이다. 50여 년 전의 미션 스쿨인 전주신흥중학교 다닐 때로서 둘째 시간이 끝나면 어김없이 1, 2층의 강당에 중·고 전교생이 가득 모여 찬송가를 부르고 설교를 듣는 등 한 시간 정도의 합동 채플시간을 가졌었는데 함께 주기도문을 낭랑히 봉송하면서 끝맺음을 하였던 아련한 기억들이 나의 하얀 머리에 오랜 깃을 틀고 있음을 느끼고 있으니 말이다.

우리 학년 학생들 중엔 애초부터 교회에도 다닌 신자들이 많았지만 전기 1차인 전주북중시험에 낙방하고 후기 2차 시험으로 들어온 기타 학생들은 당초 신자도 아니었고 3년을 마친 후에는 신자로 바뀐 학생들도 있었으나 재학 시에는 교회에도 나갔어도 교칙을 지키기 위한 사이비 신자에 지나지 않았던 것으로 나 같은 의외의 학생이 그러한 범주에 속했다고 봐야 할 것이다.

허나, 그래도 건진 건 있었다. 예수니 교회니 부활이니 구원이니 하는 기독교, 즉 나에겐 황무지나 다름없었던 종교지만 일부 믿음의 세계를 그나마 일찍 좀 알게 된 것이라고나 할까. 중학 졸업 후에도 세상을 살면서 교회를 나갔었던 적이 간헐적으로 있었지만 나는 신자는 되지를 못하고 지금에 이르고 있다. 어쩌다 독실한 신자들과 야기를 나누어 보면 정성으로 기도 · 기원하다 보니 어느 순간엔가 충만한 성령의 강령으로 온몸에 신기한 전율이 온다거나 방언이 저절로 튀어나오는 진기한 체험을 했다고들 했다. 나는 치성이 모자라서인지 그러한 체험을 하려고 몇 번의 시도를 해 보았으나 그렇게 되지를 못했으니….

허나, 간헐적으로나마 교회를 나간 것이나 기독교를 기억하고 알게 만든 주요인은 무어니 해도 '주기도문(the Lord's prayer)'에 있었다고 생각이 든다. 중학 시절 그토록 암송했던 주기도문이어서 세월이 흘러도 입에서 그냥 나올 정도이니 교회에 나가거나 개신교 이야기를 해도 나의 믿음 유무를 떠나서 서로 간에 어색함이 없었기에….

또한, 이순이 되어서는 나이가 들어가서인지 나의 뿌리이자 민족의 뿌리에 대한 관심이 퍽이나 높아지게 되었고 우리 배달겨레에 터전을 둔 종교에도 눈길이 가게 되자, 그러한 연장선상에서 9천 년 전의 빛의 나라인 '환국(桓國)'에 우리 민족의 시원을 둔 증산도(甑山道)도 우연히 접하게 되었던 것이다. 마찬가지로 나는 현재 증산도의 신자도 물론 아니다.

대저, 모든 종교의 오롯한 믿음의 실체와 정신은 그 종교의 경전에 전체적으로 담겨져 있고 그중에서도 특히, 그 종교의 주문(呪文)에 그 요약된 에센스가 새겨져 있어서 순전한 기원 기도의 극치에 이르게 되면 그대로 실현된다는 것이 주지의 사실(fact)이라는 점이다. 그리하여 궁극적으로는 우리 사람들의 삶, 특히 마음의 삶에 위안을 주는 플러스적 효과를 빚어낸다는 것인데…, 이러한 기본 견지에서 외래 종교인 개신교의 '주기도문'과 국내에서 발생한 증산도의 '태을주(太乙呪)'에 대하여 여느 사람들의 마음의 삶에 조금이나마 플러스가 됐으면 하는 먼발치에서의 한 바람의 마음으로 간략히 서술해 보고자 한다.

먼저 기독교의 '주기도문'이다. 내가 중학 시절 배워 기억하는 주기도문을 아래에 적어 본다.

"하늘에 계신 우리 아버지, 이름이 거룩하옵시며, 나라이 임하옵시며, 뜻이 하늘에서 이루어진 것같이 땅에서도 이루어지이다. 오늘날 우리에게 일용할 양식을 주옵시고, 우리가 우리에게 죄 지은 자를 사하여 준 것같이 우리 죄를 사하여 주옵시고, 우리를 시험에 들지 말게 하옵시고, 다만 악에서 구하옵소서. 대개 나라와 권세와 영광이 아버지께 영원히 있사옵나이다. 아멘."

예수님의 온 생애는 기도로 일관된 삶이었다. 그래서 위와 같은 주기도문을 가르쳐 주신 것이리라. 이러한 주기도문의 구조와 나의 기도에 대한 신학자들의 설명을 참고로 본 글에 원용(援用)해 보고자 한다.

주기도문의 구조와 나의기도

Ⅰ. 서론 : 하늘에 계신 우리 아버지 → 우리 모두의 아버지 하나님!(나의기도)

Ⅱ. 본론

1. 하나님의 영광을 위한 기도

1) 아버지의 이름 : 이름이 거룩하옵시며 → 우리로 하여금 하나님을 찬양하며 사랑하게 하소서.(나의기도)

2) 하나님의 나라 : 나라이 임하옵시며 → 이 세상을 아버지의 나라로 화하게 하소서.(나의기도)

3) 하나님의 뜻 : 뜻이 하늘에서 이루어진 것같이 땅에서도 이루어지이다. → 아버지의 뜻이 아버지의 나라에서 이루어진 것같이 여기에서도 이루어지게 하소서.(나의기도)

2. 인간의 생존을 위한 기도

1) 일용할 양식 : 오늘날 우리에게 일용할 양식을 주옵시고 → 오늘 우리의 몸과 마음과 영혼을 자라게 하는 데 필요한 양식을 주십시오.(나의기도)

2) 죄 용서 : 우리가 우리에게 죄 지은 자를 사하여 준 것같이 우리 죄를 사하여 주옵시고 → 다른 사람들이 우리에게 저지른 잘못을 우리가 용서해 준

것같이, 하나님께 대한 우리의 잘못을 용서해 주옵소서.(나의기도)

3) 시험에서의 승리 : 우리를 시험에 들지 말게 하옵시고 +

4) 악에서의 승리 : 다만 악에서 구하옵소서 → 우리는 유혹에 빠지기를 원치 않사오니, 우리가 유혹에 빠졌을 때에 우리로 하여금 올바른 길을 가도록 인도해 주옵소서.(나의기도)

III. 결론 : 하나님께 드리는 송영

대개 나라와 권세와 영광이 아버지께 영원히 있사옵나이다. 아멘. → 온 세상은 아버지의 것이며 하나님께서는 모든 것 위에, 모든 권세로써 지금부터 영원까지 임하고 계시옵니다.(나의기도)

주지하듯이, 생의 중요한 순간마다 예수님은 기도하셨다. 기도를 통해 주님은 하나님과 교제하며 하나님의 뜻을 파악하여 그 뜻을 이루는 삶을 사셨다. 이러한 주님을 모신 제자들은 그들의 선생이신 예수님께 기도하는 법을 가르쳐 달라고 했다(눅11:1이하). 사실 제자들은 유대의 전통에 따라 시간을 정하여 기도해 왔었다. 유대인은 하루 세 번(9시, 12시, 오후 3시) 기도하였고(단6:10,11, 행10:3), 기도 시간에 외우는 기도문(쉐마, 쉐모네, 에스레의 18가지 기도문)도 있었다고 한다.

왜 제자들은 "요한이 자기 제자들에게 기도를 가르친 것과 같이 우리에게도 가르쳐 주옵소서."라고 했을까? 이는 요한의 제자들을 포함한 다른 유대인 그룹들이 그들 나름의 기도문을 가지고 있었던 것처럼 예수를 중심으로 한 공동체로서의 그들의 특징을 나타내 줄 기도를 원했다고 볼 수 있다. 이때 가르쳐 주신 것이 위의 '주기도문'(마

6:9-13, 눅11:1-4)이었다.

주께서 가르쳐 주신 기도에 대한 바른 이해가 필요한 것은, 이 기도가 그리스도인의 기도 생활의 기본이요, 이 기도의 내용대로 살아가는 것이 그리스도인의 삶의 기초가 되기 때문임은 불문가지이다. 이제 주기도문에 담긴 믿음의 실체와 정신인 에센스를 정리해 보자.

첫째, 경배와 찬양이다. 기도의 대상은 하나님이시다. 그러므로 기도의 시작은 당연히 그분을 찬양하고 그의 높으심을 경외하는 것으로 시작해야 한다. '경배'란 공경하여 공손히 절하는 것이다. 하나님의 임재를 실감하지 못할 경우 진정한 경배란 불가능하다. 입술과 몸짓의 경배만으로는 하나님 앞에서의 두려움과 떨림이 없다. 심령의 무릎을 꿇고 진정한 경배와 찬양을 드릴 때 하나님께서 흠향하시고 응답하신다(단4:34,35).

둘째, 감사함이다. 우리는 먼저 예수 그리스도의 십자가로 영생을 주심에 감사하고 세상살이에서 아주 사소한 것에서부터 특별한 것까지 모든 것을 허락하시고 배려해 주신 것에 대한 감사를 기도를 통하여 하나님께 드려야 한다(빌4:6).

셋째, 죄의 고백과 통회이다. 우리가 지은 모든 죄악을 남김없이 하나님 앞에 내어놓아야 한다. 이 통회의 시간이 있어야 하나님과 정상적인 사랑의 대화를 시작할 수 있는 것이다. 내가 죄인이라는 인식이 없는 완악한 심령으로 드리는 기도가 바로 책망받은 바리새인의 기도였다. 죄의 고백과 통회하는 심령은 놀랍게도 우리를 하나님 앞으로 이끌어 간다(렘3:13, 요일1:9).

넷째, 간구와 청원이다. 어렵고 힘든 상황에 놓여 있는 이웃들을 위해 기도해야 한다. 나는 비록 부족하여도 예수의 이름으로 기도할 수 있는 것이다. 그리고 자신에게 잘못한 이웃까지도 용서하고 이해할 수 있도록 기도해야 한다. 용서하는 사람만이 진정으로 용서받을 수 있다. 또한 자신이 하나님께 온전히 헌신할 수 있도록 성령 하나님의 은총을 바라는 간구를 드려야 한다. 그 밖에 꼭 필요한 사항들을 주님의 뜻에 맞게 청원한다. 하나님의 뜻에 합당한지 점검하지 않고 내 욕망대로 청원하는 것들은 응답받기 어렵다(약5:13-16, 엡6:18, 딤전2:1-3).

다섯째, 예수그리스도의 이름으로 기도한다. 우리는 기도할 때 반드시 예수 그리스도의 이름으로 기도를 드려야 한다. 왜냐하면 예수님께서 하나님께 대한 우리의 중보자가 되시기 때문이다(요14:13).

다음은 증산도의 태을주다. "吽哆 吽哆 太乙天 上元君 吽哩哆哪都來 吽哩喊哩娑婆訶(훔치 훔치 태을천 상원군 훔리치야도래 훔리함리사파하)." 태을주는 천지 어머니 젖줄이니 천지 젖줄을 놓지 말라고 道典(도전)7편73장에서 특기(特記)하고 있음을 본다.

증산도의 주문인 '태을주'의 뜻은 인류 역사의 깨달음과 도통문화의 최종 열매를 총괄 의미하는 것으로 주문의 글자 수는 전부 스물세 글자이다. 끝부분 '사파하'는 그동안 불가에서 주문의 후렴구로 많이 써온 문구로서, 그걸 떼어 버리면 스무 글자가 된다. 크게 세 부분으로 이루어져 있다. 이 스무 글자 가운데 '훔치 훔치' 넉 자는 머리, '태을천 상원군' 여섯 글자는 몸체 · 심장에 해당하고, '훔리치야도래 훔리함리' 열 글자는 팔, 다리와 같은 부문이다.

이 중 가장 중요한 것은 '훔치 훔치 태을천 상원군'이라는 전반부로서 여기에 중요 메시지가 다 들어 있다고들 한다. 말하자면, 우주 생명의 근원, 조물주의 신성, 생명, 지혜, 광명 그것이 바로 '훔'이고, '치'는 "우리 몸속과 대우주 속에 관통해 있는 우주생명의 근원인 '훔'과 하나 되겠다, 하나 되고 싶다."는 강한 열망과 단호한 결단을 뜻하는 것으로 '훔'과 '치'는 바로 우주 창조의 사운드이기도 하다.

나아가, 이 주문의 핵심 중의 핵심은 '태을천 상원군' 여섯 글자라고 한다. 이는 인간 생명의 근원 자리인 태을천과 상원군은 이러한 태을천의 주신(主神)으로서 동서 인류의 원조상이면서 깨달음의 역사에서 도통을 열어 주는 도신(道神)의 원뿌리임과 동시에, 우리 인간이 생명을 받고 깨달음을 얻는 생명의 근원 하늘이 바로 이 '태을천'이고 궁극적으로는 상제님으로도 이어지기 때문이다.

후반부인 '훔리치야도래 훔리함리사파하'는 병마(病魔)를 물리치는 주문인 구축병마주(驅逐病魔呪)라 하여 도가에서 예로부터 전해 내려왔던 것. 이것은 앞의 첫 부분인 우주 창조의 신성한 소리인 훔과 치를 불러와, 대우주가 태어난 생명의 근원 소리인 훔과 치를 반복해서 '훔리치야도래'라고 부연한 것이고 '사파하'는 모든 것이 꼭 그대로 이루어진다는 뜻이란다.

따라서, 궁극적으로 천착하자면 이 주문은 천지 기도 서원이며 또한 맹세 바로 그것이 되는 것이다. 태을주의 에센스를 감지할 수 있는 증산도의 도전 몇 구절을 발췌 인용해 적어 보니 참조하면 좋으리라.

- 태을주(太乙呪)는 심령(心靈)과 혼백(魂魄)을 안정케 하여 성령을 접하

게 하고 신도(神道)를 통하게 하며 천하창생을 건지는 주문이니라(도전 11:180:4).

- 태을주는 뿌리 찾는 주문이요 선령 해원 주문이니라(9:199:7).
- 태을주(太乙呪)는 수기 저장 주문이니 병이 범치 못하느니라. 내가 이 세상 모든 약기운을 태을주에 붙여 놓았느니라. 약은 곧 태을주니라(4:147:3~4).
- 태을주는 천지 기도문이요, 개벽기에 천하창생을 건지는 주문이니라. 이 뒤에 병겁을 당하면 태을주를 많이 읽어 천하창생을 많이 살려라. 태을주의 '훔치 훔치'는 천지신명에게 살려 달라고 하는 소리니라(11:387:1~3).
- 태을주(太乙呪)로 천하 사람을 살리느니라(2:140:3).

이상으로 우리 현대인들 마음의 삶에 조금의 밑거름이라도 됐으면 하는 비신자로서 먼발치의 바람으로 외래 종교인 개신교의 주기도문과 국내 종교인 증산도의 태을주를 나란히 잠깐 더듬어 봄으로써, 나이 듦의 나만의 어떤 일탈의 즐거운 시간을 가져 보았다는 생각을 해 본다.

파이어 族

이제 나이가 들어서인가. 요즘은 부쩍 세월이 빠름을 실감한다. 어느덧 2019년 상반기 마지막 달인 6월이 되더니 중순을 넘고 있다. 나는 여느 사람들처럼 집에서 TV를 곧잘 본다. 언제부턴가 그렇게 됐다. 평생 직업인 공직을 반의사(反意思)로 조기 은퇴하고 그 후 시험에 합격, 주택관리사 자격증을 취득해 새로운 직장(JOB)인 아파트관리소장의 일도 6년여 만에 그만둔 후에는 거의 집에서 종일 지내는 생활이 지속되면서 자주 보다 보니 TV 보기가 이젠 빼놓을 수 없는 데다 잔재미도 더러 있는 나의 하루의 소일거리가 되었다.

그저 무료함을 달래 주는 시간 보내는 소일거리에 불과하지만 또한, 뉴스나 시사교양 문제 등의 심층 분석 프로들을 보게 되면 세태에 뒤지지 않는 삶의 생기를 얻는 유익한 한 수단이 되기에 시청하게 되는 면도 있다. 아마 여느 시청자들도 그러한 궤(軌)에서 대동소이하리라는 생각을 해 본다.

나에겐 주기적으로 계속 보는 프로그램도 많다. 예컨대, 장수 프로그램으로서 매주 월요일 밤 김동건 아나운서의 '가요무대'나 매주 일요일 낮 코미디언 송해의 '전국노래자랑'은 거의 빼놓지 않고 보곤 한다. 요즘은 채널과 프로그램이 다양해지고 많아져서 볼거리가 넘쳐나는 것 같다. 아내도 TV 시청을 퍽이나 즐긴다. 허나, 관심 사항이 나와 달라서 아내는 애정을 다루는 연속드라마나 '미우새' · '나혼자산다'를 선호하는가 하면 나는 위의 '가요무대'나 '테마기행' · '진품명품' · '인문학강좌' · 액션영화를 좋아하는 등 말이다.

공교롭게도 시청 시간이 겹치면 나는 대부분 아내에게 양보하는 경우가 많다. 근 40년 가까이 같이 살다 보니 시시콜콜 다투기 싫어짐과 동시에 좀 뭣한 얘기지만 남자로서의 마지막 아량을 지켜 내기 위함 때문이요 어느 면에선 무미건조한 생활이 돌아가도록 벌어진 틈새기에 기름을 치는 서로를 배려하는 삶의 지혜가 저절로 생겨났기 때문이기도 하다.

때론, 부부일체라서 유유상종이라고나 할까. 나이가 들어가니 아내가 잘 보기에 나도 덩달아 보게 되는 어떤 프로도 있게 됐다. 금년부터 가끔씩 보게 된 KBS2 예능프로그램 '옥탑방의 문제아들'은 그러한 범주에 속한다.

5인의 고정 멤버와 게스트 한 사람을 초빙하여 스텝 측에서 단계별로 업그레이드되는 퀴즈 문제를 출제하면 참석한 6인이 혼자나 합동으로 답을 맞춰 가는 방식으로 진행되며, 마지막 10 문제를 끝낸 후에는 그 어려운 숙제를 마쳤다는 공동승자(共同勝者)로서의 후련하고 홀가분한 한마음이 되어 모두 함께 마감 식사를 하는 집단지성 프로인데, 제출되는 문제들이 깜짝 지식과 번뜩이는 지혜 그리고 순간의 재미와 유쾌한 해학을 함께 던져 주어 시청하는 사람들로 하여금 계속 관심의 끈을 놓지 않게 만듦으로써 소위 시쳇말로 시청자들을 죽여주는 절묘한 프로그램의 하나이다.

지난 10일 밤 방송된 KBS2 '옥탑방의 문제아들'은 김용만, 김숙, 송은이, 정형돈, 버즈 민경훈, 게스트 가수 노사연이 참석한 문제풀이의 진솔한 과정이 공개됐던 것. 여느 날처럼 그 TV 방송을 열심히 보다가 가끔 그렇듯이 특이한 용어를 접하게 됐다. 오랜만에 횡재를 맞은 기분이었다. '파이어족'이란 말이 바로 그것이다. 이렇게 쉬운 거는 아니지만 혹시나 하고 문자 그대로의 '해고'라는 첫 시도가 맞지 않다고 하니까, 아마 무슨 말의 조합일 거야 하며 설왕설래 궁리를 거듭하다가 으레 하듯이 그들은 결국 '파이어족'이란 정답을 찾아내고야 말았으니….

메마른 대지에 오랜만에 단비를 내려 주어 온 땅을 적셔 주는 듯이 정답을 풀고는 어떻게 그런 답을 우리가 만들어 냈지 하는 얼굴로 서로를 보며 한참을 어리둥절들 했다. 보기보단 대단한 그들이라는 생각이 그 순간 섬광처럼 머리를 스치고 지나갔던 것. 그러니, 나로선 그 용어에 대해 추후에도 깊이 천착해 보지 않을 수밖에 없잖은가 말이다.

파이어족은 경제적 자립을 바탕으로 한 자발적 퇴사를 희망하는 사람들을 뜻하는 신조어란다. 1990년대 미국에서 처음 등장한 이후 고학력 · 고소득 계층을 중심으로 2008년 금융위기 때 급속하게 퍼졌었다나. 파이어족의 기본 개념을 요약하면 '짧게 벌고 적게 쓰기'다. 즉, 젊을 때부터 상상을 초월하는 극단적인 절약으로 노후자금을 만들어 놓은 뒤 은퇴 후에도 계속해서 절약하는 생활을 유지하는 것을 일컫는다.

좀 더 부연해서 말하자면, 파이어(FIRE)족은 'Financial Independence, Retire Early'의 앞글자로 조합한 신조어란 말이다. 경제적으로 자립해 조기에 직장을 은퇴하기를 희망하는 좀 별난 사람들을 뜻하는 것이다. 젊었을 때 임금을 극단적으로 절약하여 노후자금을 빨리 확보해, 빠르면 30대 후반, 혹은 늦어도 40대 초반에 은퇴해 여생을 자유롭게 소비하는 게 그들의 목표이니 말이다.

이들이 조기은퇴를 위해 꿈꾸는 노후자금으로 보통은 100만 달러인 11억 원 이상을 모으는 것이라는데, 모두 주식에 투자하거나 은행에 예치해서 나오는 수익으로 생활비를 쓰겠다는 계산이란다. 그러면서도 한 걸음 나아가, 이들은 고액 연봉에 상응하는 극심한 스트레스에서 하루빨리 벗어나길 원하는 데에서 이러한 현상이 비롯한 감도 없지 않다나. 시대 조류를 타지 못하거나 기존 습속에 얽매인 대다수 사람들에게는 가히 혁명적이라고 달리 설명이 안 될 것이다. 헌데, 이 용어는 타이트워드가제트라는 뉴스레터에서 처음 사용된 후 미국에서 점차 인기를 얻기 시작했다고 한다.

또한, 미국 밀레니얼 세대 중 고소득층을 중심으로 파이어족이 늘어나고 있다고 하는데, 이들은 조기 은퇴를 위해 소득의 60~70%를 저축하고 있고, 음식은 폐기처분 직전의 할인 판매하는 제품을 구매하며 최대한 월세를 아낄 수 있는 지역에 주로 거주하면서, 자동차의 주행거리가 30만 ㎞를 넘어가도 바꾸지 않을 정도이고 외부 활동은 가급적 자제하고 친구들도 안 만나는 특징의 소유자들이다.

실시간 재생인 스트리밍 서비스를 위한 넷플릭스 아이디를 공상맞게도 공동 구매한다니…, 돈이 없는 것도 아니고, 오히려 고액 소득자임에도 이렇게 쥐어짜듯 아끼며 사는 사람들인 것이다. 파이어족의 이러한 극단적인 절약 움직임은 금융위기로까지 이어질 수도 있기 때문에 무시할 수 없는 사회문제로 취급되기에 이르렀으니….

유명 재무설계사인 수즈 오만은 파이어족이 되기 위해서는 최소 500만 달러를 모아야 하며, 현실적으로는 1,000만 달러를 모아야 가능하다고 말하면서, "그들이 주장하는 100만 달러는 도무지 계산이 안 맞는다."고 지적하기도 했다. 오만은 파이어족에게 직장을 완전히 그만두기보다는 싫어하는 일 혹은 돈 때문에만 하는 일은 멈추고 실제로 즐길 수 있는 일을 열심히 찾아보라고 힘주어 조언하기도 했다.

그런가 하면, 위에서처럼 미국에서 파이어족이 큰 이슈가 되자, 실제 조기은퇴에 성공한 파이어족은 SNS를 통해 자신들의 경험담을 공유하기에 이른다. 이들이 전하는 파이어족이 되기 위한 몇 가지 팁을 요약하면 다음과 같다. 고민하고 또 고민하라, 목표 금액을 제대로 세워라, 저축보다 빚 청산이 먼저다, 짠내 나는 생활을 두려워하지 말라는 정도의 메시지를 알리고 있다.

헌데, 이러한 움직임은 비단 미국에만 있는 게 아니다. 21세기는 바야흐로 지구촌(Global Community) 시대로서 실시간으로 상호 영향을 미치는 시대가 됐으니 말이다. 30대 후반인 나의 아들 한해와 가끔 얘기를 나누다 보면 우리나라의 요즘 젊은 세대가 미국의 파이어족과 맥이 통한다는 개연성을 느낄 때가 있다.

Y대학을 다닐 때만 해도 그 전(前)처럼 부모인 우리 내외의 말을 경

청하고 공감하며 따랐고 그러한 연장선에서 나의 권고를 좇아 사회에 나가기 전인 이십 대 후반에 생명공학 박사 학위까지도 받았었다.

아들은 공부하는 것이 좀 따분하고 지루했는지 먼저 사회에 나가 취업해 일하다가 원하는 박사 학위도 받겠다고 의사를 밝혔으나, 아들이 학위 과정을 지금 밟고 있으니 그래도 계속해서 먼저 박사 학위를 받은 후에 그 학위에 걸맞는 취직을 하는 게 맞는 순서라고 내가 충고했던 것. 즉, 나도 일하면서 박사 학위를 취득하려고 노력했으나 아쉽게도 석사 학위 정도에서 멈추고 만 과거가 있어서, 직장 일과 겸해서 최종 학위를 딴다는 게 실로 지난함을 경험상으로 잘 알고 있었기에 아들에게 그렇게 권고했던 것이다.

말하자면, 부모님 세대의 과업(課業)에 대해 인정하고 이해하려고 했었던 데 비하여, 그 후 지금까지 정부의 부설 연구기관인 한국과학기술기획평가원(KISTEP)에서 수년 동안 부(副)연구위원으로 팀장을 맡고 있는 아들 한해의 태도나 말투에서 내가 근무했던 당시와는 국가에 대한 충성심이 사뭇 낮은 것을 느끼게 된지라 우리 세대가 전면에 있을 때와는 많이 다른 세상으로 변하게 됐음을 인지하게 되었다고나 할까…, 국가라는 공동체가 우선시되어야 한다는 다소 보수적인 나로서는 섭섭함이 밴 우려스런 의아심까지 났던 것이다.

나는 사기업에 다니는 폼 재는 친구들보다 보수가 낮더라도 국가정책을 담당한다는 생애적 자부심 하나만으로도 희생을 감수하면서 열심히 일하면 지위도 오르고 사회적 권위도 오른다는 뿌듯한 마음의 대아(大我)였었으나, 나의 당시보다 훨씬 많은 보수와 좋은 환경에서 일하면서도 승진도 하는 생애의 직업으로 생각하지 않고 불만이 더 많고, 돈이 어느 정도 축적되면 빨리 퇴사해서 보다 손쉬운 일을 찾아 가족과 더불어 즐기며 살겠다는 소아(小我)의 뜻을 피력하지 않은가 말이다.

어찌 보면 그러한 태도가 더욱 현실적일 수도 있을 것이나…. 정부기관에서 종사하니 어느 면에서는 반 공무원인데도 국가 내지 공동체에 대한 충성심(Loyalty)은 내가 일했던 당시와는 비교할 수도 없을 정도로 낮아져 있으니…, 그 대신 자신의 개인에 대한 경제적 마인드와 자신 개인에 대한 총체적 관심도는 매우 높은 상태를 유지하려고 버둥거리는 야박한 형상인 것이다.

자신의 존재를 있게 하는 국가 등 공동체의 일은 기준 이상은 아예 하지 않으려고 하면서도 한 방에 대박을 꿈꾸는 비트코인 투자에는 밤샘을 하는 젊은이들도 많다는 아들 김 박사의 얘기는 요즘의 젊은 세대의 전반적인 실(實)분위기를 반영하는 거라고…. 자기는 그래도 다른 젊은이들 태반이 취하는 자신에만 매몰되는 상태는 아니라고 주장하기도 했다. 아들의 얘기에 의하면, 국가가 젊은 자기들을 위해 해 준 게 뭐 있느냐며 나라 사랑하는 국가애 같은 것은 고사하고 국가 혹은 공동체에 대한 감사함이나 고민하는 마음이 거의 제로 상태라고 하니, 참, 기가 찰 노릇 아닌가.

그러한 슬픈 얘기를 한참 듣다 보면, 온 정보의 총아인 컴퓨터나 스마트폰에 터 잡은 잔재주에 익숙해지고 있는 오늘날의 영악한 젊은이들은 정보매체를 현란하게 활용해 가는 결과, 공동체에 속한다는 사람과 사람 간의 진솔한 정(情)은 어디론지 팽개쳐 버리는 미국의 파이어족과 맥이 통하는 세대의 길을 가고 있구나 하는 입맛 써지는 생각이 들어 그야말로 앞이 캄캄해지고 힘 빠져 허물어지고 아연해지는 나를 발견하곤 한다.

설령 선진 지구촌 세상의 흐름이 그렇다손 치더라도 미래를 짊어질 젊은 세대가 온통 파이어족으로 나아가서는 우리나라의 미래를 어둡고 약하게 만드는 해악이 될 거라는 나의 어쭙잖은 생각이 나이가 들어가는 과정에서의 있을 수 있는 총명(聰明)이 흐려진 단견(短見) 정도로 그저 머물렀으면 하는 게 요즘의 간절한 마음이다.

잔도의 나라, 중국

3박4일 일정의 '안탕산+신선거+야하구 트레킹'을 하기 위해 2019년 9월 28일(土) 인천국제공항1터미널 3층A의 혜초여행사 데스크에 아내와 함께 미팅 시간보다 좀 일찍 도착해 보니, 박찬용, 윤대환, 이영노, 이진우, 이창근, 홍성만 산우가 미리들 와서 있다가 홍일점인 아내에게 반색들 하며 우리 내외를 반겼다. 좀 지나니 미리 와서 경내를 둘러본 미국서 온 이기성 산우와 반갑게 조우하고 예정 시간 8시 30분에 김영원 산우가 도착해서 10명의 우리 일행은 일련의 입국 수속 절차를 모두 마치고 각자들 시간에 맞춰 11시 10분 중국의 원저우[溫州]행 티웨이 항공의 TW611편에 탑승했다.

단체비자를 받은 9인은 이웃한 자리였으나 미국에서 비자를 단독 신청한 이기성 산우는 멀리 떨어져 앉게 됐다. 해외여행에 경험이 많은 친구들이라 차분한 편이지만 그래도 탑승하고 보니 새로운 여행의 기대감으로 가벼운 흥분감이 도는 얼굴들이다. 옆자리에 함께한 아내를 잠깐 보다가 두 눈을 지그시 감으니, 이번의 트레킹 관련한 생각들이 소롯이 지펴져 왔다.

우리 경복45산우회의 영원한 호프인 박찬용 산행대장이 7월 18일 해외 산행 참가자 모집 공고를 시작으로 여론을 들어 9월 28일~10월 1일로 일정을, 그리고 장소는 중국 절강성의 원저우 지역을 정해 추진한 것. 27대 산우회장으로서 첫 산행인 금년 3월 남한산성의 망덕산 산행기에서 내비친 해외 산행을 검토 추진하겠다는 공약을 나름 지키게 된 것이다. 단독팀을 원한 나로서는 참가 산우가 최소한 10명은 되어야 하는데 하는 기우가 있었으나 박 대장이 권고한 동부인 산행을 암 투병 중인 아내가 고맙게도 받아들여 줘 최종 10명의 트레킹단이 구성되게 돼 다행이란 생각이 들기도….

헌데, 나의 3월산행기를 본 정대수 전(前)회장은 곧바로 중국 태항산의 자료를 나에게 보내 주는 열의를 보이기도 해 고마웠고 그 후 집행부의 논의 과정에서 일본산이 점찍어졌지만 금년의 악화된 한일 관계를 고려해서 그것은 접고 결국은 중국산을 택하게 된 그간의 생각의 나래를 펴다 보니, 2시간여의 비행 후 중국 원저우국제공항에 도착하게 됐다. 지방의 공항치곤 규모가 꽤 큰 편이라는 느낌이 들었다. 날씨가 약간 더운 편이었다.

우리는 공항에서 한명호 조선족 가이드를 만나 약 30인승의 버스에 짐을 실은 후 좀 달려 그가 인도하는 공항 인근의 식당에서 현지식 점심을 했다. 모두들 새벽에 집을 출발한 터라 허기진 상태여서인지 둥근 탁자에 빙 둘러앉아 9가지가 나오는 푸짐한 중국 음식을 먹고 맥주 마니아 박 대장이 준비한 맥주와 현지 독주로 즐겁게 목을 축이면서, 리더로서 자연스럽게 사회를 맡은 박 대장의 주문이 있어서, 인내심을 가지고 즐감하는 트레킹을 하자는 나의 인사말과 나의 제안을 받은 이창근 45회 동기회장의 건배사를 들으며 화기애애한 가운데 중국에서의 첫 식사인 점심을 같이했다. 비교적 맛있다는 반응들이었다.

반주로 업된 우리는 짐을 실었던 버스를 타고 안탕산으로 향했다. 그 버스는 출국할 때까지 같이한다고 한다. 창밖을 보니 원저우시 외곽으로 보이는데 생각보다 많은 고층아파트들이 시야에 들어왔다. 매일우유의 중국 사장을 역임하기도 한 이창근 회장은 요즘의 중국의 전반적인 현상이라고 설명한다.

산동성 제남 출신의 조선족 3세로서 자신도 2시간 비행기를 타고 제남에서 이곳에 왔다고 자신을 소개하고 과거 실크로드를 담당한 자긍심이 강한 베테랑 가이드임을 암시하며 내내 같이할 젊은 기사 진따거도 소개하면서 1시간 30분의 이동 시간을 이용하여 중국 관련 이야기를 들려줬다. 많은 이야기 중에서 특기할 만한 것으로는 가이드가 평소 내가 궁금해했던 '강(江)'과 '하(河)'의 차이를 우리들에게 질문했는데, 놀랍게도 이진우 산우가 '강'은 마르지 않지만 '하'는 마르는 수도 있다고 정답을 정확히 맞힌 것이다.

그는 중국에 장강, 황하, 송화강의 3대강이 있는데 황하는 왜 황강이 아니냐면서 한국인들이 대부분 몰라서 묻는다고 전제한 것이었는데, 그가 이 산우의 답변을 잘못 알아듣고 설왕설래하기도 했지만 나중에는 이 산우의 답변을 제대로 이해하고 높게 평가했던 것으로 덩달아 우리들 모두가 높아지는 꼴이 됐던 것. 즉, 황하는 청해성에서 발원하여 내려오다가 지형상 내몽고로 올라가 다시 내려오기 때문에 겨울철에는 내몽고 지역의 물이 얼고 말기 때문에 내몽고 아래 지역은 얼어붙은 물이 녹아 터지기 전까지는 그 하류가 말라 버린다는 것에서 황하가 됐다는 설명을 듣고는 우리도 확실히 이해할 수가 있었던 것이다.

드디어 버스가 멈추니, 고대하던 안탕산(雁蕩山)에 오를 수 있는 입구에 도달, 하차했다. 우리는 안탕산을 관리하는 큰 건물을 통과하여 주차장에서 5분 정도 소형차량을 타고 올라가 내리니 천하절경 안탕산이 보여 왔다. 산중 호수에 기러기 날고, 갈대가 후들거리는 모습이 너무나 아름다워 이름 붙여진 안탕산[Andang Mountains]은 중국 동남 지역의 제일 명산이자 기이한 산봉우리와 아름다운 폭포가 어우러진 중국 10대 명산 중 하나로 국가 5A급 여유경구에 속한다는 안내서의 말들이 실감나게 눈에 들어왔다.

우리는 우뚝 펼쳐지는 웅장한 장관에 자연 감탄하며 트레킹을 시작했다. 걸으니 좀 피곤하기도 했지만 보이는 것이 절경이어서 인증샷을 하기도 하며 가이드를 좇다 보니 천관봉, 합장봉 등을 관람하고 백운암의 안내 표지가 있는 곳까지 걸어서 결국 전체가 아닌 일부의 영봉산만을 구경하였지만 그것만으로도 만족하였다고 생각되었다.

두 손을 모아 영원을 기원하는 합장봉(合掌峰)은 과히 천하일품으로서 우리 모두의 순연한 감탄을 자아냈다. 우리는 합장봉 사이에 오도카니 지어진 절에 돌계단을 타고 올라가 서로의 소원을 빌었고, 나는 작은 시주지만 시주를 하고 대한민국의 통일과 평화를 빌어 보았다. 날이 저물어 가는 듯해 하산을 서두르면서도 우리들은 곳곳에서 사진을 찍어 대는 여유를 부리기도 했다. 2시간여가 소요된 트레킹으로서 첫날이어선지 그다지 어렵다는 감은 들지 않았다. 아마도 여행

상품을 그렇게 설계했으리라!

오를 때와 역으로 내려와 버스를 타고 내려서 안탕산 밑자락에 있는 4성급 숙소인 표거산장[朴格大酒店]에 여장을 풀었다. 2인실로는 박찬용-이기성, 김종박부부, 윤대환-이창근, 이진우-홍성만 산우팀이, 1인실은 김영원, 이영노 산우가 가이드에 의해 배정됐고 이러한 방배정은 계속됐고 6시 반 저녁 먹기로 하고 다음 날은 6시 기상, 7시 식사, 8시 출발한다는 가이드의 멘트가 있었는데 이러한 기상·식사·출발 패턴은 떠날 때까지 유지됐으며 각자 자유로운 편한 복장으로 출발하였다.

또한, 가이드측이 제공한 물 한 병씩은 출발 시 배낭에 넣어 트레킹 때 모두들 수분을 보충하였으며 윤대환 산우의 경우는 물을 넉넉히 지참하여 타 산우들에게도 제공해 주기도 했다. 그런가 하면, 나에 대한 생전의 시어머니와 자기의 대화에서 비롯한 '생선 밑에 무 있다', '그래도 눈 뜨면 커야!'라는 유행어로 좌중을 웃기기도 한 아내는 휴식시간에 가끔씩 산우들에게 당보충제를 제공하였다.

노곤해진 몸을 가벼운 샤워로 풀고, 저녁시간이 되자 식당으로 가니 모두 모여서 막 저녁식사를 시작하는 참이다. 우리 부부도 빈자리에 앉아 식사를 시작했다. 메뉴는 12가지로 낮보다 더 풍성하고 질도 향상된 식사다. 이번 안탕산+트레킹 코스는 혜초가 자체 개발한 상품으로 우리가 두 번째라서 1인당 3만 원을 추가 부담해 첫 번째의 것보다 보완해서 식사를 업그레이드시켰다고 한다. 아울러 칭따오맥주와 중국술 및 공동경비로 사전에 마련한 우리 술로 저녁을 한껏 즐겼음은 불문가지. 샤워를 해서들인지 낮보다 한결 가벼워진 마음으로 포식들을 하고 각자 즐겁게 방으로 돌아갔다.

그런데 우리들이 누구인가. 대경복의 건아들로서 종례를 빠뜨릴 수는 없잖은가. 자연스레 제 아내만 제외하고 모두 박 대장 방으로 모였다. 말하자면, 첫날의 종례가 시작된 것이다. 3년 전 히말라야 안나푸르나 트레킹에서와 유사한 격이라고 보면 된다. 각자 방바닥에 앉거나 침대에 걸터앉아 준비한 술과 안주로 주거니 받거니 하면서, 조국사태(曺國事態) 등 시국담도 하고 고교 시절 한담도 곁들이면서 이야기꽃을 피우다 보니 11시가 훨씬 넘어 있었다.

조국사태에 대해 서울법대 출신의 홍성만 산우는 복잡한 법리해석에 쾌도난마식의 명쾌한 해석으로 우리에게 반대 논리를 전개해 공감을 주는가 하면, 역사학을 전공해 역사의 비화(祕話)에 밝은 이영노 산우는 긴 역사의 관점에서 나름의 시각을 보여 줘서 서로 상반된 논리지만 둘 다 신선한 충격을 주기에 충분했다는 생각이 들었다. 유쾌한 종례를 마치는 시간이 되자 감당할 처지에 맞게 각자 방으로 돌아갔다. 호텔 시설이 그런대로 괜찮은 편이다. 나도 아내가 잠든 방으로 되돌아와 이국의 첫 밤을 취한 채 보냈다.

둘째 날 : 9월 29일(일) 안탕산 트레킹

예고된 대로 7시에 조식을 했다. 아침 산우들을 보고 서로 간 수인사를 했다. 뷔페식이다. 가볍게 먹었다. 방 서비스료를 놓고 가방을 챙겨 나와 버스를 탔다. 어제의 주차장에서 올라가니 많고 많은 돌계단, 그것도 가파른 계단들이 나타났다. 어제의 쉬움을 예상하고 스틱을 가져오지 않은 게 큰 잘못이란 생각이 버럭 들었다. 우리 부부를 제외하곤 다들 스틱을 챙겨 와 사용하는 모습들이다.

3절폭 중 맨 아래의 하절폭을 향해 돌계단을 올랐다. 어제 술을 해서인지 힘이 들기도 했다. 허나, 걸어 올라가야만 한다. 웅장히 깎아내린 검은 하절폭이 시야에 들어온다. 물이 흐르지 않는 것이 좀 아쉽다. 다만 밑동에만 작은 웅덩이처럼 물이 고여 있다. 기념사진을 찍고 다시 올라간다. 땀을 흘리며 계단을 오르니 중절폭이 나온다. 좀 높고 규모가 좀 클 뿐이지 하절폭과 같다고 할까. 하절폭 때처럼 인증 사진들을 찍어 본다.

다시 힘을 내어 땀에 젖은 상태로 돌계단을 걸어 올라갔다. 아내는 선두에서 어느 친구가 준 스틱을 하나 들고 생각보다 잘 올라간다. 나중에 확인해 보니 배려심 깊은 홍판이 빌려준 것이었다. 고마운지고. 마지막 상절폭에 닿았다. 규모가 제일 큰 맏형 격이다. 웅장한 밑동엔 물도 많이 고여 있다. 우리는 매사에 치밀한 우리의 리더 박대장이 챙겨 온 경복산우회 깃발을 앞세워 모두가 참여한 인증사진을 찍었다.

그리고 높은 위치에 자리한 삼각형의 일흥정(逸興亭)을 지나, 광활하고 웅장하게 펼쳐지는 기암괴석들의 안탕산 아래를 바라보며 하염없이 걸으면서 모두들 사진을 찍어 댔다. 헌데, 당초 계획의 청명사 쪽으로 가는 건 무리라는 가이드의 지적에 따라 다른 길로 내려와 다시 오르는 길을 택했더니, 태풍에 아무렇게나 쓰러진 나무들이 연이어 길을 가로막아 유격훈련을 방불케 한다는 푸념들이 새어 나왔다. 허나, 오르면 못 오를 리 없는 게 아닌가. 에너지 소비가 많아 시간이 더러 소요됐으나 그곳을 통과해 버리니 해 볼 만한 길로 바뀌었다.

우리는 그늘이 있는 적당한 곳에서 각자 소지한 죽 같은 행동식으로 체력을 보충했다. 트레킹으로 지쳐서인지 먹을 만했다. 아내는 맛있다며 손자들을 위해 선물로 사 가겠다고 한다. 행동식 후 이기성 산우가 뜻밖에 제공한 커피 맛은 안탕산만큼이나 일품이었다. 행동식으로 한결 보충된 체력이어선지 내리막길이 보다 쉬어진 듯했다.

좀 내려가니 쉼터가 나온다. 우리는 맥주와 콜라, 사이다 등으로 갈증을 해소하고 오르막의 유리잔도가 있는 길을 택해 하나둘 걸어갔다. 가이드는 40여 분 걸리니 유리잔도를 지나 보살상이 있는 곳까지만 보고 돌아오라고 해 그렇게 하려고 했으나, 길이 설어서 혼선이 발생, 일부는 보살상이 있는 곳을 지나치기도 해 시간이 많이 걸리자 혼자서 쉼터에서 쉬고 있던 가이드가 걱정됐는지 다시 우리를 찾으러 오는 진풍경이 벌어지기도….

낭떠러지 큰 절벽들에 놓인 다리인 잔도(棧道)를 지나니, 잔도 자체가 유리로 되어 있어 천길 아래가 훤히 보이고 그 유리잔도를 밟으면 스릴용(用)의 부서지는 소리까지 나는 곳도 있어서 나는 아찔하고 오금이 절여 와 되도록이면 안쪽의 바위벽길 가까이 걸으려고 했다.

잔도! 고교 시절 삼국지를 읽었을 때 촉의 제갈공명이 깎아지른 절벽에 긴 잔도를 건설해 전술에 사용했었다는 것을 읽었던 아득한 기억이 있는데, 현대에 와서 그러한 잔도를 지어 돈을 벌고 있는 중국인들이 대단함과 동시에 무섭다는 생각까지 들었다. 더구나 잔도를 계속 추가 부설하는 광경이 저 멀리 보여 왔다.

그 후 우리는 땀범벅으로 무겁고 지친 몸이지만 오르막의 바위산 중턱에 나 있는 방동입구 쪽의 하늘에 나 있는 천교선도까지 걸어갔다가 다시 걸어 나왔다. 아래를 보니 저만큼 아래 안탕산의 호텔 등 집들이 개미처럼 작게 보였다. 우리는 다시 나와 케이블카를 타고 내려와 버스를 타고 점심 먹는 곳으로 오니 1시가 넘어 있었다.

정말 즐거운 점심을 했다. 나의 부탁으로 이번엔 박 대장이 건배사를 했다. 그리고 박 대장이 산행기를 써 달라고 공식 요청을 해 와 가만히 수락했다. 누군가는 써야 하지만 부담되는 일이라서 칠순 기념 수필집 제4, 5권의 출판을 앞둔 상태이자 이번 트레킹을 애초에 제안한 내가 맡는 것이 좋을 듯하여 그렇게 한 것이다.

나아가, 예정에 없던 족욕성의 전신 마사지를 우리가 선택한 것은 피곤해진 몸을 풀기 위해 잘한 일로서 신의 한 수였다고 생각이 들었다. 그 후 신선거로 가기 위해 2시간 버스를 타고 이동해 신선거인상호텔[神仙居映象大酒店]에 여장을 풀고 다양한 술과 함께 더 업그레이드된 저녁 식사를 했다. 첫째 날에 이어 둘째 날의 종례는 이창근-윤대환 산우의 방에서 늦게까지 거나하게 이루어졌음은 물론이다.

셋째 날 : 9월 30일(월) 신선거+야하구 트레킹

아침에 일어나 보니 호텔이 온통 신선이 산다는 장중한 산으로 지척이 둘러싸여 있음을 보고 깜짝 놀란 후 경복 깃발의 마지막 전체 인증 사진을 찍고 본격적으로 신선거 트레킹에 나섰다. 경관이 어제의 안탕산보다 더 좋아서 더 업그레이드된 경관이라는 생각이 자연 지펴져 왔다. 오늘은 여느 산우들처럼 비록 한쪽 손이지만 우리 내외도 스틱을 들었다.

좀 걷다가 북쪽의 케이블카를 타고 시멘트 포장의 잔도가 끝없이 펼쳐진 신선거 팔구능선에 도착한 우리는 무한히 전개되는 기암괴석과 신선형의 갖가지 봉우리들을 벅찬 감탄의 눈으로 바라들 보며 사진 박기에 여념이 없는 모습들이 됐다. 특히 저 멀리 신선거의 백미인 관세음보살이 합장하고 있는 듯한 모습을 한 높이 919m의 관음봉이 선명히 보이는 곳에선 거의 넋 나간 신선의 모습으로 변해들 있었다.

신선거의 잔도 한 모퉁이에 새겨진 '화병연운(畵屛煙雲)'을 소개해 본다. "석벽은 칼날처럼 깎아지른 듯하고 / 하늘은 그림처럼 예쁘다. / 아름다운 조석 아래 이야기를 나누고 / 산수 풍격 속에서 홀로 유유자적하는 모습은 / 소동파의 '겹쳐진 산은 그림과 같고 병풍과 같다.'라는 시구로 묘사되는구나."

하늘에 뜬 남천교를 지나 남측 케이블카로 하산, 다시 버스에 올라 어젯밤 묵은 호텔에 도착한 후, 신선거를 다녀와 자연 신선이 된 듯 원탁을 돌려가며 점심을 거나하게 먹고 마셨으니….

그 후, 버스로 이동하여 마지막 트레킹코스인 남계강 야하구로 갔다. 좀 오래된 잔도들로 이루어진 곳까지 가파른 돌계단을 헉헉거리며 올라 아래를 조망하니 역시 장관이었다. 2시간 정도 잔도를 걸으니, 폐쇄된 출렁다리가 보였다. 그 다리는 내일 건국 70주년 행사에 맞게 유리바닥의 다리로 하룻밤 만에 바꾸기 위해 출입 금지했다고 하니 정말 기가 찰 노릇이었다.

다리를 쭉 편 상태로 하산하는 '김영원 보법(Kim's Walk-Technic)'을 창안해서 큰 돌덩어리가 간신히 매달린 지점의 돌계단 길을 내려오면서 우리에게 과시한 김 대사의 기이한 보법(步法)이 우리를 매우 즐겁고 힘들지 않고 하산하는 한 계기로 만들기도…. 하산해 트레킹을 마친 후, 야하구 입구에서 먹은 수박은 비록 볼품없었지만 맛만큼은 우리에게 범벅의 땀을 씻어 주는 꿀맛이었다.

트레킹이 끝나니 잔뜩 흐려진 저문 하늘에선 가는 빗줄기가 들이치기 시작했다. 비가 온다는 일기예보에 한편 긴장했는데 트레킹이 끝나니 비 소식이 들리기 시작하다니 하늘도 선한 우리를 돕는 것은 아닐까?

버스를 달려 도심고속버스로선인 BRT와 대형건물 등 잘 정비된 규모가 큰 시가지를 보면서 마지막 숙소인 원저우의 쾌적한 만융호텔[万融商務大酒店]에 도착, 석식을 했다. 석식 후 김영원 산우의 방에서 마지막 종례를 가졌는데, 김 산우의 간곡한 청에 나의 처도 자리를 함께하는 영광을 갖게 되었으며 분위기에 맞춰 아내도 잘 못 마시는 맥주를 많이 마셔 나는 내심 놀라기도….

마지막 남은 술들을 소진케 하는 날로서 점심때 했던 이야기의 연장선상에서 나의 처가 고교 은사의 소개로 나를 만났다고 해서 시작된 것으로 돌아가면서 자신의 배우자를 만난 미담들을 듣게 되는 순서를 가졌다.

선만 보고 외국에 나갔다가 그 여자 생각만 나서 결혼한 김영원 산우, 지극히 평범한 결혼을 했으나 여전히 만족하고 있다는 홍성만 산우, 고교 은사인 유병국 선생의 소개로 결혼에 성공한 이창근 산우, 가장 영리한 선택을 한 탓에 대를 이어 자식도 영리한 선택으로 결혼에 골인한 이기성 산우, 다수 시누이들의 시집살이를 현명하게 헤쳐 나간 이진우 산우, 각종 시댁 행사를 치르는 천사표 아내를 둔 박찬용 대장, 모 여대 졸업여행의 설악산 가이드를 자처해 의도적 만남으로 결혼한 이영노 산우와 유독 중국어로만 말하겠다며 노코멘트한 윤대환 산우 등의 이야기꽃의 대화로 아기자기하고 유쾌한 밤을 실컷 보낸 후 각자 잠자리에 들었던 것이다.

넷째 날 : 10월 01일(화) 오마가 관광

아침에 일어나니 태풍의 영향으로 비가 오고 있었다. 태풍 미탁으로 인해 귀국 비행기가 뜨지 않을지도 모른다는 가이드의 걱정스런 메시지다. 허나, 당초 일정대로 우산을 들거나 우의를 걸치고 부자가 많이 산다는 원저우의 특색 있는 거리인 오마가(五馬街)를 구경하기로 했다. 상업거리로서 오래됐으나 깨끗하고 곳곳에 '중화인민공화국성립70주년경축'의 붉은 현수막이 걸려 있었다. 국경일로서 전국이 일주일 동안 쉬는 탓에 차가 막히고 여행 행렬이 이어진다고 한다.

우리는 가이드와 함께 거리를 돌면서 비를 뚫고 마오타이주 등 필요한 쇼핑을 하기도 했다. 여러 가지 우려 속에서도 일단 짐을 꾸려 예정된 일정에 맞춰 원저우국제공항에 가기로 하고 입국 시 처음 먹었던 공항 인근의 식당에서 마지막 점심을 했다. 마오타이주 등으로 최종 음주를 즐겼음은 물론이다.

우리는 그간 정들은 가이드와 원저우공항에서 아쉬운 작별을 하고, 비록 공항에서 하릴없이 5시간을 대기했지만 운 좋게도 귀국 비행기를 10명이 이웃해 자리하여 모두 탈 수 있었다. 비행기의 연착으로 자정이 다되어 귀국할 수밖에 없었다. 우리 내외는 사위 가족이 마중을 나와 편하게 귀가할 수 있었으나 집이 먼 친구들은 늦은 밤에 귀가하느라 고생을 할 것 같아 걱정이 되었다. 서울 딸네 집에 도착해 카톡을 보니 가능한 방법으로 안전 귀가들 했다고 하니 마음이 좀 놓였다.

경복 건아들로서 역시 모두 멋지고 멋진 친구들이여…. 해단식은 다음 주말(10월 12일)의 산우회 정기산행 시의 뒤풀이에서 보자는 뜻을 모아 보았다.

허구의 마술

누리와 한해 애들 내외가 보내 준 나의 칠순 여행인 이집트 여행 중에 역사적인 카리스마 람세스 2세를 경이롭게 보고서 작정한 람세스 2세에 대한 소설 읽기를 실행하기 위해 지난 5월 초 귀국하자마자 책을 구입하려고 여러 서점들을 들렀으나 절판돼, 구입이 매우 힘들었다.

대형서점인 광화문의 K문고에 들러서 데스크에 문의했더니 '문학동네'에서 발간한 게 맞느냐고 물어와 고개를 끄덕였더니 그 여종업원이 자리를 뜨더니 어디선가 갖다 주어 장편소설 전 5권 중 제1권을 겨우 구입할 수가 있었다. 전 세계에 1,500만 부가 팔렸다는 프랑스의 크리스티앙 자크가 짓고 김정란이 옮긴 『빛의 아들 람세스』였다. 500쪽이 넘는 상당히 두툼한 책이었다.

비록 소설책 읽기는 내가 정한 것이었지만 애들이 보내 준 칠순 선물에 더하여 생각지도 못한 람세스 소설을 읽는 칠순 선물까지를 애들이 만들어 준 모양새가 됐다고나 할까. 내가 평소 원했던, 애들이 보내 준 값진 이집트 여행을 하다 보니 현장에서 바로 그러한 즉석 아이디어가 나에게 생겨났었기 때문이다. 이순(耳順)이 된 이후에는 한강 작가의『채식주의자』의 연작소설만 읽었을 뿐이지 그 외엔 주식 등 경제 분야나 사서삼경 등 사상 분야인 비소설 분야만 줄곧 읽어 왔었는데 칠순이 돼서 뜻밖에도 소설책을 읽게끔 된 것이다. 그것은 바로 이집트 여행에서 그 동기가 비롯됐음은 물론이다.

칠순이 되니 세월이 흘러서인지 몸에 변화가 오기 시작한 것 같다. 시력이 전과 같질 않아 자못 걱정이 된다. 계속 써 왔던 안경을 바꾸어 써 봐도 시력이 더 이상 나아지질 않고 침침해지긴 마찬가지이다. 과거 동네 어른들이나 고희가 넘으신 숙부님이 안경을 써도 눈이 침침하고 잘 보이시질 않는다고 하셨는데 흰머리의 내가 그 나이가 된 것이리라.

평소 책 읽기를 좋아하지만 안경을 쓰고도 돋보기를 해야 눈 피로가 덜하니 불편하지만 손으로 큰 돋보기를 들고서 책을 보게 된 지 몇 년째 됐다. 옆에서 그런 나를 우연히 본 박사 아들 한해가 신기한 듯 웃어 대기도 할 때가 있었다. 이번 람세스 소설책도 어쩔 수 없이 그런 식으로 보게 됐으니….

"이제 황소는 꼼짝도 하지 않고 젊은 람세스를 노려보았다."로 시작해서, "람세스, 그는 과연 빛의 아들이라는 위대한 이름을 지켜낼 수 있을 것인가."로 끝나는 1권의 줄거리를 요약하면 대충 이렇다.

람세스의 청소년기부터 시작된다. 람세스는 이집트의 둘째 왕자로 왕자라고는 하지만 완전 혈기왕성하고 친구도 많으며 공부를 잘하기보다는 운동을 더 잘하는 왕자이다. 왕자치고는 너무 까불거리고 그래서 부왕 세티 1세는 좀 더 진중하고 어른스러운 파라오답게 만든다. 결국 람세스 2세는 서열 1순위였던 형 세나르를 밀어내고 23세의 젊은 나이에 파라오 자리에 오른다.

이처럼, 『빛의 아들 람세스』를 읽게 되니 지난 70년대 초 서울대 시절 소설작법의 입문 시간에 들었던 소설의 특징 등 소설관련 이론이 어렴풋이나마 뇌리에 되살아났다. 소설은 사실과 허구의 구별을 요구하는 문명시대의 소산물로서 꾸며 만든 이야기, 즉 허구적인 문학형식임이 주지의 사실이라는 데 이견이 없다.

부연하자면, '허구(虛構 · Fiction)'는 사실(事實 · Fact)에 관한 직접적인 기록이나 묘사와는 달리 가공의 인물, 이야기 따위를 말하는 것으로서, 그 유래는 라틴어의 픽티오(fictio)라고 사전에 나와 있음을 본다. 다시 말해 픽션은 소설이나 희곡 따위에서 실제로는 없는 사건을 작가의 상상력으로 재창조해 내는 행위를 말하는 것이며 이는 소설 그 자체를 가리키는 말이기도 하다.

그래서 이론가들은 소설의 첫 번째 특징을 허구성(虛構性)으로 보았으며, 특히 르네 웰렉은 소설 전단계의 '이야기'는 역사에서 비롯된 것이고 소설은 '가공의 역사'임을 강조했던 것이다. 소설의 흐름을 살펴보면, 로맨스 작가들은 현실적으로 일어나기 어려운 일을 이야기로 만들어 내는 것을 허구라 여겼었고, 근대 사실주의 이후의 작가들은 있을 법한 일을 그려 내는 것을 허구의 개념으로 받아들였다.

허구는 단순히 '사실의 재생'이라는 뜻 이외에 '진리와 진실의 전달'이라는 의미로도 해석되었으며, 특히 마빈 머드릭은 '행위를 규정하는 언어'인 운문 형태의 허구와 '성격을 규정하는 행위'인 산문 형태의 허구로 나누고, 전자는 서정시에서 서사시까지 포함하고 후자는 주로 단편 · 장편 소설을 가리킨다는 소신(所信)을 주장했던 것이다.

소설의 두 번째 특징으로 모방성(模倣性)을 들 수 있다. 플라톤이 모방을 저급한 상태의 것이 고급의 것, 완성된 것을 본뜨는 행위로 해석한 데 이어, 아리스토텔레스는 모방을 대상을 재현하고 재구성하는 창조적인 능력으로 재해석하기에 이르렀다. 소설가는 일반적으로 그 작품에 사실의 권위를 부여하려고 하는데, 특히 초기의 소설에는 편지나 회상 등 실제로 일어난 사건을 말하는 것과 같은 방식으로 본뜬 것이 많았었다. 사실주의 정신이 모방성을 통해서 구체화될 수 있다고 본 에리히 아우에르바흐는 일상사를 심각하면서도 정직하게 다루려는 데에서 사실주의 정신이 형성될 수 있다고 보았다.

소설의 세 번째 특징으로 산문(散文)을 들 수 있다. 소설 이전의 '이야기'는 내용이 다분히 과거와 연관되어 전설적이고 어투도 대부분 시적이었으나, 소설은 진실성을 목표로 하기 때문에 산문이라는 일상어를 사용하게 된다. 즉, 짧은 시로는 일상에서 일어나는 사건이나 감정 등을 모두 드러낼 수 없으므로 산문을 통해 정확하고 진실되게 표현하려는 것이란 말이다. 또한 인류 초기의 문학적 표현 형태는 대부분 공적이고 낭송적인 데 반해, 소설은 이러한 공적 · 낭송적 전달에 별로 얽매이지 않고 자유롭게 작가의 감정을 토로할 수 있는 문학 형식으로 자리를 잡게 되었던 것이다.

소설의 네 번째 특징으로 실존성(實存性)을 들 수 있다. 어찌 보면 첫 번째 특징의 연장선에서 그것을 창조적으로 보완해 주는 기능이기도 하다. 소설은 실제 일어난 것이 아닌 인간의 가능성의 영역인 '실존'을 탐색하는 것이고, 소설가들은 인간의 그러한 가능성들을 상상력 등을 동원하여 찾아내 자신의 스타일로 '실존의 지도'를 오롯이 그려가는 실존의 탐구자들이기 때문이다.

어렴풋이 되살아나는 이러한 이론들을 곰곰 음미하며 위에서 언급한 바와 같은 1권을 며칠 걸려서 다 읽었는데, 읽을수록 작가가 그려 놓은 다채로운 복선으로 궁금증을 유발시켰으며 재미(fun)와 감동(emotion)이 한층 더 점증됨을 느껴 가면서 칠순의 독서를 하게끔 되었다. 특히 전개되고 묘사되는 장면들이 이집트 여행 시 내가 맞닥뜨린 명소들, 예컨대 룩소르에서의 카르나크 신전, 대리석 캐는 곳과 도도히 흐르는 나일강 등이 일체감 있게 생생하게 눈앞에 떠오르고 아울러 아래에 적기(摘記)·전재(轉載)된 저자의 빛난 말씀과 값진 서문의 도움으로 그 흥미가 훨씬 배가되었던 것이다.

「첫 권에서 들려드리는 이야기는, 파라오가 되기 위해 람세스가 어떤 교육을 받는지, 아버지인 파라오 세티1세와 삶의 여러 상황들이 떠안긴 일련의 정신적·육체적 시련을 거치면서 어떻게 그가 최고 권력자로서의 자질을 갖추어 가는지 하는 것입니다. 람세스의 길은 결코 순탄치 않습니다. 그가 가는 곳마다 질투와 음모와 배신과 수많은 장애가 도사리고 있을 것입니다.

그러나 끊임없이 람세스를 이해하고 위로하는 한 놀라운 여인이 있으니 그녀는 '가장 아름다운 여자'라는 뜻의 이름을 가진 위대한 왕비 네페르타리입니다. 람세스는 자기들 부부를 하나로 묶는 사랑을 기념하기 위하여 두 개의 신전을 짓기도 하였습니다.

람세스는 평생 동안 공정함과 정의의 길, 그리고 우주의 조화와 아름다움을 창조하는 삶의 법칙을 뜻하는 마아트의 길을 따르는 사람입니다. 람세스가 빚어 놓은 작품들에 어찌 매료되고 열광하지 않을 수 있을까요? 수백만 년이 지나도 쓰러지지 않을 그의 영원의 신전, 카르낙의 거대한 대열주(大列柱)의 홀, 아부 심벨과 누비아의 신전들… 그러나 람세스는 이집트 백성의 평화와 행복의 건축가이기도 합니다.

나는 람세스의 운명뿐만 아니라, 날마다 진심으로 기쁨을 노래할 수 있었던 고대 이집트 사람들의 일상을 생생하게 되살리고 싶었습니다.」라는 '람세스를 만나는 한국의 독자들에게' 드리는 C. 자크의 진솔한 말씀에서 람세스 읽기 선택을 퍽 잘했다는 생각이 지펴져 왔다.

그런가 하면, 「람세스의 몸은 미라로 보존되어 있다. 미라는 키 큰 노인처럼 보이지만, 대단한 힘의 소유자라는 인상을 풍긴다. 카이로 박물관의 미라 보관실을 방문하는 많은 방문객들은, 그가 당장이라도 잠에서 깨어나 걸어 나올 것 같은 느낌을 받는다. 소설이라는 마술엔 육체의 죽음이 람세스에게 거절했던 것을 부여해 줄 힘이 있다.

허구의 틀을 빌리고 이집트 연구를 바탕에 둠으로써, 우리는 그의 고뇌와 희망을 나눌 수 있고, 그의 실패와 성공을 체험할 수 있으며, 그가 사랑했던 여인들을 만나고, 그가 겪어야 했던 배반을 가슴 아파하며, 그를 저버리지 않은 영원한 우정에 기뻐하고, 악의 힘들과 싸우고, 빛을 추구할 수 있을 것이다. 모든 것의 근원인 빛, 그리고 모든 것이 그것을 향하여 돌아가는 그 빛을….

위대한 람세스… 소설가에게는 얼마나 좋은 동반자인가. 야생 황소와 맞선 첫 싸움으로부터 서녘의 평온한 아카시아 그늘에 이르기까지, 우리는 신들이 사랑한 나라 이집트의 운명과 하나가 되어 펼쳐지는 한 위대한 파라오의 생애를 읽게 될 것이다. 물과 태양의 나라, 공정함과 정의와 아름다움이 의미를 가지고 있었던 나라, 그리고 그것들이 나날의 삶 속에서 구현되었던 나라, 저승과 이승이 끊임없이 만나고, 죽음으로부터 생명이 다시 태어나며, 보이지 않는 존재의 현현이 손에 만져지는, 생명과 불멸에 대한 사랑이 살아 있는 자들의 가슴을 넉넉하고 기쁘게 만들어 주었던 곳. 람세스의 이집트는 진실로 그런 곳이었다.」는 저자의 서문도 정말 압권이어서 나를 매료시키기에 충분한 것이었다는 말이다.

『빛의 아들 람세스』는 누가 보아도 한 권의 소설로서, 저자 크리스티앙 자크가 그 서문에서 밝혔듯이 허구이다. 심하게 말하면 허구는 요새 유행하는 말로 가짜(fake)란 말이다. 헌데, 가짜인 허구(虛構)의 '허'는 글자 그대로 빌 '허(虛)'이기에 소설가는 그 빈곳에 생명력의 리얼리티를 요령껏 가득 채움을 반복하게 된다. 여기서 '채움'은 곧 '짓는 것[構]'을 의미한다. 따라서 허구는 상기(上記)한 실존의 새로운 세계를 만들어 낸다는 말이 되기도 한다. 바꾸어 말하면 생명력이 담긴 창작물을 생산해 낸다는 것이다. 사람들에게 감동과 재미와 교훈을 주는 창작 말이다.

C. 자크는 카이로 박물관에 영면하고 있는 람세스를 소설의 한 특징인 '허구의 마술(Magic of Fiction)'로 3,500년 후인 현대에 벌떡 일으켜 세우는 기적을 지구촌인들인 우리들에게 생생하게 보여 주고 있는 놀라운 창작물을 선보인 것이다. 『람세스』 같은 대작을 만들어 내는 그의 빛나는 허구의 마술에는 젊은 시절 이집트학으로 박사 학위를 받은 정통함과 해박함의 내공이 더욱 한몫을 하게 했었던 것으로 풀이된다.

역사적 한 인물인 이집트의 람세스를 수천 년의 시공을 뛰어넘는 살아 있는 인간으로 만들어 내는 C. 자크의 현란한 허구의 마술에 꼼짝 없이 취해『빛의 아들 람세스』를 읽으면서 행복했던 기억이 지금도 일고 있다. 그리고 허구의 마술을 알게 되니 그 작가의 역량이나 무게감이 작품에 고이 배어 있음을 새롭게 느끼게 됐다. 그래서 나머지 람세스 책들도 손에 닿게 되는 대로 꼭 읽어 보려고 한다.

이처럼, 허구의 마술은 우리 인간에게 행복의 열매를 선물해 준다는 것을 나는 새롭게 알게 되었다. 어찌 보면 이것도 애들이 나에게 준 칠순 선물에서 비롯한 것으로 나로서는 그 의미가 자못 크다고 생각된다.

되돌아보면, 나의 중학 시절 국어 과목에 실렸던 황순원의『소나기』, 그 후 고대소설인『춘향전』등과, 모파상의『여자의 일생』, 괴테의『파우스트』, 셰익스피어의『베니스의 상인』, 도스토예프스키의『죄와 벌』, 헤밍웨이의『노인과 바다』등 내가 과거에 읽었던 여러 명작 소설들도 그러한 궤에서 예외가 아니었음을 알게 되다니 늦게나마 퍽 다행이란 겸허한 생각을 해 본다.

이제, 허구의 마술은 소설뿐만 아니라, 드라마, 희곡, 연극, 영화와 게임 등 많은 분야에서 창작의 엔진 역할을 다해 감으로서 그것대로의 본래의 소임을 다할 것이라는 천착도 해 본다. 허구의 마술은 실로 위대하다는 생각이 나에게 자꾸 드니까 말이다.

청소하기

은퇴하고 좀 지나서 나에게 달라진 삶 중의 하나가 있다. 뭐 대단한 것은 아니고 바로 집에서 '청소하기'다. 먼저 진공청소기로 각 방의 먼지를 치운 후 물걸레로 방을 닦고 마루를 닦는 일은 가평살이에서 이제 나에게 익숙한 일이 됐다. 어느새 거의 매일매일의 일과가 됐다는 말이다.

아침에 일어나서 이불과 베개 등 침구를 정리하여 농에 넣는 으레 절차를 마치면 아침 청소에 들어가게 된다. 농에 넣기 전에 며칠에 한 번씩은 먼저 큰 창문을 열고 이불과 베개의 먼지를 펑펑 털어 내기도 한다. 그리고 말린 걸레를 찾아 물기를 묻혀서 미는 긴 대 아래의 걸레 고정처에 붙여서 안정시킨 후 긴 밀대로 서서 걸어 다니면서 방바닥을 닦게 된다. 먼저 큰방과 작은 내 방을 닦은 후 우리 내외가 주로 거주하는 공간인 넓은 거실 순으로 물걸레질을 하게 된다.

보통 방 청소는 저녁녘에 하는데, 전날 저녁 청소를 안 했으면 아침 청소를 한다는 것이 이해가 되나 아내는 어제 방 청소를 했는데도 다음 날 아침에 일어나서도 꼭 방 청소를 해야 한다고 한사코 고집을 부려 대어서 첨엔 정도가 너무 심한 거 아니냐며 다툼도 좀 있었다. 헌데, 아내의 주문대로 아침에 몇 번 방바닥 청소를 해 보고선 아내의 주장을 잘 이해할 수가 있었다. 전날 분명히 방 청소를 깨끗이 했는데도 다음 날 아침 방바닥을 물걸레질하고 보면 어김없이 걸레에 생각보다 많은 누런 먼지가 묻어 나왔기 때문이다.

가만히 생각해 보니 잠자는 밤중에 방 안 공간에 눈에 보이지 않은 채 떠 있던 미세한 먼지 알갱이도 방바닥에 내려와 자고 있었던 모양이었다. 낮에는 우리 내외 등이 움직이니 방 밖 등에서 묻어온 먼지들과 합해져 주로 공중에 떠 있는 미세먼지로 있다가 움직임이 없는 고요한 밤에는 먼지도 떠도는 활동성이 둔해져 방바닥으로 내려오는 것이리라.

우리 두 내외만 있을 때보다 딸과 아들의 자식들인 귀염둥이 손자들이 와서 이 방 저 방 뛰놀고 가거나 아내의 여러 친구들이 오간 날 뒤의 방바닥 청소를 해 보면 확연히 먼지가 걸레에 많이 묻어 나왔다. 움직이는 사람 수가 많으면 많을수록 묻어나는 먼지 양이 많아지는 원리인 것이다. 이러한 소박한 깨달음을 얻고서는 아침 방 청소하는 것에 주저함이 없어지게 됐음은 물론이다.

허나, 나에게 하루의 주된 청소는 저녁녘 청소가 대종(大宗)이다. 해 넘어갈 무렵이 되면 꼭 하는 텃밭에 물 주고 나면 방에 들어와 진공청소기로 곳곳의 하루의 먼지를 털어 낸 후 서서 밀대로 각 방의 바닥을 물걸레질하곤 한다. 진공청소기를 쓰는 날이면 파란색의 걸레에 먼지가 그다지 보이질 않는다. 진공청소기는 매일 쓰는 것이 아니기 때문에 물걸레만 쓰는 저녁녘 청소하는 날이 더 많다.

먼저 앞에서 밝힌 대로 큰방, 작은 내 방 그리고 거실 순으로 걸레질을 하게 된다. 방바닥 청소를 마치고 파란색의 길쭉한 걸레를 뒤집어 보면 누런 먼지가 상당히 붙어 있음을 보고 세제를 이용해서라도 깨끗이 빨게 된다. 낮 동안 방 안에 쌓인 먼지를 닦아 내는 청소를 한 것이다. 그러면 살면서 항상 보는 방이건만 한층 더 깔끔하고 깨끗해 보이는 방으로 느껴지곤 한다.

다음은 빨아 놓은 걸레로 마루 청소를 한다. 마루는 갈색 페인트를 칠한 나무판자들의 긴 모임으로 되어 있다. 먼저, 우리 내외가 앞마당을 포함한 앞산의 풍광을 보면서 식사를 하곤 하는 육중하지만 모양새 있는 나무탁자를 깨끗이 닦는다. 그러고선 앞마루와 처마 밑에 딸린 작은 마루들과 현관마루를 차례대로 걸레질하면 마루 청소도 끝난다. 마루는 방 밖에 있기에 때론 누런 먼지가 많이 나올 때가 많으나 비가 온 뒤엔 방 안보다 먼지가 덜 나올 때도 있어서 방 안보다 더 깨끗하다는 뜻이기에 청소하는 내가 놀랄 때도 더러 있다.

이렇게 하면 하루의 청소가 끝나게 된다. 청소를 하고 나면 약간 노곤해지지만 나이 들어가는 자의 운동도 된다고 생각된다. 이제는 거의 매일 되풀이되는 하루의 일상이 되고 있는 것으로서 당연히 수행하여야 할 나의 업무이기도 하다는 데 이견이 없게 됐고, 더군다나 폐암 케어 중의 아내에게 더욱 유익할 것이기에 나의 보람이 배가되는 것이기도 하다.

생각해 보면, 가평살이에서만 청소를 했던 것은 아니다. 60년 전 초등 시절로 거슬러 올라가 보면 2학년 때부터 교실 청소를 했던 것으로 기억된다. 1학년 때는 6학년 선배들이 대신 교실 청소를 해 주었는데, 2~3학년 때는 분단별로 돌아가면서 수업을 마치고 교실 청소를 했던 것으로 아스라이 기억되고 오후 수업이 있는 4학년부터는 오전 수업을 마치고 점심시간 전에 교실 청소를 했었다고 기억된다.

언젠가 성인이 돼서 순창군 동계고향에 들러 다녔었던 초등학교를 둘러볼 기회가 있었는데, 고사리 재학 시 엄청 컸었던 교실이나 넓은 운동장이 너무나 작고 초라하게만 느껴져 깜짝 놀랐던 적이 있었다. 어릴 제는 큰 교실을 같은 반원들이 각 책상 위에 걸상을 올려놓고 죽 절반의 한쪽으로 옮겨 놓고 비어져 넓어진 공간의 바닥을 일제히 비로 쓸고 엎드려 물걸레질을 몇 번씩 하고 마치면, 이미 청소한 곳으로 책상들을 죽 옮겨 놓은 후 나머지 반을 같은 방법으로 청소를 하고선 책상과 걸상을 원위치 시키면 청소가 모두 끝나는 방식이었다.

모두들 빨리 끝내기 위해서 꾀부리질 않고 부리나케 서둘러 청소작업을 했었다. 걸리는 시간은 30분에서 1시간 정도 됐던 것으로 기억된다. 겨울에는 추워서 물걸레질하기엔 부담감이 있었던지라 마른 걸레질을 하고 그 바닥에 초를 바르는 때도 있어서 수업 시간에 담임 선생님의 지시로 흑판에 글씨 쓰러 나갔다가 바닥이 미끄러워 아이들이 텅하고 넘어지기도 해 교실 안이 웃음바다가 되는 해프닝이 있기도 했다.

나는 반장을 했기에 청소 시간에도 통솔하는 일을 전담해서 책상을 옮긴다거나 물걸레질을 하지 않고 그러한 일을 빠른 시간 내에 마치도록 지휘하기만 했었으나, 6학년 때에는 간혹 소변 청소도 담당했던 것으로 기억된다. 점심시간 전 같은 일제 청소 시간에 소변조(小

便槽)를 비우는 작업이었다. 1천 명이 넘는 전교 학생들한테서 나오는 소변량이 대단해서, 소변조(小便槽)에 꽉 찬 소변을 두 달에 한 번 정도는 통에 담아 옆의 논에 버려야 하는 소변 청소였는데 2명씩 한 조가 되어 4명이 했던 것으로 기억된다.

지저분한 소변 청소는 누구에게나 기피 대상이어서, 숙제를 여러 번 못했다거나 싸움을 해서 문제를 일으켰다든가 해서 벌칙을 받은 반원들이 소변 청소 우선 당번이 됐다. 첨엔 냄새가 덜했으나 시간이 흐를수록 오래된 오줌을 퍼 통에 담게 되니 냄새가 고약할 수밖에. 응하던 친구들이 한두 번 퍼서 나르고는 못하겠다고 도망치는 자가 나오니 따라서 다들 재빨리 도망가 버리고 말았다. 반장으로서 그들을 끝까지 통솔해야 했으나 마음이 약하고 모질지 못한 내가 그들을 제대로 제어하질 못했던 것.

이왕 시작된 일을 중도에 그만둘 수도 없어서 할 수 없이 혼자서 나머지 작업을 힘겹게 해치웠다. 그러고는 지친 모습으로 교실에 들어가니 반우들이 나를 전부 피해 가는 현상이 발생했다. 땀으로 뒤범벅된 나에게서 역겨운 진한 소변 냄새가 났었던 모양이었다. 어떻게든 그들을 통솔해서 일을 마쳤어야 했는데 그러질 못하고 책임만 진 비참한 결과였던 것이다.

사회에 나와서 공직 생활을 할 때도 일을 열심히 하고서도 약질 못해 제대로 대접을 받지 못한 경우가 적지 않았던 것은 어린 시절부터 나에게 그러한 궂은일만 했었던 바보 같은 면이 서글프게도 저절로 몸에 배어서인 모양이라고 어쩔 땐 나 자신을 스스로 자책 · 자위하기도 했었으니….

공무원 시절에도 가끔은 청소 시간이 있었다. 경기도청에서 과장으로 일할 때였다. 1980년대 중반으로 기억된다. 날짜를 정해 한 달에 한 번씩은 전청내(全廳內) 각 과별 대청소날이 운영되었는데, 일제히 같은 시간 내에 과 단위로 대청소를 마치고 비밀리에 구성된 평가단이 순회하면서 평가하는 엄정한 절차를 거친다. 평가단으로부터 선정된 그 달의 최우수 과(課)는 전 직원이 참여하는 월말의 전체월례조회에서 도(道)의 장인 도지사(Governor)로부터 표창장과 금일봉의 격려금을 과를 대표한 과장이 받는 식이었다.

대청소날에는 계장들의 지휘 하에 전 과원들이 일사분란하게 과내의 묵은 때를 대대적으로 샅샅이 청소를 하는 것이 불문율이었기에 여느 과장들처럼 나도 자리를 피해 줬다가 청소가 완료돼 평가단이 순회할 즈음에 과에 나타나 평가단을 정중히 영접했던 것. 그러한 대청소를 수차례 반복하다 보니 나의 과에도 최우수과로 평가받는 행운의 기회가 찾아왔고, 월례조회에서 만장한 전 직원들의 큰 축하 박수 속에 받은 지사님의 격려금으로 열심히 청소했던 30여 명의 과원들과 허심탄회하게 화합의 회식을 나누며 영광의 자리를 함께했던 유쾌한 경험이 몇 번 있었다. 이처럼 나에겐 공무원 시절엔 다행인지 불행인지 간에 직장에서는 청소를 한 기억이 없이 보냈던 것이다.

언젠가 어느 공중파 TV를 보다가 기억에 길이 남을 만한 청소 관련 내용을 보게 되었다. 청소 작업이 아니라 청소 사업에 관한 프로였다고 기억된다. 나도 강제 공직 명퇴당한 후 몇 년 동안 아파트관리소장으로 일한 바 있어 아파트의 청소 분야가 여성 인력을 고용한 소규모 사업이 되고 있음을 알고는 있었으나 TV에서의 청소 분야는 본격적인 청소 사업임을 보이고 있어서 나에게 신선한 충격을 주기에 충분한 것이었다.

즉, 새로운 아파트를 산 주인 측에서 이사 오기 전에 완전 청소를 해 달라는 주문에 응한 청소사업체의 경우였다. 그 회사는 각 분야의 전문 인력과 장비를 보유한 회사로서 주먹구구가 아닌 본격 청소하는 장면을 보여 주고 있었다. 주방의 찌든 오래된 기름때를 완전 제거하는 건장한 남성 인력의 모습, 베란다의 유리창을 비롯한 모든 유리창을 반들반들하게 하는 인력의 모습, 농들의 뒤의 오래된 곰팡이를 능숙하게 제거하는 인력, 방 도배를 깡그리 새로 해 탈바꿈시키는 모습 등 맡은 분야별로 청소에 매진함으로써 청결한 새로운 집이 만들어지는 총체적인 청소 작업을 아침부터 밤늦게까지 진력하는 다섯 남성들의 생생한 모습들이 브라운관에 보였다.

3, 4십 대로 보이는 인력들은 힘들지만 새로운 삶의 환경을 만들어 내는 일에 일조하고 있다는 자신들의 직업(Job)에 대해 대단한 긍지를 가지고 있다는 소신을 피력하기도 했는데 꼼꼼하게 일하는 당당한 모습들에서 거짓이 아님을 읽을 수 있었던 것이다. 그런가 하면, 지방의 소도시에 있는 오래된 2층형 큰 단독주택을 구입한 주인이 입주 전에 그 주택을 완전 청소해 달라는 특별주문을 해옴에 따라 외부의 계단부터 물차를 동원한 강한 호스에서 내뿜는 물청소를 시작으로 내부의 각종 시설까지 일주일에 걸쳐 대청소해서 전연 새로운 집으로 변모시키는 방대한 각종 장면을 보여 주는 경우도 있었다.

두 가지 사례 모두 원하는 새로운 집으로 변신시키는 첨단 청소로서 전문회사가 운영하는 청소 사업임을 웅변해 주고 있었다. 그렇다!

청소도 이젠 한낱 청소 작업이 아니고 IT정보 등을 활용하는 전문적인 청소 사업화로 승격된 세상이 된 것이었다.

앞에서도 언급한 바와 같이, 근 15년 전 이명박 시장의 서울시청에서 강제 명퇴를 당한 후 나락에 빠진 마음 되어 집에서 칩거하던 시절, 서울의 행당동 우리 집의 낮에는 지금은 소천하셔서 안 계시는 어머님과 나 단둘이서 지내던 때가 있었다. 어머님은 초등 교장인 아내인 어멈이 귀가하기 전에 방 안 청소를 해야 한다면서 이제 당신의 기력이 달리니 네가 좀 방 청소를 맡아 달라고 매일 주문하셨다.

어머님의 지속된 주문에 마지못해 나는 첨에는 진공청소기로 먼지를 털어 내는 대충 청소를 하곤 했으나 때론 물걸레질도 하라고 하셔서 그렇게 했었지만 마음속으로는 집에 하릴없이 웅크리고 있으니 공직 시절엔 하지도 않았던 집 안 청소까지 해야 하는 한심한 놈으로 전락(顚落)되어 버렸나 하는 자학(自虐) 내지는 자괴지심(自愧之心)까지 생기기도….

헌데, 이해 못 할 것은 내 생각으론 일주일에 두세 번 정도 청소해도 괜찮은데 매일매일 오후 그 시간만 되면 청소를 하라고 하시고 물걸레질까지도 하라고 주문해 대시는 통에 비록 응하기는 했었지만 내 마음은 짜증스러웠고 과히 편칠 못했다. 그래서 정성을 들이지 않고 대충 후다닥 해치워 20여 분 정도 만에 방 안 청소를 끝내곤 했고 여름엔 땀이 나기도 해 나로선 깨끗한 청소를 했다고 생각했다.

허나, 어머님의 반응은 항상 미덥지 못한 얼굴이셨다. 나의 청소 상태가 마음에 들지 않으신 것이다. 그 당시는 그것을 이해하질 못해 야속하기까지 했었다. 지금 와서 가평살이를 하면서 조석으로 청소를 하다 보니, 어제 저녁녘에 청소했어도 아침에 청소하고 보면 걸레에 또 먼지가 묻어나는 것을 체험하고 나서야 어머님이 매일매일 청소를 채근하셨던 진짜 이유를 아주 늦게서야 깨우칠 수가 있었던 것이다.

우리 가족이 서울 집에서 깨끗하고 쾌적한 방을 계속 갖게 된 생활은 낮에 홀로 집을 지키시는 어머님이 하루에도 한 번 이상은 청소를 꼭 하셨기에 가능했었던 것인데, 그러한 것도 이해 못 하는 장성한 엉터리 아들놈이었으니 말씀 없으신 어머님으로선 얼마나 기가 찰 노릇이셨을까 말이다. 아마도 원하지 않은 명퇴를 당해 기죽어 칩거하는 아들에게 상처를 주지 말아야지 하시는 속 깊은 마음에서 나의 방 안 청소가 당신의 마음에 썩 안 들어도 야단은 치지 않으셨던 것이리라….

집 안 청소를 하는 일에 익숙해진 가평살이를 하면서 청소를 할 때마다 5년 전 소천하신 어머님 생각이 나곤 해 왈칵 눈시울에 이슬이 맺히고 붉어지곤 하는 어려진 나를 요즘 발견하곤 한다.

태극기

내가 생애 처음 태극기를 본 것은 60여 년 전인 초등학교에서였던 것으로 기억된다. 4월 초 입학해서 햇볕 드는 넓은 야외 운동장에서 담임 선생님이 호루라기를 불며 가르쳐 주시는 '앞으로 나란히' 줄서기, '하나, 둘, 셋, 넷~, 번호 붙여 가' 등의 생소한 구호 동작 활동을 같은 반 코흘리개 급우들과 반복적으로 한 달간 익힌 후 공부하는 교실에 입실했다.

이제 오고픈 교실에 들어왔구나 하며 선생님이 지정해 주시는 책상과 자리에 털썩 앉으니 정면의 흑판과 교탁이 어린 두 눈에 크게도 들어왔었다. 파란 하늘만 보이는 두메산골 촌놈이 십여 리를 걸어서 온 면소재지에 자리한 초등학교는 엄청 큰 건물이었기에 접하는 모든 게 신기하고 크게만 느껴지던 시절이었으니. 다음으로 흑판 위 하얀 벽에 네모난 액자가 걸려 있는 게 눈에 들어왔었다. 태극기였던 것. 선생님이 우리나라의 국기인 태극기라고 알려 주셨던 것이다.

그 후 운동장에서 개최되는 전교조회에서는 깃대 끝에서 휘날리는 태극기를 향하여 국기에 대한 경례를 일제히 그리고 애국가도 우렁

찬 큰 소리로 제창했었는데, 어린 마음에도 엄숙한 마음이 들었었다고 기억된다. 그런 의식은 졸업할 때까지 6년 동안 계속되었다. 초등뿐만 아니라, 강당에서의 전체 조회는 물론이고 무슨 행사가 있을 때 등 상향의 학창 시절을 보낸 이들이라면 모두들 학창 시절 내내 지속되었던 공통적인 경험들이었음은 물론일 것이다.

헌데, 고교 시절부턴 머리가 좀 커져서인지 태극기에 담긴 의미 등이 조금씩 궁금해지기 시작했는데, 내가 접했던 선생님들도 영어·수학 등은 열심히 가르쳐 주셨지만 매일 보는 태극기에 대해서는 진전된 앎을 주시지 않았다. 아마도 대부분의 선생님들도 태극기에 대한 앎의 수준이 피상적이어서 나 같은 학생들과 별 차이가 없었던 게 아닌가 하는 생각이 들기도…. 해서 더 천착해 보질 못하고 바삐 돌아가는 직장 생활에 얽매이다 보니 그냥 궁금해하는 상태로 지천명까지를 보내고 말았던 것이 사실이다.

천직인 공무원 생활도 시장이 바뀌자 서울시로부터 강제 명퇴를 당해 하릴없게 되자, 고전 같은 책을 읽고 싶은 평소의 생각을 나는 늦게나마 실천에 옮기게 되었다. 그것도 동양고전을 접해 좀 알게 되자 어떻게든 주역(周易)을 읽어 보아야지 하는 욕망이 솟구쳐 주역을 실제 접하게 됨으로 인해 태극기에 대한 의미 등을 알고 새롭게 인식하게 되는 계기가 되었던 것이니….

초등학교 시절의 내가 또래의 동무들과 함께 동네 당산이나 사랑방 등에서 유식한 할아버지들이 한가롭게 이야기하시는 중에 가끔씩 말씀하시던 음양(陰陽)이니, 사주팔자(四柱八字)니, 팔괘(八卦)니 하는 그 당시 알아들을 수 없었던 말들을 하시는 것을 곁에서 신기하게 들었던 오랜 기억들이, 주역을 접하게 되고 나서 거기에 그러한 내용들이 오롯이 기록되어 있음을 놀라움으로 발견하고 어렵지만 주역 공부도 좀 하게 되었던 것이다.

그 결과로서 다행스럽게도 나이가 들어서야, 「우리나라 국기(國旗)인 '태극기(太極旗)'는 흰색 바탕에 가운데의 태극 문양과 네 모서리의 검은색 건곤감리(乾坤坎離) 4괘(四卦)로 구성되어 있다. 태극기의 흰색 바탕은 밝음과 순수, 그리고 전통적으로 평화를 사랑하는 우리의 민족성을 나타내고 있다. 가운데의 태극 문양은 음(陰: 파랑)과 양(陽: 빨강)의 조화를 상징하는 것으로 우주 만물이 음양의 상호 작용에 의해 생성하고 발전한다는 대자연의 진리를 형상화한 것이다.

네 모서리의 4괘는 음과 양이 서로 변화하고 발전하는 모습을 효(爻 : 음 --, 양 —)의 조합을 통해 구체적으로 나타낸 것이다. 그 가운데 건괘(乾卦)는 우주 만물 중에서 하늘을, 곤괘(坤卦)는 땅을, 감괘(坎卦)는 물을, 이괘(離卦)는 불을 상징한다. 이들 4괘는 태극을 중심으로 통일의 조화를 이루고 있다. 좀 더 부연하자면, 사괘는 본래 팔괘 중에서 넷을 선택한 것인데, 팔괘는 중국에서 삼황으로 떠받들고 있는 태호 복희가 만든 것이다.

사마천의『사기』에 따르면 복희는 우리 배달겨레인 동이족으로 서술되고 있으며, 그가 팔괘를 처음 만든 사람이라고 밝힌 것은『주역』계사전이 최초이다. 다만 조선에선 복희의 선천 팔괘가 아닌 그것을 고쳐서 만든 문왕의 후천 팔괘를 따르는 까닭은 복희가 팔괘를 만든 까닭이 우주 생성 원리를 설명하려 함인 반면에, 문왕은 우주 생성 원리를 인간의 치세 원리에 반영하는 차원에서 만들었기 때문이다.

즉, "선천 변위의 후천도"에서 이르는 "자연조화의 체(體)"를 "인사의 용(用)"에 적용했다는 사상을 말하는 것이다.

그리고 나아가, 원래의 태극기는 『주역』 계사상전(繫辭上傳)에서 나와 있는 태극(太極)→양의(兩儀)→사상(四象)→팔괘(八卦)라는 우주 생성론을 나타내는 태극도라고 할 수 있다. 다만, 조선의 태극 팔괘도는 바로 위에서 언급한 바와 같은 복희 선천 팔괘(伏羲先天八卦)가 아닌 문왕 후천 팔괘(文王後天八卦)이다. 다시 강조하면 원이 나타나는 태극은 만물을 생성시키는 근원을 의미하고 있는 것이다,

이와 같이, 예로부터 우리 선조들이 생활 속에서 즐겨 사용하던 태극 문양을 중심으로 만들어진 태극기는 우주와 더불어 끝없이 창조와 번영을 희구하는 우리 배달겨레인 한민족(韓民族)의 크나큰 이상을 담고 있다고 본다. 따라서 우리는 태극기에 담긴 이러한 정신과 뜻을 이어받아 민족의 화합과 통일을 이룩하고, 인류의 행복과 평화에 이바지해야 할 것이다.」와 같은 백과사전에 나와 있는 태극기의 참의미에 대한 것을 철부지 학교에서 했었던 그저 무조건 암기해서 아는 식이 아닌 그 기저(基底)에 담긴 혼까지 이해가 가는 태극기의 참의미에 대한 앎을 비로소 체득할 수가 있었다.

주지하듯이, 태극기는 국기(國旗)로서 우리나라의 국가상징의 하나이다. 국가상징이란 국제사회에 한 국가가 존재한다는 사실을 알리기 위해 자기 나라를 잘 알릴 수 있는 내용을 그림 · 문자 · 도형 등으로 나타낸 공식적인 징표로서 국민적 자긍심의 상징이라 할 수 있다. 또한, 이러한 국가상징은 국제사회에서 국가를 대표하는 표면적 기능 외에도 사회적 · 도덕적 혼란을 예방하고 애국심으로 국민 통합을

유도하는 중요한 내면적 기능을 갖고 있음은 물론이다.

이와 같은 국기(國旗)를 제정하여 무릇 세계 각국이 사용하기 시작한 것은 근대 국가가 발전하면서부터였다. 근대의 계몽주의에서 비롯된 불타는 국민의식이 내포된 국가주의(Nationalism)를 뭔가로 자국을 스스로 표방하고 싶은 하나의 커다란 시대적 욕망이 작용했던 것이었으리라. 이러한 국제대열에서 한참이나 뒤처진 우리나라의 국기 제정은 고종 19년인 1882년 5월 22일 체결된 조미수호통상조약(朝美修好通商條約) 조인식이 직접적인 계기가 되었다고들 말한다.

하지만 당시 조인식 때 게양된 국기의 형태에 대해서는 현재 정확한 기록이 남아 있지 않다. 다만, 2004년 발굴된 자료인 미국 해군부 항해국이 제작한 '해상국가들의 깃발(Flags of Maritime Nations)'에 실려 있는 이른바 'Ensign'기가 조인식 때 사용된 태극기(太極旗)의 원형이라는 주장이 있을 뿐이라니 아연하지 않을 수 없지 않은가 말이다.

1882년 박영효(朴泳孝)가 고종의 명을 받아 특명전권대신(特命全權大臣) 겸 수신사(修信使)로 일본에 다녀온 과정을 기록한 「사화기략(使和記略)」에 의하면 그해 9월 박영효는 선상에서 태극 문양과 그 둘레에 8괘 대신 건곤감리(乾坤坎離) 4괘를 그려 넣은 '태극 · 4괘 도안'의 기를 만들어 그달 25일부터 사용하였고 10월 3일 본국에 이 사실을 보고하였다는 기록이 있지만, 최초로 태극기를 창안한 사람은 1882년 5월 조미수호통상조약 시의 역관 이응준(李應浚, 1832~?)으로서, 그의 태극기 가운데서 4괘(卦)의 좌 · 우를 바꾼 국기가 박영효가 만든 것이다.

고종은 다음 해인 1883년 3월 6일 왕명으로 박영효가 제작한 '태극 · 4괘 도안'의 '태극기(太極旗)'를 국기(國旗)로 제정 · 공포하였으나,

국기 제작 방법을 구체적으로 명시하지 않은 탓에 이후 다양한 형태의 국기가 어쩔 수 없이 사용되어 오다가 대한민국 임시정부에서 1942년 6월 29일 국기 제작법을 일치시키기 위하여「국기 통일 양식」(國旗統一樣式)을 제정 · 공포하였지만, 당시 일반 국민들에게는 널리 알려지지 않은 상태였다.

1948년 8월 15일 대한민국 정부가 수립되면서 태극기의 제작법을 통일할 필요성이 커짐에 따라, 정부는 1949년 1월「국기 시정위원회」(國旗是正委員會)를 구성하여 그해 10월 15일에「국기 제작법 고시」를 확정 · 발표하였다. 이후, 국기에 관한 여러 가지 규정들을 제정 · 시행하여 오다가, 2007년 1월「대한민국 국기법」을 제정하였고「대한민국 국기법 시행령」(2007. 7월)과「국기의 게양 · 관리 및 선양에 관한 규정」(국무총리훈령, 2009. 9월)도 제정하여 시행함에 따라 국기를 체계적으로 관리하게 되었던 것이다.

지금 우리가 사용하는 태극기가 정형화되기까지 이처럼 많은 시간이 흘러야 했다니 어떻게 보면 국민의 한 사람으로서 좀 기가 찰 노릇이기도 한다. 어쨌든 나는 태극기를 보게 되면 언제나 숙연한 마음이 든다. 내가 대한민국의 국민으로서 한국인이기 때문이어서인 것 같다. 아마도 배달겨레라면 정도의 차이이지 다 그러리라고 생각된다.

축구 등 다중이 즐기는 국제경기에서 대전 전 의식으로서 양 국가의 애국가 반주와 국기가 게양되는데 우리 태극기가 바람에 휘날리는 위용을 보면 나도 몰래 여느 사람들처럼 가슴에 손을 얹고 국기에 대한 경례를 하게 된다. 그럼 눈물이 핑 돌 정도로 가슴이 뭉클해

짐을 느낄 때가 한두 번이 아니다. 어찌 보면 천으로 된 것에 불과할 뿐인데도 말이다. 거기에는 대한민국이라는, 대한민국 자체라는 자긍심이자 배달민족의 숭고한 혼이 깃들어 있기 때문이요, 그리고 우리는 그것을 마음으로 백 번 천 번 당연한 것으로 받아들이기 때문일 것이다.

또한 그것은 순수한 애국심의 발로이기도 한 것이다. 특히 규모가 커지면 커질수록 그러한 공감대는 더욱 넓혀지고 더욱 커지게 됨은 불문가지로서, 올림픽 등의 세계제전에서 양궁 등에서 우리나라 선수들이 최종 승리하여 글로벌 시대의 만천하에 장엄한 애국가가 울려 퍼지면서 대한(大韓)의 위용이 서린 태극기가 올라갈 때는 숨 막히는 희열과 벅찬 감동의 물결이 나를 비롯함에서 7천만의 한국인들을 온통 적시는 커다란 물결이 되어 지구촌을 울리는 엄청나고 큰 감동에 젖곤 한다. 온 겨레가 애국심의 한 덩어리로 되는 순간이다. 그 순간 그야말로 우리 태극기의 힘을 보게 되는 것이다.

그런가 하면 요즘은 꼭 최종 승자만 되어야만 태극기의 감동의 희열을 느끼는 것이 아니다. 승리하진 못했어도 선전하는 우리들 선수를 격려하는 관객들이 흔들어 대는 태극기 물결에서도 배달겨레의 자긍심을 보며 감동을 받기도 한다.

요즘은 누구나 해외여행을 많이 하는 시대가 됐다. 허지만 지난 세기 하반기 중만 하더라도 지금과 같진 못했는데 외국에 가서 호텔 등에 걸린 우리나라의 국기인 태극기를 간혹이라도 보게 되면 어찌 그리 반갑던지 고마운 마음까지 들던 때가 많았다. 배달겨레의 대한인으로서 태극기가 나를, 우리들을, 우리나라를 저 높은 이국 하늘에서 오롯이 밝혀 주고 있었기 때문이다. 지금은 해외에 나가면 우리의 빛나는 태극기를 보는 것은 이제 흔한 세상으로 변하게 됐지만 말이다.

각 나라에 국경일이 있듯이 우리나라에도 3·1절, 제헌절, 광복절, 개천절과 한글날 등 5대 국경일이 있다. 국경일엔 관공서나 국가 주요 시설 등엔 국기를 게첨해야 하지만 우리들 일반 집에서도 태극기를 당연히 게첨해야 하는 것이 국민의 도리이다. 나도 그러한 생각을 가지고 실천해 온 편이지만 놓칠 때도 더러 있었다. 서울에서 살면서도 그랬었다. 헌데 가평으로 이사 와 살면서는 국경일에 태극기 다는 것을 지키질 못한다. 서울서 아파트 살 제는 창가에 태극기 게첨대가 있어서 괜찮았으나 이곳 가평 집에는 그러한 시설이 없는 게 한 원인이라 할 수 있지만 그래도 내가 챙기지 못한 것이 허물이라고 생각한다.

한번은 지난 3·1절 때 역사를 연구하는 대한사랑회의 모임에 갔었는데, 금년은 3·1절 100주년이라서 김구선생기념관의 대강당을 가득 메운 의미 있는 100주년 기념행사를 했다. 만세삼창을 부른 태극기를 가져가라고 해서 집에 가지고 온 일이 있었다. 하루는 그 태극기를 등산 가방에 꽂고 매월 있는 고교 등산 모임에 참가했는데, 뜻밖에도 몇 산우들이 '너 태극기부대냐?'라며 반색하는 게 아닌가. 3·1절 행사 시 얻은 귀중한 거라고 자초지종을 말하려다가 번거롭다고 생각되어 태극기를 말아 가방에 넣고 등산을 마친 적이 있었다. 자랑스러운 우리의 태극기가 어떤 극단적 세력들만의 무례한 전유물로 전락해 버린 감이 들어 우리의 국기에 대해 괜히 미안함과 입 쓴

맛이 들기도….

헌데, 세계의 나라마다 그 역사와 문화를 기초로 한 국기·국가·국화 등을 국가상징으로 정하여 대내적으로는 국민의 애국심을 고취시키고 대외적으로는 나라 이미지를 부각시키기 위해 노력하고 있다. 우리나라의 국가상징으로는 지금 내가 언급하고 있는 국기인 태극기, 국가인 애국가, 국화인 무궁화, 나라도장인 국새, 나라문장인 삼태극 등이 있다.

그중에서도 태극기를 연상시키는 나라문장으로서 삼태극을 잠깐 언급하고자한다. 태극의 변형 중 가장 유명한 문양은 삼태극(三太極) 혹은 삼색태극으로 노란색 소용돌이(파-巴)가 추가된 것으로 한국의 삼재사상과 연관 지어 천[하늘-天], 지[땅-地], 인[사람-人]을 나타낸다. 삼태극은 부채의 디자인으로도 종종 볼 수 있다. 또한 삼태극은 1988년 하계 서울올림픽의 공식 로고에서도 사용되었다. 나아가, 국정농단으로 우리나라 사상 최초로 헌법상의 파면인 탄핵을 당한 박근혜 대통령이 바꾸어 추진한 나라문장도 삼태극임은 주지의 사실인데, 나라문장을 바꾸어서 그러한 사태가 났나?

요즘은 시내의 어떤 거리에선 상시적으로 태극기를 보는 세상이 됐다. 그럴 때마다, 어릴 때 느꼈던 엄숙함이 나에게 지속되기를 기원해 본다.